湖北省学术著作出版专项资金
Hubei Special Funds for Academic Publications

新媒体与数字出版研究丛书

教育部人文社会科学重点研究基地重大项目
“数字出版信息资源的综合开放利用研究”（10JJD630013）研究成果

Research on
Comprehensive Development and Utilization of
Digital Publishing Information Resources

数字化出版信息资源的综合开发与利用

罗紫初　著

WUHAN UNIVERSITY PRESS
武汉大学出版社

图书在版编目(CIP)数据

数字化出版信息资源的综合开发与利用/罗紫初著.—武汉：武汉大学出版社,2020.8
新媒体与数字出版研究丛书
湖北省学术著作出版专项资金资助项目
ISBN 978-7-307-12372-4

Ⅰ.数… Ⅱ.罗… Ⅲ.①计算机应用—出版工作—信息资源—资源开发 ②计算机应用—出版工作—信息资源—资源利用 Ⅳ.G230.7

中国版本图书馆 CIP 数据核字(2013)第 313200 号

责任编辑:詹 蜜　　责任校对:鄢春梅　　版式设计:马 佳

出版发行：**武汉大学出版社**　(430072 武昌 珞珈山)
(电子邮箱：cbs22@whu.edu.cn 网址：www.wdp.com.cn)
印刷:武汉中远印务有限公司
开本:720×1000 1/16　印张:21.25　字数:306 千字　插页:2
版次:2020 年 8 月第 1 版　2020 年 8 月第 1 次印刷
ISBN 978-7-307-12372-4　定价:66.00 元

前　言

本书系教育部人文社会科学重点研究基地重大项目“数字出版信息资源的综合开发与利用研究”（项目号：10JJD630013）研究成果。

数字时代，随着信息资源数字化进程的加速，数字出版信息资源对于出版产业发展的作用也越来越突出。然而，我国出版产业领域对数字出版信息资源的开发利用还处于较为落后的状态。大多数出版社基础信息资源库还未建立或不完善，不能满足员工对信息的需求。不少出版单位在产品开发、经营决策、市场营销等出版运作过程中拘泥于传统的运作模式，致使浩如烟海的数字化信息资源无法发挥作用，难以成为出版业的“资财之源”。为此，本课题结合系统论和国外先进经验，从整体优化的视角出发，针对现实中数字出版信息资源开发利用不充分、模式滞后等问题进行调查考察与分析，提出适合我国出版业实际的出版信息资源开发和利用模型。这样，就能有效地促进出版业整体运行效率的提高。

充分地发挥数字信息在出版业发展中的第一资源作用，是由出版业演变为内容产业的发展趋势决定的。网络传播技术和文献信息数字化进程的发展，使出版产品的外观形态、传播方式和经营模式都发生了翻天覆地的变化。大量非纸质出版产品及其出版模式的出现，如网络电子出版、音像制品出版、手机出版、博客出版等，使一种内容通过各种媒体进行传播成为必然走向。在数字时代，如何避免简单、孤立、僵化、盲目地对待数字出版信息资源，如何通过创新性地重组，将数字出版信息资源和其他出版信息资源整合成完美的整体，从而实现出版生产力的高度发展，也是本课题研究力图解决的重要问题。通过本课题的研究，能够为出版单位发展跨媒体出版提供思路，这对出版业发展成内容产业的促进作用也是十分明显的。

近几年来，我国出版业发展迅猛，新闻出版全行业总产值已突破 1 万亿元，实现增加值3 000亿元，占同期 GDP 比重接近 1%；各类出版、印刷、发行及相关活动的行业增加值已超过1 660亿元。数字化出版虽然也有了发展，但与传统出版相比，其发展规模与速度还不尽如人意。数字出版信息资源的开发利用，与数字化出版更有着非常密切的直接关系。本课题研究对数字出版信息资源的分布进行探讨，并从各类信息的检索、收集、评价、整理、分析、保存、利用等方面提供具体的操作方案或运作模式，能有效地化解目前数字化出版中遇到的诸如选题内容缺乏、盈利模式难找、知识产权难保护等矛盾，加快数字化发展步伐。

本课题研究是分为以下 5 个子课题进行的：

（1）数字出版信息资源的类型及其分布研究。主要通过实践调查，包括对出版从业人员的问卷调查、访问网站调查等方式，掌握出版业所用数字出版信息资源的类型、功用，以及分布的时间、空间与规律。

（2）数字出版信息资源的检索与获取研究。主要探讨如何获取数字出版信息资源。首先是如何通过检索快速有效地发现信息，为此对数字出版信息资源的检索途径、方式、策略进行了探讨；其次是探讨各类数字出版信息资源的获取方式及其操作要求，如获取免费的数字信息的类型及办法等。

（3）数字出版信息资源的整理分析与保存研究。此部分主要探讨如何对所获取的海量庞杂的数字出版信息资源进行整理与分析，然后通过数据库储存的问题。此部分研究除了对数字化信息整理分析的原则、方式进行一般性理论探讨之外，还重点探讨了通过数据库储存信息的问题。

（4）数字出版信息资源的评价研究。此部分研究首先明确数字出版信息资源的评价对象，然后从数字出版信息资源的特点出发，阐述数字出版信息资源评价的必要性，厘清数字出版信息资源的评价方法，开发数字出版信息资源的评价范畴和指标，为有效评价和利用出版信息资源提供科学的参照系。此部分内容能指导出版工作者分别对已获取的数字化信息本身的质量以及出版单位开发利用数字出版信息资源的状况进行评估。

（5）数字出版信息资源的使用研究。本部分研究如何具体运用精心收集与整理的数字信息为出版产业发展服务的问题。其具体内容包括数字出版信息资源开发利用的原则、战略、途径、方式、要求等。此部分研究成果，能为数字出版信息资源的具体运用，如运用数字信息制订战略规划、开发出版物选题、制订市场营销策略、改善内部管理等提供思路。

本书内容也基本上是按上述5个子课题的结构进行安排的，全书除绪论外，共分为五章。各章撰写人均为子课题负责人，子课题负责人负责制定各自章节的写作大纲，并对各自章节内容进行审核、统稿及修改定稿；具体执笔任务则由课题负责人及其所率领的研究团队中的部分成员分别承担。各部分内容的具体撰稿人及执笔者是：前言和绪论撰稿人和具体执笔者均为罗紫初；第二章撰稿人为罗紫初，具体执笔者为罗紫初（第一、三节），秦洁文（第二节）、陈翮（第四节）；第三章撰稿人为黄先蓉，具体执笔者为李晶晶（第一节）、郝婷（第二节）；第四章撰稿人为王晓光，具体执笔者为张凌（第一节）、王晓光（第二节）；第五章撰稿人为徐丽芳，具体执笔者为蒋雪瑶（第一、二节，第四节第一部分）、唐翔（第三节，第四节第二部分）；第六章撰稿人为罗紫初，具体执笔者为罗紫初（第一节）、秦洁雯（第二、四节）、李昕烨（第三节）、王卓英（第五节）。由此可以看出，本书作为课题研究成果，是课题组全体成员集体智慧的结晶。

数字出版信息资源的开发利用，是一个内涵极其丰富的命题，受本人及课题组知识结构及能力所限，本课题研究难免挂一漏万，本书仓促付梓，不妥之处一定很多，权当引玉之砖，以就教于广大出版界同仁。

罗紫初

目　录

1 绪　　论

出版业的发展离不开信息资源。出版产品的使用价值由知识信息构成，由此决定了出版产业的发展必须以信息资源的开发利用为基础。数字时代，随着信息资源数字化进程的加速，数字出版信息资源对于出版产业发展的作用也越来越突出。然而，我国出版产业领域对数字出版信息资源的开发利用还处于较为落后的状态。不少出版单位在产品开发、经营决策、市场营销等出版运作过程中拘泥于传统的运作模式，致使浩如烟海的数字化信息资源无法发挥作用，难以成为出版业的“资财之源”。为此，本课题研究结合系统论和国外先进经验，从整体优化的视角出发，针对我国出版实践中对数字化出版信息资源类型分布不清、开发利用情况不明、收集存储不充分、开发利用模式滞后等问题进行调查考察与分析，提出适合我国出版业实际的出版信息资源开发和利用模型。这样，就能有效地促进出版业整体运行效率的提高。

充分发挥数字信息在出版业发展中的第一资源作用，是由出版业演变为内容产业的发展趋势决定的。网络传播技术和文献信息数字化进程的发展，使出版产品从外观形态和传播方式及经营模式都发生了翻天覆地的变化。大量非纸质出版产品及其出版模式的出现，如网络电子出版、音像制品出版、手机出版、博客出版等，使一种内容通过各种媒体进行传播成为必然走向。在数字时代，如何避免简单、孤立、僵化、盲目地对待数字出版信息资源，如何通过创新性地重组，将数字出版信息资源和其他出版信息资源整合成完美的整体，从而实现出版生产力的高度发展，也是本课题研究试图解决的重要问题。通过本课题的研究，能够为出版单位发展跨媒体出版提供思路，这对出版业发展成内容产业的促进作用也是十分明显的。

近几年来，我国的出版业发展迅猛，2011 年，新闻出版全行业总产值已达 1.5 万亿元，实现增加值3 000多亿元，占同期 GDP 比重接近 1%；各类出版、印刷、发行及相关活动的行业增加值已超过1 660亿元。数字化出版虽然也有了发展，2009 年我国数字出版总产值已近 799.4 亿元，但与传播出版相比，其发展规模与速度还不尽如人意。数字出版信息资源的开发利用，与数字化出版更有着非常密切的直接关系。本课题研究拟对数字出版信息资源的分布进行探讨，并从各类信息的收集、评价、整理、分析、保存、利用等方面提供具体的操作方案或运作模式，能有效地化解目前数字化出版中遇到的诸如选题内容缺乏、盈利模式难找、知识产权难护等矛盾，加快数字化发展步伐。

此外，本课题研究拟对数字出版信息资源的检索途径与检索策略进行探讨，以帮助出版者提高信息检索效率；并探讨信息资源数据库的建设，帮助出版者利用数据库有效保存信息；还拟设计出一套科学的评价体系，既对数字出版信息资源本身的质量进行评价，亦对各出版单位开发利用数字出版信息资源情况进行评估。这样，对帮助出版单位正确有效地开发利用数字化出版信息资源，对于改善出版单位的内部管理，促进其运行效率的提高，都是很有意义的。

总之，本课题以数字出版信息资源的综合开发和利用为宗旨，旨在通过信息资源整合方式的创新，全面提高我国出版业的运行效率，促进我国出版业国际竞争力的发展。

本书作为本课题研究成果的全面展示，其正式出版将有利于我国出版业在国民经济发展中地位的进一步提升，也有利于出版工作文化宣传作用的更好发挥，有助于我国文化科技事业的整体进步。

2 数字出版信息资源的类型、分布规律及其开发利用的意义

2.1 数字出版信息资源的含义

数字出版信息资源，指的是数字化的出版信息资源；从汉语词组构成上讲，即由“数字”加“出版信息资源”组成的偏正结构式词组。因此，要明确数字出版信息资源的含义，必须先了解出版信息资源。

2.1.1 出版信息资源

出版信息资源是众多出版资源类型中的一种。所谓出版资源，是指与出版产品形成直接相关的各种要素的集合，包括形成出版产品的原材料及促进产品形成的其他生产要素。厘清出版信息资源的内涵，我们需要考察出版产品的生产与传播过程中与出版活动相关的信息资源。

构成出版产品的使用价值及其内容，属于精神材质的范畴；而构成产品的物质载体仅仅只是其内容依附的媒介。因此，出版产品本质上是内容产品，其“形成出版产品的原材料”实际上是指构成出版产品内容的原材料。出版内容，就是为了形成出版产品的信息组合。出版产品与一般的信息产品或服务不同之处在于，形成出版产品的“信息元素”，是按照一定的逻辑结合在一起，具有应用功能的信息产品，即这里的信息元素已升华为“知识”，也称知识信息。因此，“形成出版产品的原材料”，我们可以称为知识信息资源，亦指内容信息资源，也称内容资源。“知识信息资源”和

“内容资源”称法只是采用的角度不同而已，“知识信息资源”是从构成出版产品的实质与功能来看的，而“内容资源”则是与出版产品载体相对角度的一种描述。

明确构成出版产品使用价值的原材料是出版内容资源后，我们再根据出版活动来考察除出版内容资源之外的其他出版信息资源。众所周知，出版活动是围绕着出版产品生产与传播而展开的，从构成出版产品的原材料来看，出版活动的主要对象是出版内容信息资源，而在围绕出版内容信息资源展开的活动过程中又产生了一些出版信息，暂且称为其他出版生产要素信息，由其他出版生产信息组成的集合，就称为其他出版生产信息资源。考察其他出版生产信息的组成，我们可借用波特的企业价值链理论来分析。价值链是由哈佛大学商学院教授迈克尔·波特于 1985 年提出的概念，所谓价值链，是企业从事设计、生产、营销、交货以及对产品起辅助作用的各种价值活动的总和。这些活动可分为基本活动和辅助活动两类，基本活动包括内部后勤、生产作业、外部后勤、市场和销售、服务等；而辅助活动则包括采购、技术开发、人力资源管理和企业基础设施等。波特价值链是基于企业层面提出的，但企业价值链的基本增值活动就是一般意义上的产品生产经营环节。出版活动也是围绕着出版产品生产与传播过程展开的，因此，我们可以从波特价值链中的基本增值活动环节来分析其他出版生产信息资源的组成。图 2-1 为价值链的基本增值活动示意图。

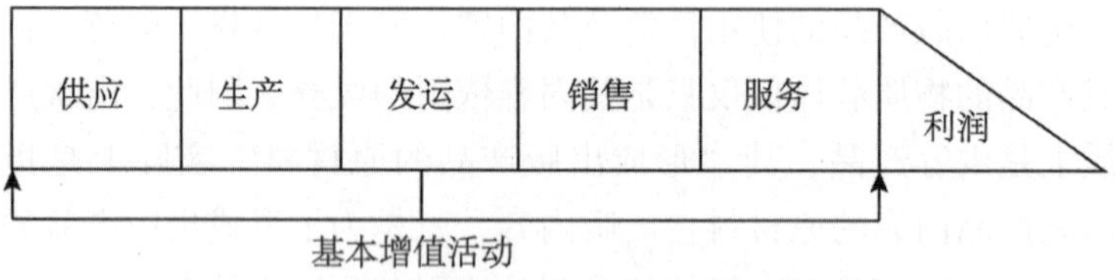

图 2-1　价值链中的基本增值活动示意图

从其示意图来看，基本增值活动包括供应、生产、发运销售与服务五个基本环节。在出版活动中，供应环节指的是形成出版产品的原创内容资源的供应，出版业界一般称为出版作品的提供，可称为出版内容资源创意环节。这里出版作品的获取分成两种情况：一种是编辑对其出版作品从出版作品的内容与载体的形式设计进行策划，并找到合适的作者在策划的基础上完成出版作品；另一种是作者的个性化作品，经过编辑的评价后被采用出版的作品。不管是哪种情况，这个环节的出版作品实际已介入编辑的创造劳动。从这个意义上说，形成出版产品的原创内容资源是作者和编辑共同劳动的产物。生产环节指对原创内容资源的编辑加工并形成出版内容产品的过程。发运环节则是对出版产品载体的分销与储运活动。销售环节指对出版产品的零售发行活动。服务环节则是为出版产品消费者提供售后服务并获取反馈信息的活动。在这些基本的增值活动中，每一个环节都会产生相应的出版信息。基本增值活动中的各个环节都是围绕出版内容资源进行的，都是出版内容资源的创意、加工与传播。生产环节产生的信息称为产品制作信息 具体包括出版产品载体制作周期、成本等，流通发运环节产生的信息称为出版产品流通组织（或出版物分销）信息，包括出版物商品交易信息和物流信息，如出版产品的发货情况、运送状况、入库信息等。销售环节产生的信息称为出版产品零售信息，也称出版产品市场信息，包括出版产品市场需求信息（主要指读者需求信息），出版产品在市场的行销状况、利润及其构成、盈亏状况等。服务环节产生的信息称为出版服务反馈信息，包括出版产品退货、调货信息以及出版产品评价情况。需要指出的是，出版产品的生产是一项社会活动，它不可能在真空中进行。事实上，出版活动的各个环节都要受到出版环境因素的影响，凡是对出版活动产生影响的出版环境信息，我们称为出版环境信息资源。出版环境信息资源既有宏观环境信息资源又有产业环境信息资源，前者称出版政策信息资源，后者称出版行业环境信息资源。

通过分析，出版信息资源，就是以出版内容信息资源为核心并对其进行一系列开发利用的活动过程中发生的相关出版信息的集合，由出版内容信息资源、其他出版生产流通（经营）信息资源和出版环境信息资源组成。

2.1.2 数字出版信息资源的内涵

所谓数字出版信息资源，即数字化了的出版信息资源。与出版信息资源一样，数字出版信息资源也有狭义和广义之分。狭义的数字出版信息信息资源，是指采用二进制数字技术存储在光、磁、电等非纸介质的载体中并通过网络通信、计算机或其他终端再现出来的，以出版内容信息资源为核心并对其进行一系列开发利用的活动过程中发生的相关各类出版信息的集合。简单地说，就是采用二进制数字技术存储在非纸介质载体中的出版信息资源。广义的数字出版信息资源，不仅把数字化的出版信息资源作为资源，而且还包括在使用数字技术进行创造、加工的出版作品的作者和编辑等数字化人力资源，数字出版技术、数字出版的信息技术和设施等。本书所采用的数字出版信息资源的概念，是指狭义的数字出版信息资源。对狭义的数字出版信息资源的内涵的理解，必须明确以下几点。

（1）数字出版信息资源，是出版活动所需信息的重要来源

出版活动由许多环节组成，各环节不仅在运作过程中自身能产生许多的信息，而且还需要运用许多与运作相关的社会信息，这些信息大多以数字化形式存储在相应的载体上，共同构成了丰富的数字出版信息资源。在具体的出版实践中，遇到需要采用某个内容信息，便可以从已收集、整理、储存的数字出版信息资源中随时调用。与传统类型的出版信息资源相比，数字出版信息资源具有存量大、收集范围广、使用便捷、开发利用成本低等优势。所以，在数字时代，如果缺少数字出版信息资源，出版活动的正常开展将会极其困难。

（2）数字出版信息资源是由以机读数据形式存在的信息所构成的资源

采用二进制数字技术将信息内容转换成机读数据，存储在光、磁等非纸介质的载体中，就可通过计算机或其他终端设备阅读利用。二进制数字技术是计算机编码的核心技术，也是数字出版信息资源与非数字出版信息资源的主要区别。正是这种存在方式的独特之处，使得数字出版信息资源与传统出版信息资源相比具有前面提

到过的多方面优势。

（3）数字出版信息资源是各类与出版活动相关的数字信息的集合

所有以数字形式存储，通过计算机终端再现出来的文字、图像、声音、动画多等种形式的信息，都可称为数字信息。按照DLF ERMI的界定，数字信息是指借助计算机编码完成的可供直接获取和远端使用的多种形式的信息。在这些浩如烟海的数字信息中，只有那些与出版活动相关的信息，才能集合成数字出版信息资源。这里所指的与出版活动相关，也即与出版活动各个环节的运作相关。正是从这种意义上讲，我们同样可以运用产业链理论，像分析一般出版信息资源一样，将数字出版信息资源分为出版环境数字信息资源、出版内容数字信息资源、出版经营数字信息资源三大类型。

2.1.3 数字出版信息资源的特点

数字出版信息资源是一种新型的出版信息资源，与传统出版信息资源相比，它具以下特点。

（1）从内容上看

①数量巨大。数字出版信息资源以数字形式存在，可以借助网络进行远距离传播，从而使全球信息资源都连成了一体。当今时代是一个信息爆炸的时代，美国伯克利加州大学的科学家们最近进行了估计，得出的数字令人吃惊。自从人类开始在山洞中绘画和在草纸上写字以来所产生的信息大约为18个exabyte，即18后面加18个零。但是真正不可思议的是，仅仅1999年就产生了其中的12%，这12%之中的2/3是数字化信息。据统计，目前全球已有网站接近6 800万个，Web信息空间可索引的公共网页约40亿个，深层网页数量达到5 500亿，通过这些网站、网页流通传播的数字信息已经占到全球信息总量的70%。同时，由于出版者既是数字出版信息资源的开发利用者，又是数字出版信息资源的提供者，从而使得数字出版信息资源在数量上更是呈现出了级数增长的态势。

②种类繁多。出版活动的广泛的社会性，使得数字出版信息资源内容几乎是无所不包，类型丰富多样。除各种以文本形式存储和

处理的各种电子期刊、电子书等之外，还有大量以超文本、多媒体和超媒体形式存在的资源类型。

③内容庞杂。由于数字出版信息资源主要通过互联网传输利用，而互联网是一个基于TCP/IP协议连接国内外难以数计的计算机网络、集各种信息资源为一体的信息资源网，任何机构、单位和个人都可自由地在网上发布信息，许多的信息也未加任何整理，缺乏必要的过滤、质量控制和管理机制，内容显得混乱而庞杂。

(2) 从形式上看

①分布广。各种类型的数字出版信息资源公开性地广泛分布于各类传媒载体上，使得不同的网络系统、不同的操作平台上，会同时存储有数字出版信息。这种分布广的特点要求出版者在开发利用数字出版信息资源时要善于跨网、跨库、跨平台进行操作，对各类信息实行整合利用。

②非线性。数字出版信息资源按知识单元及其关系建立起的立体网络结构分布，完全突破了传统知识线性组织的局限，开发利用时可采用超文本技术进行非线性编排。出版者在浏览超文本信息时可根据具体需要，或以线性顺序依次翻阅，或沿着信息单元之间的链接进行浏览，还可通过各个知识点进行跳跃式阅读。

③交互性。数字出版信息资源是基于电子平台、数字编码基础上的新型信息组织形式，对数字出版信息资源的开发利用离不开计算机，随着计算机软件的不断更新和使用性能迅速提高，出版者使用时将拥有更多的主动性，不仅是数字出版信息的使用者，更是数字出版信息资源的产生与开发者。

(3) 从利用上看

①共享性。数字出版信息资源除了具备一般意义上的信息资源的共享性外，还表现为一个互联网页可供所有的互联网用户随时访问，不存在传统媒体信息由于副本数量的限制所造成的信息无法获取的现象。

②时效性。网络媒体的信息传播速度及影响范围使得信息的时效性大为增强。同时，数字信息存储密度高、容量大，且可以无损耗地被重复利用。此外，网络信息更新及时，可以24小时连续地

不间断地增补新信息，也使得数字信息具有更强的时效性。

③超时空性。数字出版信息资源的开发利用不受时间和空间的限制。从时间上看，数字出版信息大多以机读数据形式存在于与网结相连的各类数据库里，出版者可在任何时间检索阅读；从空间上看，数字出版信息能借助通信网络进行远距离传播，这给出版者异地开发利用数字出版信息提供了极大的方便。

2.2　数字出版信息资源的基本类型

对数字出版信息资源进行分类，其目的是为了出版者更好地根据需要来搜集、加工、存储和利用各类数字出版信息资源。从一定意义上说，数字出版信息资源的科学分类是开发利用数字出版信息资源的基础性工作之一。

2.2.1　分类原则

数字出版信息资源类型的丰富性，使其在被开发利用的过程中出版者会面临着许多不同的问题，必须区别对待。因此，为了更好地把握数字出版信息资源的基本类型，就要首先明确基于开发利用目的的数字信息资源分类的原则。我们将其概括为以三点。

（1）数字出版信息资源的分类能满足各类出版人员的分类要求

出版者分工不同，所需数字信息资源类型也有差异，如编辑人员对出版内容信息资源要求迫切，而发行人员则青睐于市场营销信息资源的利用，出版行业管理者更关注宏观出版环境信息资源的变化，等等。数字出版信息资源的分类，要能满足各类出版人员的要求，要使各类出版人员都能从分类中找到对应的资源类型，使其找到开发利用数字出版信息资源的明确方向。

（2）数字出版信息资源的分类需符合出版者的思维习惯

对于大多数出版业从业人员而言，数字出版信息资源还是一个新事物，他们习惯于按自己以往常用的方式来寻找工作中所需的信息，甚至已成思维定式。数字出版信息资源的分类要照顾出版人的思维习惯。例如，图书情报和信息管理领域按信息资源层次将其划分为一次数字资源、二次数字资源、三次数字资源等类型，大多数出版人对此都不熟悉，就不宜作为数字出版信息资源分类的主要标准来推行。如果以此为依据构建相应的数字信息资源子系统，就会因其模糊性而在实际实施中使出版人无所适从。

(3) 数字出版信息资源的分类需讲求经济性原则

数字出版信息资源的开发利用是整个出版产业运作活动过程的重要组成部分。出版产业运作活动是一项经济活动，在这一活动过程的每一个阶段、每一个环节，都有投入产出，都必须讲求经济效益。这也就是数字出版信息资源的分类需讲求经济性原则的主要理由。贯彻经济性原则，从宏观上讲，制订数字出版信息资源的战略规划时类型划分要适当，划分太细会使战略规划制定和实施复杂烦琐，划分太粗会掩盖不同类型数字出版信息资源在具体管理中的互异性，带来战略实施的困难；从微观上讲，每项具体活动实施时要能通过分类明确了解各类数字出版信息资源开发利用的难易程度，以利于做出正确的开发抉择，并且要尽量利用好免费的数字出版信息资源，以提高资源开发环节的效益。

2.2.2 基本类型

数字出版信息资源的基本类型，可以用不同的标准、从不同的角度进行划分。不同类型的数字出版信息资源，有着不同的特征、价值和用途。遵循上面提到过的数字出版信息资源的分类原则，我们可以将数字出版信息资源的类型做如下区分。

(1) 按存储形式分

①书目、索引、文摘型的二次文献数据库。如《全国总书目》数据库，每条书目数据包含书名、著者、出版者、出版年、页数、中图法分类号和主题词、内容提要等项。出版者可从书名、著者、出版者、关键词、主题词、分类号、ISBN 号、内容提要等途径进行全方位的组合检索和单项检索，查阅到每年出版的所有图书的相关信息。

②查阅知识条目的参考型三次文献数据库。如《出版词典》

数据库、《图书发行词典》数据库、《编辑实用百科全书》数据库等。通过这类数字化了的工具书，能获取大量的以知识条目形式编排而成的数字化出版信息。

③期刊文献数据库。如我国的CNKI网站，能提供近6 000种国内出版期刊的全文数据查询服务。还有一些提供期刊论文在线阅读和下载服务的网站，如龙源网等，也能提供大量关于期刊文献的数字出版信息。

④其他文献型数据库。如我国各个高等院校所建的博士硕士论文数据库，收录的论文信息大多反映了各学科的最新发展，也是出版业选题开发中不可忽视的数字信息资源。特别是一些设置有编辑出版学专业的高等院校，其博士硕士论文数据库中往往收录有编辑出版学专业的博士硕士论文，这些论文更能直接提供最新数字出版信息，对于出版业的发展来说，是一种极其宝贵的数字信息资源类型。

（2）按发布机构分

①政府网站信息资源。实际上政府网站信息资源又可分为两大类：一是政府综合性公共信息网站，二是政府部门性专业信息网站。前者如湖北省政府网站，后者如湖北省新闻出版局网站。这两类网站都可提供出版业运行所需的数字信息，所以都属于数字出版信息资源的范畴。

政府网站所提供的数字信息主要包括：政务新闻、政府（部门）职能、法规政策、统计数据、政务指南、通知公告、行业（企业）发展信息等。如广东新闻出版信息网，不仅能提供广东省新闻出版业发展中的各种动态信息，而且能提供全国新闻出版业的最新统计数据。

并且，政府网站中绝大多数能提供友情链接。这使政府网站信息资源的功用得到了大幅度的提升。政府网站提供各类信息的情况如图 2-2 所示。

②企业网站信息资源。这类资源站点一般以 COM 为一级或二级域名注册，如深圳市出版发行集团公司即为：www.SZbookmmall.com，其信息资源一般以初始信息为主，如提供公司

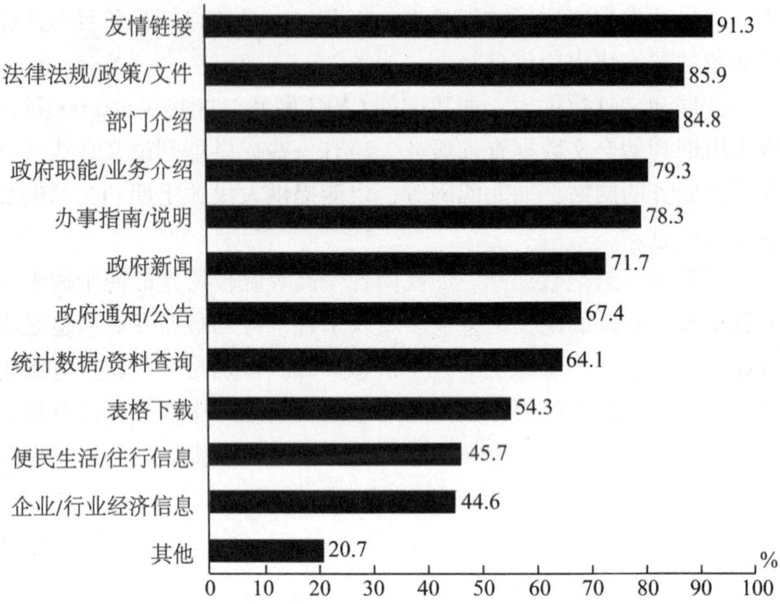

图 2-2　政府网站提供各类信息的比例图

总体概况，各类产品信息、商业服务信息等。

③教育科研网站信息资源。这类网站一般以 edu 或 ac 为一级或二级域名注册，如 http：//www. whu. edu. cn（武汉大学网站），信息表现为初始源和再生源共存，主要提供学术性较强的各种信息，如科研活动介绍、学术动态、信息检索、远程教育等。教育网站提供各类信息的情况如图 2-4 所示。

④个人网站所提供的主要信息有：BBS（43. 5%）、娱乐（35. 7%）和学术讨论（24. 9%）等（见图 2-5）。

全国在线数据库的总量为 29. 54 万个。其中，企业网站拥有的在线数据库数量最多，占全部在线数据库的 50. 4%；其次是个人网站拥有的在线数据库，占全部在线数据库的 21. 5%；政府网站拥有的在线数据库排第三位，占全部在线数据库的 9. 4%；其他公益性网站的在线数据库占 7. 3%；教育科研网站的在线数据库占 6. 4%；其他类型网站的在线数据库，包括商业类网站等，共

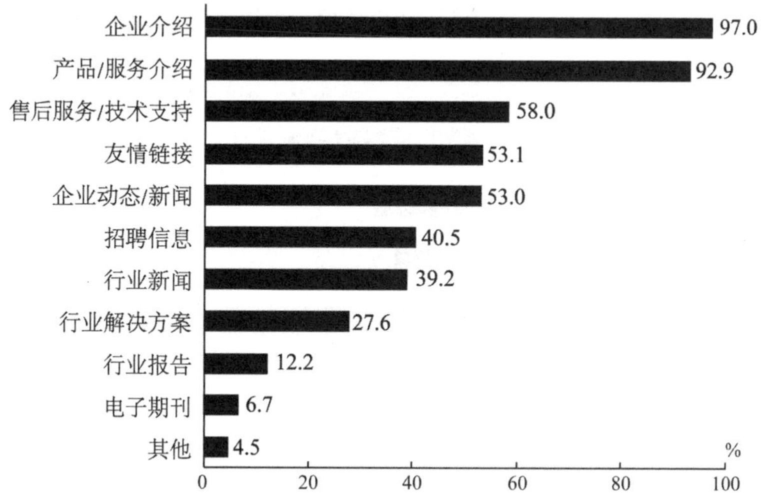

图 2-3 企业网站提供各类信息的比例图

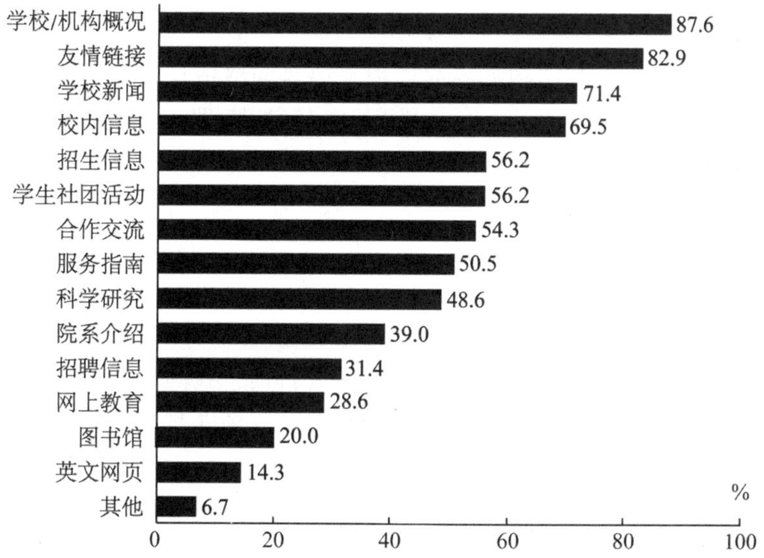

图 2-4 教育网站提供各类信息的比例图

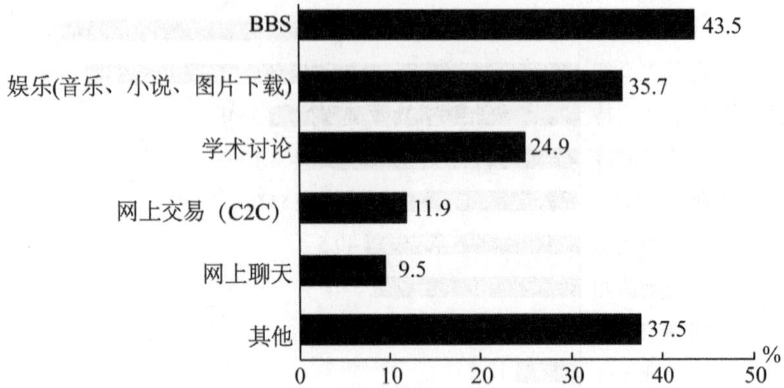

图 2-5　个人网站提供各类信息的比例图

占 5%。

（3）按传输协议分

①Web 信息资源。Web 采用超文本（hypertext）、超媒体（hypermedia）技术，集网上文字、图像、声音、动画等多媒体信息为一体，以直观的图形界面向用户提供网络信息。Web 代表着 Internet 信息资源的主流。利用 Web 浏览器，通过超链接（hyperlink）和统一资源定位器（Uniform Resource Locator，URL）可以灵便地从一个服务器跳到另一个服务器，从一个网页跳到另一个网页，简单、快捷地浏览、查找并获取遍布全球的所需 Web 信息资源。而且利用 Web 浏览器还可以轻松地访问 Usenet、FTP、Gopher、WAIS 等许多其他类型的网络资源。Web 信息资源是 Internet 上最主要、最常见的信息资源。目前，我国的出版企业大多建立了自己的网站，利用 Web 浏览器不仅能实现出版企业之间的信息交流，而且能收集到出版行业之外的大量与出版活动密切相关的信息。正是从这种意义上讲，Web 信息资源是数字出版信息资源中不可或缺的重要类型。

②网络论坛。主要包括：新闻组（Usenet）、电子论坛（Mailing List）、电子公告（BBS）、专题讨论组（Discussion Group）等。

新闻组是一个巨大的信息集合，它按类别细分成许多小组，对某类信息感兴趣的小组成员在一起相互交流、讨论共同关心的问题。当人们遇到困难需寻求帮助时，只要在相关的小组中发布求援信息，就会有热心的高手为之排忧解难。由于新闻组里交流的内容反映了人们所关注的话题，所以，对于出版业来说，也是非常重要的数字信息的来源。事实上，在具体的出版选题运作中，一些优秀的编辑人员就是从新闻组提供的数字出版信息资源中捕获到选题灵感的。

电子论坛是一组成员的 E-mail 地址，又称 E-mail 列表或 E-mail 群。电子论坛的基本操作：选择一个或多个感兴趣的小组，选择其中自己感兴趣的内容，在小组内发表自己的一些见解供其他成员阅读，在组内发布相关信息，反馈相关意见，交换相关资料等。一些出版类期刊有计划地组织一些专题论坛，还常常因能吸引到国内外顶尖专家的注意而成为刊物重头文章的组稿资源。

电子公告用于发布通知和消息，提供多种信息服务。如今，以 BBS 为代表的信息网站，已不再是一个简单的“电子布告栏”，而是一个集讨论区、信件区、聊天区、文件共享区为一体的数字信息综合体。事实上，通过一些单位（学校、机关、企业）开设的 BBS 网站，不仅能大体了解到这些单位的基本状况与发展动态，而且还能获取到与这些单位和行业领域发展的相关信息。如 2012 年秋季，武汉大学新设的数字出版本科专业首次招生，武汉大学的 BBS 上就有大量关于该专业情况的信息交流。这些信息不仅涉及武汉大学数字出版专业本身，还涉及全国数字出版人才的培养乃至整个数字出版产业的发展。

总之，网络论坛作为集学术讨论与自由参与于一身的网络空间，在数字出版资源中的地位已日益凸显出来。

③FTP。在 TCP/IP 网络应用中，文件传输协议 FTP（File Transfer Protocol）专门用于文件传输服务，主要提供文件下载、Web 网站维护、文件交换与共享等服务，它是目前最重要的、应用最多的 Internet 服务之一。通过 FTP 不仅可以从远程计算机上获取、下载，也可以将文件从本地计算机上传到远程计算机上。通过

FTP可获得电子图书、电子杂志、免费软件等许多类型的数字信息资源。出版活动各个环节的操作，都需要从下载的文件中广泛寻找信息，正是从这种意义上讲，通过FTP所形成的信息集合，也就成了一种数字出版信息资源的重要类型。

④Gopher。Gopher是一种基于菜单的网络信息系统。利用Gopher服务器，通过选择菜单项，在一级级菜单的指引下，搜索与浏览相关文献。菜单下的文件以树形结构管理，用户可以穿梭于文件树间寻找所需信息。Gopher是一个专门用于浏览Internet信息资源的程序，它提供交互式界面，对系统要求低，界面简单，操作方便。Gopher还提供与Web、FTP、WAIS、Archie的连接，进一步提升了其信息资源功能。

⑤网络新闻。网络新闻在网络受众的眼中就是传统媒体的网络版本。网络新闻在受众眼中就是传统媒体的网络版本。它是指新闻媒体借助Internet发布新闻和进行新闻信息服务的站点。网络新闻内容丰富、形态多样，传播迅速及时、不受时空限制，可下载储存、方便利用。网络新闻能迅速、及时、全面地提供社会发展的各种动态信息，为出版活动的运作提供不可或缺的信息保障，是数字出版信息资源中极为重要的类型。

（4）按运行机制分

按运行机制划分，数字出版信息资源可分为公共数字信息资源和商用数字信息资源以及其他特色数字资源三类。

①公共数字信息资源。这是指公开的、人人都能免费获取的信息资源。这类资源的重要特征，是其所使用数据和信息的来源和类型不受知识产权和其他法定制度的限制，公众可以不需要授权、无限制地获得。

公共数字信息资源涉及国家创新、政府行政、国家机密和安全以及数字消费等方面。这类资源主要由政务公开信息和公益性信息这两部分性质的信息组成。公共数字信息资源主要包括作为创新基础设施的学术数字信息资源、作为文化保护的数字文化遗产、作为流通决策的政务数字信息和作为大众消费的数字内容产品四大类。学术数字信息资源主要以科学数据、阅读文本、数字导航内容为主，兼顾数字出版、资源集散、产权管理的数字信息资源利用体系；数字文化遗产保护是扩大化的档案资源保护，将保护的范畴从纯文本（包括文物实物、标本、多媒体档案）扩大到所有的文化载体的巨大工程，与一般学术数字信息资源的开发利用不同，数字文化遗产保护是以存为主，兼顾利用；政务数字信息资源面向公共服务的政务信息资源分类体系结构为“四横四纵”，横向设计为公共服务内容、服务提供方式、服务支持与监督、政府资源管理 4 个方面，纵向从政府实现公共服务的职能、业务、事项和信息的角度逐次地分解成若干个层级，并归类形成类目，在此基础上形成面向公共服务的政务信息资源分类体系；数字内容产品主要是作为非学术的（娱乐、新闻、文化交流等）的非商业数字信息产品。

②商用数字信息资源。这是指由正式的出版企业、数据库开发商或其他电子商务企业生产经营的产品，包括电子期刊、电子图书、电子报纸、电子地图、电子名录、数字化 CD、VCD、DVD 等所提供的信息组成的资源。由于此类信息只能从产品中获取，而产品的生产经营需要企业资本的投入，并且经营者还要从产品经营中谋取利润，所以使用者必须购买使用权才能使用这些产品。

③其他特色数字资源。这是指由一些半公开、半正式的出版物数据库组成的资源。主要是一些教育机构、政府机关、图书馆的特色收藏制作，不完全面向公众公开传播，而只是在一定范围内分不同层次发行，获取此类信息有时需要特别申请，如古籍特藏、学位论文、教学课件等。从运行机制而言，此类资源是介于第一类和第二类之间的资源。

（5）按信息用途划分

正如前面谈数字出版信息内涵时所提到过的，数字出版信息资源是出版活动中构成出版物内容的信息以及出版活动全过程所产生和所需的全部信息经过加工处理并大量积累起来的有用信息的集合。出版活动的全过程需要大量的数字化信息，但各类信息在出版活动全过程中的作用是不一样的。有的信息能帮助出版者正确分析宏观环境，把控出版方向；有的信息能帮助出版者科学寻找选题，选准出版项目；有的信息能帮助出版者准确把控市场，提高经营效益。因此，按信息用途划分，我们可以将数字出版信息资源分为：出版环境信息资源、出版内容信息资源、出版生产经营信息资源三大类，每大类下又可划分为若干小类（见图 2-6）。

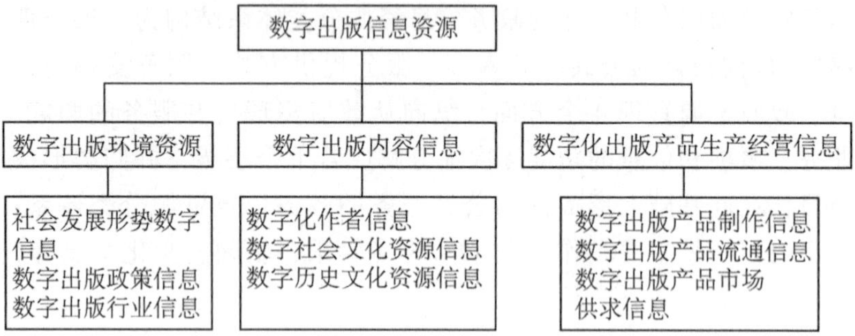

图 2-6　数字出版信息资源用途结构图

①出版环境信息资源。凡是反映从宏观上影响出版单位、出版产业发展的要素状况的信息都属于出版环境信息资源的范畴。出版环境信息资源开发利用能为出版组织、出版产业的运行提供把握宏观环境的信息保障。众所周知，出版产品的生产、出版组织的运营、出版产业的发展都是社会活动，它们不可能在真空中进行。事实上，出版活动的各个环节都要受到出版环境因素的影响。具体来说，出版环境信息资源既有宏观环境信息资源又有产业环境信息资源，前者如政治、经济形势，科学技术的发展动态等，后者则有出版方针政策、法律法规、出版行业态势等。

②出版内容信息资源。它也称出版内容资源，狭义上的理解，即为形成出版物内容的所有表现形式，如文本、图片、音频等经过系列分类组合的有用信息的集合。出版内容信息资源是出版核心信息资源，其开发的目的是为了提供满足读者阅读需求的各种内容（指出版物所包括的内容）。可以说，出版生产经营信息资源与出版环境信息资源都是围绕出版内容信息资源服务的。出版内容信息资源从社会信息资源中派生出来，政治、经济、文化的变迁为出版

活动提供了无尽的出版内容素材。也可以说，其范围非常广泛，凡构成出版物内容的一切信息都是出版内容信息资源。出版内容资源以开发为视角，可以按开发时间分为历史出版内容资源和新生出版内容资源；也可以按开发程度分为基础性出版内容资源和增值性出版内容资源；还可以按出版产品的形成阶段分为原稿阶段的出版内容资源、定稿阶段的出版内容资源和成品阶段的出版内容资源。

③出版生产经营信息资源。这是从事出版物生产经营活动中所产生的以及所需要的出版信息的集合。此类信息资源的开发利用能为出版者提供其生产经营活动所需的信息，帮助出版业经营者分析与把控市场，从而保障出版物生产与发行各环节的顺利开展。具体来说，出版物生产经营信息资源主要由三个生产环节，即出版产品载体生产环节、出版产品销售环节和出版产品服务环节所产生的信息构成。在出版产品载体生产环节（不包括出版产品内容）又包括出版产品载体制作周期、成本等，以及出版产品的发货情况、运送状况、入库信息等，我们称为出版产品载体生产信息资源。在出版产品的销售环节产生的信息包括出版产品市场需求信息（主要指读者需求信息），出版产品在市场的行销状况、利润及其构成、盈亏状况等，我们称为出版产品市场信息资源。在出版产品的服务环节所产生的出版产品服务反馈信息，包括出版产品退货、调货信息以及出版产品评价情况等，我们称为出版产品服务信息资源。

在上述种种按不同标准划分出来的数字出版信息资源类型结构中，对于出版者来说，最基本也最重要的类型是按信息用途划分出的三类数字出版信息资源。因此，本书后面内容的分析，也主要是以此种数字出版信息资源的用途结构作为依据而展开的。

2.3　数字出版信息资源的分布

随着全球信息化的不断深入，数字出版信息资源日益丰富。但由于数字信息资源高度分散、数字信息的易拷贝等特点导致信息重复率高，无序性更为突出。数字信息的发布没有统一的管理和规范，加之现有的检索工具智能化程度较低，导致信息查询困难，大大影响了数字出版信息资源的利用效率。要加快和扩大数字出版信息资源开发利用的进度和规模，弥补目前普遍面临的信息资源短缺的问题，就不仅需要了解数字出版信息资源的主要类型，而且需要熟悉各类资源的分布情况。

数字出版信息资源作为数字信息资源的一个部分，其分布也与一般数字信息资源的分布密切相关。因此，我们探讨数字出版信息资源的具体分布之前，必须先了解一般数字信息资源的分布状况。

2.3.1 一般数字信息资源分布的大体情况

数字信息资源分布从直观上看，是指能够通过计算机网络检索、查询到的信息资源系统。从数字信息资源分布的体系结构可以看出信息资源主要是分布在网络上，人们通过网址来查找和利用信息资源。从实际应用来看，数字信息资源的分布情况是通过地域、行业、内容作为标准进行的调查结果表现出来的。我国数字信息资源分布可以从地域结构、时间结构、行业结构三个方面进行分析。

(1) 地域分布

以网络信息资源为主的数字信息资源的地域分布主要是通过占有 IP 地址及在线数据库的数量、记录等表现出来。因此，对全国域名分布、网站分布、数据库状况（见表 2-1）的分析基本可以看出数字信息资源在全国的地域分布情况。

表 2-1　　**域名地域分布**

北京	天津	上海	重庆	安徽
12.9%	1.4%	10.5	1.0%	2.0%
福建	甘肃	广东	广西	贵州
11.2%	0.3%	16.35%	0.8%	0.3%
海南	河北	河南	黑龙江	湖北
0.4%	1.7%	2.1%	1.2%	1.9%

续表

北京	天津	上海	重庆	安徽
湖南	吉林	江苏	江西	辽宁
1.5%	0.8%	8.3%	0.7%	3.1%
内蒙古	宁夏	青海	山东	山西
0.4%	0.2%	0.1%	4.6%	0.6%
陕西	四川	西藏	新疆	云南
1.3%	4.5%	0.1%	0.5%	0.5%
浙江				
8.5%				

资料来源：饶爱民．我国数字信息资源分布的模型与维度［J］．求索，2006（9）．

从网络信息资源的地域分布状况看，华北和华东地区的信息资源分布比例全国领先；华南地区仅次于这两个地区；西北、西南地区已远远落后于东部地区。可见，网络信息资源在地域上的分布和该地区的经济、文化的发展有密切关系。这种自东向西网络信息资源递减的现象并不是偶然的，这与我国社会经济、文化的发展密切相关。

（2）时间分布

网络信息资源的时间分布主要从网页及数据库建立的时间、更新的周期等表现出来（见表2-2）。根据调查报告显示，我国2012年全国域名数873万个，全国网站数250万个。说明随着我国信息化进程的加快，信息资源数量迅猛增长，这是一个良好的发展势头。

表2-2　**网页的更新周期情况**

一周以内	10.36%
一周至一月	26.77%
一月至三月	29.95%

续表

一周以内	10.36%
三月至六月	13.27%
六个月至一年	9.43%
一年以上	10.22%

(3) 行业分布

调查显示，我国现有大部分信息资源掌握在政府手中，政府机构网站拥有数据库比例达到37.5%，而政府机构网站只占网站总数的3.6%，如表2-3，图2-7所示。

表2-3　　**各类网站拥有在线数据库情况**

网站类型	总体	政府网站	企业网站	商业网站	教育科研网站	个人网站	其他公益性网站	其他类型网站
拥有在线数据库的网站数（个）	161 000	9 096	81 864	27 288	10 915	20 921	9 400	1 516
占各类网站总数的比例	24.1%	37.5%	20.2%	35.7%	35.6%	23.3%	30.4%	14.3%

2.3.2 数字出版信息资源的具体分布

作为数字信息资源一部分的数字出版信息资源，其分布规律也大体与上述数字信息资源分布相同。本节要探讨的数字出版信息资源的具体分布，是根据课题组调研到的我国出版业界开发利用数字出版信息资源的实际情况归纳出来的数字出版信息资源储存方式与

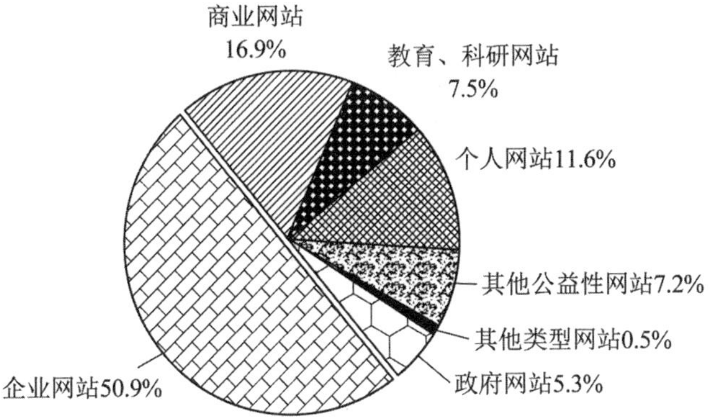

图 2-7 各类网站拥有的在线数据库占全部在线数据库的比例

获取渠道。这是为了方便我国出版界同仁利用数字出版信息，而对前面章节中谈到的数字出版信息资源类型从实用的角度所进行的综合分析。

目前，较适合我国出版界获取的数字出版信息资源主要分布在以下渠道中。

(1) 数字期刊资源

网上电子期刊具有时效性强、内容丰富、检索途径多样等优势，利用率非常高。网上电子期刊包括与印刷版同时发行和仅在网上发行的两种，其主要来源渠道有：

①出版商和文摘索引服务商提供的期刊检索服务。目前，国际上大多数主要的期刊出版商建立了全文数字化期刊数据库，并通过互联网提供服务。如美国学术出版社（Academic Prees）的IDEAL（International Digital Electronic Access Library）系统（http：//www. Idealibrary. com），德国 Spring-Verlag 出版公司的 Link 系统（http：//www. link. springer. de）等。有的文摘索引服务商则将自己的产品上网，提供包括期刊订购、检索、全文传递等服务，如美国威尔逊公司（Wilson）的 Wilson Fulltext（http：//www. wilson. com）。

②网络数据库信息服务商提供的服务。存储在网络服务器上的

网络数据库品种多、质量高，大多由信息服务商或大型图书情报机构创建维护，如世界上最早和最大的国际联机检索系统 Dialog，美国联机计算机图书馆中心 OCLC，中国期刊网等。这些数据库系统大多收录期刊内容、题录或其他期刊信息，访问的形式主要有授权直接访问或访问镜像站上的数据库两种。中国期刊网的题录数据库免费供用户检索，可为用户提供6 000多种刊物的题录信息。有的数据库服务商不定期地提供某些数据库的免费试用服务。

③文献情报部门或学术性机构提供的服务。文献情报部门或学术性机构依托自己或协作单位的馆藏，通过自己的网站提供期刊或其他类型文献的网上检索服务，用户在有的网站检索二次文献信息的同时，还可以订购原始文献，原文可通过 E-mail、传真、浏览、下载和联机打印等方式获取，如美国科技信息研究所的科学网（Web of Science，http：//wos. isiglobalnet. com）提供世界三大引文索引（SCI、SSCI、A&HCI）的检索。

④网络版期刊提供的服务。许多期刊正在网上建立自己的网站，便于读者上网检索或提供免费的电子邮件现刊目录服务。如《中国远程教育》免费为广大读者提供全文阅读、期刊订阅及检索服务，《世界华人名人录》网络版提供网络版的题录和全文，中国经济展望网提供《宏观经济观察》《宏观经济论坛》等多种网络版期刊的题录和全文，等等。

（2）网上数字图书信息资源

网上提供的图书信息主要包括书目信息和电子图书。

①出版商提供的书目信息。国内外许多出版社都设有自己的网站，通过互联网发布其出版物的目录、最新图书内容简介、价格等信息。如高等教育出版社提供新书推荐、教材目录以及书目查询服务等；Academic Press 提供其出版物的目录、最新图书内容简介、价格等信息，带有一定的销售宣传性质。

②图书馆、文献情报中心提供的联机图书馆馆藏目录。目前全球至少有15 000个大型图书馆的联机目录 24 小时对外开放。读者通过 OPAC 可以查询到大量的书目信息，确定某本书是否在馆，能否通过馆际互借加以利用等。有些联机目录不但提供书目及摘要，

还提供其他信息资源，用户可以通过相应的 URL 地址访问世界各个国家和地区的各种图书馆。

③数字图书馆提供的电子图书。数字图书馆是数字化生存时代的重要文化基础设施。用户只需通过鼠标和键盘，记载人类文明成果的图书资料就会方便地进入人们的生活。如超星数字图书馆可为读者提供 35 万册的 PDG 格式的数字图书，其会员可随时阅览到最新图书。国内可供读者阅读图书的还有中国数字图书馆、书生之家数字图书馆等。

④研究机构提供的电子图书。以香港中文大学中国文化研究所的“古文献资料库中心”和中国台湾地区的“瀚典”为代表。两个网站除部分内容需付费使用外，绝大部分内容可免费在线浏览。

⑤个人或团体网站提供的电子图书。大多数文学类网站属于此类，有的以收藏为主，有的以链接为主。虽然侧重点有所不同，但大多是中外文学名著和眼下一些比较红火的图书，也包括一些网友自己的习作和文摘，一般为全部免费提供给读者阅读。

（3）数字报纸信息资源

网上电子报纸时效性强、传播范围广，提供大量时事、专题、经济、政治、法律法规等方面的信息，正逐渐成为新的重要的数字出版信息资源。据不完全统计，自 1995 年 10 月《中国贸易报》率先在网上开办电子版以来，到 1999 年 6 月，国内已有 273 家报纸上网提供阅览。以《人民日报》网络版为例，它从每天凌晨 0 时 30 分到 5 时，将每天出版的《人民日报》《市场报》等 17 种报刊的全部文字和图片上网发布，还分为“中国”“国际”“财经”等 9 个频道，每天滚动发布国内外新闻1 500条，并就新闻热点制作专题。网站还设置了对报刊和频道新闻均有效的信息检索功能，读者很方便就能查到相关资料。

（4）数字学位论文信息资源

①全国性的学位论文数据库提供的信息。许多国家已将学位论文数字化列为重要的项目计划，其中较具规模与成效的，例如：ETD Digital Library Networked Digital Library of Theses and Dissertations（NDLTD）网络博硕士论文数字化图书馆计划。它是

一个国际论文资源的电子图书馆计划。通过整合性检索可检索 19 个单位的论文；另外更列出许多大学及研究机构博硕士论文的网址。CALIS 高校学位论文（文摘）数据库，是中国高等教育文献保障系统的一个子项目，建库的目的是通过对分散在各大学中各类学科的学位文献信息的收集、整理、建库、上网，使原始的论文信息获得升值，为国内外希望获取高校学术信息的用户提供方便的查询途径，起到推动高校教学、科研交流和促进发展的作用。高校学位论文数据库收录包括北京大学、清华大学、武汉大学等全国著名大学在内的 CALIS 成员馆的硕士、博士学位论文。目前已有 100 学校申请加入学位论文数据库建库工作，学位论文数据库上网数据已达到十几万条。

②商业出版机构或信息中介者提供的信息。目前已有商业出版机构取得授权，通过正式的出版渠道出版学位论文；有些则是委托代理商接受论文订购。如 1983 年成立的 UMI 公司，是美国学术界首屈一指的出版公司，出版物包括自 1861 年美国的第一本论文到目前所出版的 150 多万本美加地区博硕士论文，1997 年以后出版的已经有 PDF 形式的论文，可直接使用信用卡订购下载。通过 Amazon 网络书店订购学位论文，前 25 页可免费浏览。

③联机检索系统中提供的学位论文信息。一些知名的联机检索系统中都包含大量的与学位论文有关的数据库，如 Dialog 系统、Questel Qrbit 系统、STN FizKar/sruhe 系统。我国的“中国优秀博硕士学位论文全文数据库”由教育部主管、清华大学主办，是中国知识基础工程（CNKl）继《中国学术期刊全文数据库》等超大型数据库建成后，又一项大规模开发利用我国知识信息资源的重大信息化工程。按照 CNKI 信息采集范围规定的信息源，它已收录全国有博士招生点的 280 多家院校的1 800多个博士点和3 000多个硕士点 2000 年以来的博硕士学位论文 5 万多本，并按科学的体系进行了编辑。全国博硕士培养单位大多加入了这一数据库。

④学术教育单位自建学位论文数据库提供的信息。有些大学或资料中心在原有图书馆馆藏目录查询系统之外建立本校的博硕士论文查询系统，部分学校除提供书目及摘要外，另有全文下载功能。

如：MIT Theses Online 麻省理工学院，收录经选择后的博硕士论文，提供论文扫描后之全文。可线上订购全文，包括：纸本、PDF档及微缩片三种形式。《上海交通大学学位论文数据库》，提供多种途径包括摘要和全文的检索能力，可以查到上海交通大学历年的博硕士论文书目资料及摘要，博士论文的全文下载仅限授权用户。

（5）政府网站信息资源

政府网站所提供的大量政府信息，是政府活动的原始记录和产物，它的发展与政府机构本身的扩充及其职能的强化有着不可分割的联系；其信息地位和使用价值也随着综合国力的增强和在国际事务中所发挥的作用，而不断上升和升值。网络政府信息的多少，已被视为一个国家民主程度的表征之一。在网络发达的美国，早在20世纪末，联邦政府的4 300个网站和215个电脑公报牌已将美国政府的42个部门机构链接为一体，政府3/4的议事录都已实现（transaction）电子化。通过网络，可以查找美国的总统文献，如：国情咨文、经济咨文等；可以通过美国GPO Access主页、美国国务院网站或美国国务院外交事务网等查找美国国务院的文献资料；还可通过美国商业部的国情普查局、劳动统计局、经济分析局等查找美国的统计资料。

我国政府网站建设近几年也呈现出了突飞猛进的势头。截至2010年12月28日，“找政府”网站（http://www.zhaozhengfu.cn/）搜集中国各级政府及组织机构网站数量已逾7.5万个，达到75 282个。与11月1日发布的数据相比，增加了6 505个。目前，中央级政府网站有122个，省级政府网站有2 314个，地市级政府网站有19 033个，县区级以下政府网站有53 813个。这些政府网站信息资源大体呈以下类型信息分布。

①政府网站提供的综合性行政信息。这是由各级政府建设的综合性网站所提供的信息。这类综合性政府网站，是各级政府在各部门的信息化建设基础之上，建立起跨部门的、综合的业务应用系统，使公民、企业与政府工作人员都能快速便捷地接入所有相关政府部门的政务信息与业务应用，使合适的人能够在恰当的时间获得恰当的信息服务。如：中国政府网是国务院和国务院各部门，以及

各省、自治区、直辖市人民政府在国际互联网上发布政府信息和提供在线服务的综合平台。中国政府网现开通“今日中国、中国概况、国家机构、政府机构、法律法规、政务公开、工作动态、政务互动、政府建设、人事任免、新闻发布、网上服务”等栏目，面向社会提供政务信息和与政府业务相关的服务，逐步实现政府与企业、公民的互动交流。地市县开设的政府网站与中国政府网功能会有所不同，但其向公民提供反映社会发展综合性信息的特征却是相同的。

②政府部门网站提供的行业行政信息。这是由各级政府直辖的各个部门、单位所设网站提供的关于该部门单位行政的信息。由于政府的各个部门管辖的行政事务往往只涉及某个方面或某个系统，因此，其网站提供的信息也大多带有行业性特点。前面资料中提到我国现有省级政府网站2 314个，这些网站大多属于省级政府直辖的各个部门、单位所设网站。对于出版业发展而言，中华人民共和国新闻出版总署及各省的新闻出版局的网站所提供的行业行政信息，无疑具有直接的重要资源意义。除此之外，其他行政部门网站提供的行业信息，对于出版者把握、选择出版物选题及内容，以及对于其他出版环节的运作，也具有不可或缺的资源价值。

③学术科研机构网站提供的专业发展信息。这类由学术科研机构所建的网站，往往能将各自专业领域的一些前沿课系统研究的成果发表出来。所以这类网站所提供的专业发展信息，对于出版业发展而言，其资源意义十分突出。新闻出版领域的学术科研机构网站自不待言，如中国新闻出版研究院网站，每年推出的中国出版产业发展年度报告，俗称出版产业发展蓝皮书，详细描述了一年来出版产业发展的整体规模、结构，揭示了产业发展的前景与趋势，对于出版者了解行业态势、把握发展方向、制定发展战略，都能提供极其有用的信息支持。即使是其他学科领域学术科研机构网站提供的专业发展信息，对于面向社会各行各业的出版产业而言，其所提供的专业发展信息，也具极其宝贵的资源价值。尤其是一些专业出版社，相关学术科研机构网站提供的专业发展信息，是其了解市场需

求、制订选题规划的重要依据。

（6）网络数据库文献信息资源

存储在网络服务器上的文献信息数据库称为网络数据库，多由信息服务商或大型图书情报机构创建维护，品种多，质量高，但基本上是需要付费才能使用。访问网络数据库的形式主要有直接访问和访问镜像上的数据库两种。目前在网络上运行的著名数据库，如：Dialog 系统已拥有 600 多个集文献信息库、数据信息库、事实信息库和全文信息库于一体的大型专业数据库系统；OCLC 系统能为用户提供包括 Article First、Contents First、ERIC、Fast Doc、GPO 等 14 个基础数据库。国内著名的维普资讯数据库、清华同方数据库等，都属此类网络数据库文献信息资源。

以科学技术部西南信息中心下属的维普资讯为例。该数据库收录有中文报纸 400 种、中文期刊12 000多种、外文期刊6 000余种；已标引加工的数据总量达1 500万篇、3 000万页次、拥有固定客户5 000余家。作为其重要组成部分的《中文科技期刊数据库》，收录的数据信息几乎囊括了所有中文期刊文献及大部分重要的外文期刊文献。

对于出版业发展而言，开发利用此类分布在网络数据库上的数字信息资源十分必要。这不仅是因为出版运行中的三类基本信息资源，即：出版环境信息资源、出版内容信息资源及出版产品生产经营信息资源，都可以从此类综合性网络数据库上获取，而且是因为分布在网络数据库上的文献信息量大、著录科学规范、方便检索利用。所以，尽管此类数字信息资源的使用要付费，但由于其开发利用速度快、可靠性强、效率高，仍然不失为出版业者重点开发数字信息资源。

2.3.3 数字出版信息资源分布的特征及存在的问题

这里所说的数字出版信息资源分布的特征，是指与传统出版信息资源分布相比，数字出版信息资源分布所具有的特点。正是这些特点的存在，决定了数字出版信息资源分布优劣势的存在。或者说，数字出版信息资源分布中存在的问题，隐含在这些数字出版信息资源分布的特征之中。下面我们从五个方面对数字出版信息资源分布的特征进行简要描述。

（1）高效率的开发利用优势

数字出版信息资源内容丰富，在传统出版信息资源的基础上实现了多媒体信息资源与文献信息资源的融合，所供信息能充分满足出版者的需求；数字出版信息传播速度快，基本克服了传统信息环境下的信息传输时滞问题；数字出版信息资源可以使用自然语言检索，查找搜集快捷方便；各类数字出版信息资源之间具有很强的关联性，可通过各种连接系统地查找相关全文资料，等等。这些特点使得数字出版信息资源的开发利用具有比传统出版信息资源开发利用更高的效率。因此可以说，作为现代出版人，要是不懂、不会数字出版信息资源的开发利用，是很难在日益激烈的出版市场竞争中生存的。

（2）广泛性的存储分布范围

数字出版信息资源存储分布的广泛性主要表现在两个方面：一是出版信息资源广泛分布于社会各行各业的信息资源之中，二是信息时代各行各业的发展状况信息大多以数字化形式广泛分布于网络之中。前者是由出版行业特色所决定的，出版业是通过出版产品反映和推动社会发展的，社会各行各业的发展信息，就是构成出版产品知识内容的主要来源，正是从这种意义上讲，社会各行各业的信息资源都可成为出版信息资源；后者是由时代特色所决定的，人类社会步入信息时代，数字化与网络化成为历史的必然，社会各行各业、各个企事业单位都已与数字化、网络化紧密地联系在一起，在从网上获取自己所需信息的同时，也将反映自身发展的信息发布到网上，由此而使得数字化信息资源能广泛涵盖社会各行各业。

（3）高速率的陈旧更新周期

这是指数字出版信息资源更新频繁，也即意味着数字出版信息容易老化陈旧。传统信息资源的老化规律一般用半衰期和普赖斯指数来界定，但数字信息资源的老化却较为特殊。有关研究资料表明：百度搜索引擎中有关“网络经济”的条目从 2003 年 5 月 3 日的145 000条到 8 月 26 日的291 000条，新增一倍的时间只有 114 天。① 如果信息用户对数字信息资源的消费能力已定，那么必定有相当数量的数字信息资源得不到或很少得到利用，这就意味着数字信息资源的老化。因此，我们可以根据网页和数据库记录更新速度来判断数字信息资源的老化情况，也可据此来评价数字信息资源的质量。据统计，出版业界常用的期刊论文数据库，更新周期在一周内的占 42.3%，六个月以内的占 17.8%，六个月以上的占 13.3%。② 这说明，数字信息资源与传统信息资源相比，其老化速度要快得多。

（4）自由式的信息发布方式

数字化信息大多通过网络发布，所有具备上网条件的单位或个人，无须审批，就可以不受任何约束地自由发布信息。这种自由式的信息发布方式，严重影响数字信息资源的质量。由于数字信息生产发布者众多，各类发布主体根据自身需求自由发布信息，目前国家也没有统一的规范和标准对数字信息发布行为进行约束，因此作为著录依据的信息特征不全，从而难以对其进行准确揭示。由此形成的各类数字信息资源之间信息内容相互矛盾、重复交叉、差异悬殊等问题，增加了对数字信息资源选择、鉴别的难度，造成了数字信息资源开发利用的困难。

（5）无序化的信息组织形式

数字信息资源体系是一个庞大的系统，是一个浩大的工程，它的建设需要有一个部门对其进行规范、协调，并且需要整个出版行业所有出版单位及其领导者的重视和全体出版人的共同参与。我国数字信息资源体系仍处在探索阶段，相关的协调机构和措施还没有出台，资源的总体建设和分布上存在缺乏整体性、协作性、重复建

① 毕强．数字信息资源开发与利用（第 2 版）[M]．北京：科学出版社，2009：118.

② 毕强．数字信息资源开发与利用（第 2 版）[M]．北京：科学出版社，2009：119.

设等问题；出版单位和出版人的参与也欠缺，致使大量极为有用的信息资源无法在行业内共享。这也就是说，数字信息资源的组织形式，仍处于一种无序的状态。还有许多数字信息资源建设方面的基础性工作亟待改善。

①出版人信息意识问题。出版人，尤其是出版单位的领导者，信息意识淡薄，是我国数字信息资源发展的重要障碍，也是影响数字信息资源建设与发展的一个关键因素。我国不少国有出版单位的领导者，大多是按行政级别由组织部门调配到企业的，不熟悉专业业务、不重视市场经营几乎成了调进干部的通病，在大多数出版单位还没有完成由计划经济向市场经济彻底转轨的过程时，信息意识作为一种市场意识还没有在出版人头脑中牢固树立起来也就很自然了。出版人信息意识淡薄问题，在出版社的网站建设上表现得尤为突出。浏览 380 多家出版社所建的网站，发现至少有 70%以上的网站完全可以用“形同虚设”来形容。

②技术问题。数字信息资源体系的建设与完善，要求出版单位的信息组织人员具有较高的综合素质，不仅要熟练掌握基本的计算机操作技能，而且要具有较高的信息处理能力。数字资源的信息组织和分布过程涉及许多如管理、技术等方面的问题，其内容之丰富、问题之繁多、知识之深广，都涉及许多的处理技术、技巧。目前，各出版单位中有不少还没有安排专职网站工作人员，即使是安排了专职信息化技术人员的单位，由于相关从业人员受素质、水平所限，还没有很好地掌握数字化信息资源建设的技术，也就严重地影响了数字出版信息质量的提高。

③数字鸿沟问题。数字出版信息资源布局不合理：繁华的大中城市和广大农村之间，沿海发达地区和中西部地区之间，还存在着严重的信息贫富不均现象，也即数字鸿沟。数字鸿沟的存在，是数字出版信息资源宏观组织无序化的表现。这不仅严重影响鸿沟两侧之间数字信息主体的沟通、交流，制约了数字出版信息资源的开发利用，而且使整个数字出版信息资源体系的完整性、协调性建设受到了限制。

④知识产权问题。数字信息组织，尤其是对网络信息的组织，

会涉及许多法律问题，要求数字出版单位的信息组织人员不仅要熟悉数字化信息尤其是网络信息的知识产权交易（如转让、许可等），更要熟悉相关的知识产权法，否则，会引来纠纷。同时，还要善于保护自己的数字信息知识产权。在数字知识产权保护上，目前还存在许多难点、重点，在立法、司法上需要研究解决的问题还很多，这也成了数字出版信息资源体系建设中一个亟待解决的问题。

2.4 数字出版信息资源开发利用的意义

出版活动作为一项既具文化属性又具经济属性的社会活动，其发展与壮大离不开数字出版信息资源的开发利用。数字出版信息资源开发利用的意义，我们可以从社会、行业、企业三个层面来理解。

2.4.1 数字出版信息资源开发利用的社会意义

数字出版信息资源本身源自广泛的社会活动，它是社会活动的真实记录。数字出版信息资源的开发利用能够为社会成员开辟新的获取社会信息的渠道，对于读者阅读接收社会涉及政治、经济、文化的全面发展的信息，对于社会信息交流与共享，都具有重要的推动作用。

（1）实现知识信息的跨媒体传播

近年来，随着人们对信息的需求表现出前所未有的强烈，单一形式的传播媒介无法满足人们的需求，而数字技术的迅速发展为跨媒体传播提供了技术保障，在这样的情况下，各种媒体开始合作与互动，信息的跨媒体传播应运而生。但从整个社会来看，由于人们开发利用数字信息需要具备一定的条件，如：要具有一定的网络传播知识、信息存取知识，会使用计算机进行信息检索等，而广大社会成员中有不少人还不具备这些条件。这也就是说，为数不少的社会成员还无法直接利用数字信息。出版者通过数字出版信息资源的开发利用，将各行各业的数字信息整合成出版物的内容，并通过出版产品的市场交换使蕴含在出版物中的内容得以广泛传播，这样，人们通过阅读各类出版物，便可以间接地收到数字信息。正是从这种意义上讲，数字出版信息资源的开发利用为社会成员开辟了新的数字信息接收渠道，由此而为实现数字信息的跨媒体传播创造了条件。例如：在全世界瞩目的2008年奥运会中，人们对奥运会的各方面信息充满好奇，网络、电视、报纸、书籍、杂志等各种媒体从奥运会的申办、筹办、开幕式、奥运会的举行、闭幕式及产生的影响各个方面进行了全方位的报道，不同的媒体根据自身特点进行了或实时报道，或评论性的报道，或历史性的报道，或专题性报道。出版者将这些以各种形式报道、反映奥运情况的数字信息整合成出版物内容，就使那些无条件上网的人们通过阅读书刊也掌握了大量数字奥运信息。

（2）促进社会信息交流

数字出版信息资源在促进信息交流中有着至关重要的作用。众所周知，对数字出版信息资源的开发是一个从各种类型的数字出版信息资源中查找到有价值的数字信息的行为。对有价值信息的选取，是建立在对相关信息汇集基础之上的。这些信息在开发人员的活动中进行了内部信息交流。而对数字出版信息资源的利用即是将查到的数字信息应用到出版活动中并使其产生效益，是对有价值的数字出版信息的消化后取其精华的过程，是数字出版信息与出版活动实践的交流，是各种数字出版信息间的有针对性的交流。出版信息的数字化使得这种交流超越了时间、空间、阶级、圈子的局限性，在互联网时代，数字出版信息资源开发利用促进信息交流的功能更加凸显。在以往的单向传播时代，人们看书、阅报、听广播、看电视等信息获取都是处于被动地位，而今的互联网时代，信息碎片化，以“0”和“1”的数字形成的信息可以进行任何形式的变换，信息可以组合成适应不同媒体的需要的形式，人们甚至可以通过互联网交流影响信息来源。例如越来越多的电视剧是根据观众对剧情的理解和建议变更剧情发展，观众喜欢的电视剧会一集一集的拍下去，而不喜欢的剧情可能很快就终结。而在互联网站中，几乎每个网站都会设有读者评论、读者反馈栏目。这种方式促进了授者和受众的交流，拉动了出版物的人气，促进了信息交流。除此之外，我们在前面章节探讨数字出版信息资源含义时就强调过，出版活动由许多的环节组成，数字出版信息资源不仅包括各环节运作过程中所需要的数字信息，而且还包括了各环节运作过程中所产生的数字信息。如果前者强调的是数字出版信息资源有利于出版行业与社会各行各业之间的信息交流的话，那么后者所表现的则是出版行业内部各环节、各单位以及出版者之间的信息交流。总之，数字出版信息资源的开发利用对社会信息交流的作用是十分明显的。

（3）推动全社会信息共享

数字出版信息资源开发利用的另一个重要社会意义就是推动了信息共享。随着技术的发展，数字出版信息资源开发利用的深度、传输的广度都在不断加大。数字出版信息资源的开发利用使得信息通过互联网突破层级、部门、地域、年龄、种族等的限制，使得信息和信息产品得到最大程度的交流和利用。出版的数字化内容在网络传播，使得信息在越来越多人中共同分享，在这种分享中也更加合理地实现了社会资源的配置，节约了获取信息的社会成本，创造了更多的财富。与其他媒介上存在的数字信息相比，形成出版物内容的数字信息则是经过出版者加工整理而更为系统化了的信息，更加方便广大社会成员使用；并且，各个环节产生的出版行业信息，事实上也涉及各行各业、千家万户，将这些出版信息以数字化形式存储与传播，就能方便整个社会共享这些行业信息。例如一些反映教材教辅图书出版情况的数字信息，如出版者、出版时间、销售方式、购买价格等，整个社会就至少有一半以上的成员予以关注。可见，数字出版信息资源的开发利用，对整个社会的信息共享，都能起到一定的推动作用。

（4）推动相关产业发展和社会经济增长

首先，出版与新兴技术的融合能有力的推动文化产业振兴。党的十七届六中全会提出要推动文化产业成为国民经济支柱性产业，并为此制定了一系列文化发展规划，其中强调要加快发展文化创意、数字出版、移动多媒体、动漫游戏等新兴文化产业，可见文化产业的振兴对科技进步的依赖性越来越强。近年来，在新闻出版、娱乐、影视制作等传统出版产业快速发展的同时，新兴文化产业如动漫、网络游戏、数字电影、数字音乐、数字出版、网络出版、手机出版、移动多媒体广播电视等新兴文化产业迅速崛起，这种建立在技术基础之上的新兴文化产业的发展，离不开对出版信息资源的数字化开发利用。因此，作为文化产业重要组成部分的出版业与新兴技术的融合越紧密，越能推动文化产业振兴。

其次，数字出版资源的开发利用能刺激文化消费。随着经济的发展和收入水平的提高，人们现在越来越追求生活的品位和档次，文化消费支出大幅飙升，成为拉动消费需求增长的一个不可忽视的“热点领域”。但是由于消费心理、消费经济能力和消费社会环境等原因，我国居民的文化消费在消费结构中所占比例还比较小，要改变这种现状，出版业可以做的就是生产出大量真正有价值的文化消费品。数字化形式的出版产品以其时尚、便捷、功能多样化、个性化等特征，能有效地激发大众的文化消费热情。

再次，数字内容产业能拉动相关产业的发展。出版资源的数字化开发利用使出版业由内容产业向数字内容产业迈进。数字内容产业具有衍生性，围绕数字内容，可以衍生出大量的产品和服务，形成了由内容到服装、玩具、餐饮、旅游等市场的辐射，增加了市场容量，促进不同产业渗透发展。

（5）促进教育的进步和知识的传播

传统出版资源的开发利用一方面推动了文化教育事业的发展，另一方面又面对着由于经济、技术等客观原因所带来的信息鸿沟和信息公平问题。如果不予以解决，不仅出版企业的成长空间缩小，整个社会的信息福利水平也会大大降低。对出版信息资源进行数字化开发利用是解决这些问题的一个突破口。

从文化教育的角度来说，出版向来肩负着普及教育和知识传播的使命，在数字环境下，完成这一使命有了更好的施展空间和更大的动力。首先，以数字化形式存在的出版信息资源，其传播可以超越时空限制，让更多的人在一个公平获取的环境下通过不同的学习渠道和学习方式接触到一些宝贵的教育教学资源和知识信息。比如远程教学、在线学习、共享平台、开放存取等方式，就能较好地满足公众的专业学习需要和求知需要。不久前，牛津大学出版社与曼哈顿图书馆倡议、三角研究图书馆网络达成协议，将通过大学出版社学术专著出版平台（简称 UPSO）的电子书工程以及 2012 年所有学术图书的纸质版本的“分享馆藏”计划传播学术图书内容，这一协议使得学术出版内容能够更为方便、更易操作和以用户友好的格式提供给学者、学生和研究人员。其次，由于信息产品的边际效益递减规律，数字出版信息资源经开发利用后，出版者将不需要过多考虑成本而对数字化出版产品进行大范围复制传播，这对于知识信息的共享和利用不能不说是一件极为有益的事。最后，数字出版信息资源密度大，开发方式多样化、个性化，适应了不同学习人群的知识接受习惯。目前，单一的学校教育方式已经不能满足人们学习的需要，教学方式、教育产品亟待创新，通过对教育信息资源进行数字化利用可以使学校教育的成效更加显著，同时也能促进教育理念的革新。外语教学与研究社在这一方面表现极为突出，该社利用传统教学资源，与技术商合作开发点读笔，大量通过点读笔阅读的外语图书，不但丰富了教材、教辅、读物的使用形式，而且让阅读和学习实现了互动，其品牌产品《新概念英语》，如今已不只是几本书，它还包括《新概念英语青少版》、新概念英语网（网络服务）、《倒背如流新概念》（网络学习课件）、教师培训平台等。

（6）推动国家信息化建设

2004 年 12 月 12 日，中共中央办公厅、国务院办公厅联合发出《关于加强信息资源开发利用工作的若干意见》，指出要充分认识信息资源开发利用工作的重要性和紧迫性，并提出信息资源开发利用的三个重要方面，即推进政府信息公开和政务信息共享；增强公益性信息服务能力，拓宽服务范围；扩大需求，培育市场，发展壮大信息内容产业。数字信息资源是国家的数字资产，对其开发利用是国家信息化建设的一项重要战略布局，一个国家的科技创新能力以及与此相关的国际竞争力可以通过其开发与利用数字信息资源的能力高低体现出来；数字信息资源的开发利用对国家的重要性还体现在，它是国家安全的重要课题，信息占有的不平衡会危及国家安全，信息强权带来的是文化强权、经济强权甚至政治强权。

在《权力的浪潮》一书中，作者戴维·莫谢拉将全球信息产业的发展划分为四个阶段：1964—1981 年以系统为中心，1981—1994 年以个人计算机为中心，1994—2005 年以网络为中心，而 2005—2015 年将以服务内容为中心。随着以信息内容为导向的消费逐渐成为主流，无形的内容及服务产业将成为未来信息产业的核心。这表明作为子系统的出版业信息化建设，在国家信息化进程中将起着极为关键的作用。一方面，出版资源的数字化开发利用，强调对数字化信息内容的搜集、处理、分析和配置，在此基础上实现数据的高度集成和分析决策功能，进而能够降低交易成本、提高运营效率，提高管理水平，增强出版社的综合实力，推动出版企业信息化建设，这本身就是国家信息化建设的一个步骤。另一方面，它又能带动其他产业的信息化建设。因为数字出版信息资源中包含着最前沿最高端的科学技术信息，只有对其开发利用才能进行传播应用，从而转化成现实的生产力；对数字出版产品的使用过程也是一个信息消费的过程，能有效扩大信息需求。

总的来说，出版业与社会发展息息相关，出版的每一次变革都会给社会各方面带来巨大的变化。除了上面所说的三个方面外，还有很多其他的影响，比如多样化的出版产品能丰富公众的文化娱乐生活，更便捷的知识信息交流分享方式有助于提高公众的生活质量等。

2.4.2 出版产业的发展需要数字出版信息资源的开发利用

就整个社会而言的，数字出版信息资源具有促进推动信息交流与共享的意义。就出版行业而言，数字出版信息资源是整个出版产业发展的基本条件和重要手段。它可以引导出版产业发展方向，明确出版产业发展重点、协调出版产业发展关系、规划出版产业发展战略。

(1) 引导产业发展方向

无论是整个出版产业的发展，还是各个具体出版单位的发展，都要首先明确正确的发展方向，并要科学地制定发展战略，全面实施战略管理。在出版产业与出版单位实施战略管理的各个阶段，都离不开数字出版信息资源的开发利用。

出版产业发展方向的确定不能是建立在哪个领导拍脑袋的基础上得来，也不是建立在没有根据的决策基础之上，出版产业的发展方向确定是在对产业内外的各种内容信息资源、企业的生产经营信息资源、宏观和中观出版环境信息资源进行深入了解和综合分析之上的。在确定整个出版产业发展方向的过程中，无论是产业发展前景的预测，还是发展目标与重点的确定，或是实现战略目标的途径的选择，都离不开数字出版信息资源的开发利用。

出版产业发展前景的预测，建立在对出版产业发展环境的了解和把控上。通过大量数字出版环境信息的开发利用，使出版者了解社会对出版产业的要求，掌握出版产业发展的有利条件和不利因素，就明确自己的责任和任务，对产业发展前景有一个清醒的认识，这样才能较为科学地对发展前景做出判断。出版产业发展战略目标的确定，除了要开发大量的数字出版环境信息之外，还要对出版产业自身的发展现状有一个清晰的印象，这就要通过出版各个环节自身产生的数字信息，主要是生产经营类数字出版信息，来把控发展进程，了解发展过程中的成绩与问题，从而较为准确地做出产业战略发展规划。实现战略目标的途径的选择，更是离不开数字出版信息资源的开发利用，如：要通过数字信息资源了解、借鉴其他行业的实施战略发展的途径与策略，要通过数字信息熟悉掌握国家的产业发展政策与要求，要通过数字信息总结归纳本行业内实施战略发展的经验与教训，等等。

（2）明确产业发展重点

对数字出版信息资源开发利用有助于明确出版产业发展重点。在产业发展规划中，确定产业发展重点是关系到产业发展目标是否实现的关键，而数字出版信息资源的开发利用将为明确出版产业发展重点提供依据。

首先，数字出版信息资源指引着出版产业的发展方向，通过对各种数字出版信息的分析，我们能够理清出版产业发展的各个层级，以及各层级之间的关系，从而明确出版产业发展重点。利用各种分析工具和分析方法能够更加高效地对数字化的出版信息资源进行数据挖掘、内容分析，从而得出产业发展中的各个层级关系，根据相关权重，很容易明确产业的发展重点。如通过对数字出版内容信息资源分析能够了解已有的子内容产业的重要性排序，结合产业发展规划期内的其他因素，我们可以预测产业规划期内不同子内容产业的重要性排序，以此为依据，结合产业发展的相关影响因素，确定产业规划发展期内作为重点的子内容产业。

其次，在出版产业发展的不同时期，发展的侧重点不同，通过对出版信息资源的分析，我们可以明确该时期产业发展的重点，从而将资金、人力等资源投入到最能产生效益的地方。以发展的眼光看待出版产业的规划，在产业规划的前期、中期和后期分别有侧重点的发展某些子产业，将其需要的资金、人力资源投入到这一规划期重点发展的子产业中，能够使这些资源优化配置，从而使出版产业产生最大效益。

此外，就地区发展而言，根据党和政府的要求及出版产业自身发展需要，不同地区发展也会有不同的侧重点。如农村发行网点的发展，北京、上海、武汉、广州等十多家全国数字出版基地的发展，就属于此类地区发展的侧重点。这类地区发展的侧重点的确定与运作，需要通过数字出版环境信息掌握有关政策及要求，需要通过数字出版生产经营信息了解区域出版产业发展的现状与优势，等等。可见，出版业区域性重点的确立，也离不开数字出版信息资源的开发利用。

(3) 协调产业发展关系

出版产业发展需要数字出版信息资源还表现在利用数字出版信息资源能够协调产业发展关系。其目的是依据相关数字出版信息资源在资源配置、阶段目标、发展速度等方面进行协调，以最科学的方式，最快地实现出版产业的最终发展目标。

首先，协调产业发展关系包括协调产业内部发展关系，即协调产业内部各个子产业、各种因素之间的关系，从而实现产业内部发展生态平衡。产业发展是一个持续的过程，在一定的发展时期内，一般会重点发展某些子产业以带动其他产业的发展，这样的规划方式是站在以产业整体发展利益最大化的基础之上的。在这样的情况下，产业发展过程中会重点扶持某些子产业，将各种政策、金融、经济、制度、人力等资源向这些产业倾斜，相对而言其他产业获得的资源就会较少，发展会受到限制，只是被动的处于随环境而自然发展状态下。针对整体出版产业来说，要实现整体发展目标还要注意协调发展速度，制定阶段性目标。在不同的发展时期，发展速度过快可能造成资源投入过热，重复建设，为日后发展埋下隐患，控制产业发展速度，合理消化所投入的资源，使产业发展稳步前进。在这一协调出版产业内部发展关系的过程中，数字出版信息资源的开发利用不可或缺。要通过数字出版信息资源的开发利用来了解产业内部各子产业发展现状、把控各子产业发展进度，要通过数字出版信息资源的开发利用来交流传递产业发展政策、要求，要通过数字出版信息资源的开发利用来协调各发展要素之间的关系，等等。

其次，协调产业发展关系还包括协调产业外部发展关系，即协调产业发展与宏观环境发展变化、与相关产业发展之间的关系。出版产业的运行和发展都是要通过社会活动实现，产业所实现的发展是与外部环境博弈后的结果，出版产业的发展必须顺从政治、经济形式、科学技术发展状况等宏观的大背景、大趋势，要符合出版方针政策、法律法规、出版行业态势等中观环境，要与其相关产业的发展相协调。在这一协调产业外部发展关系的过程中，数字出版信息资源的开发利用同样不可或缺。要通过数字出版信息资源的开发利用来掌握其他相关产业的发展态势，要通过数字出版信息资源的开发利用来分析出版业发展过程中与其他产业发展可能产生的矛盾，要通过数字出版信息资源的开发利用来了解国家对相关产业协调发展的政策与要求，等等。以出版业的物流组织为例，若能通过数字信息资源的开发利用掌握运输行业的大量的最新信息，如运输线路、费用变化的信息，就能及时采取应对措施，这样就能直接提高出版产业运行效益。

(4) 推动出版产业转型升级

出版业转型体现在五个方面，其中每一个方面都凸显了数字出版信息资源开发利用的必然性。

①从传统计划经济体制向市场经济体制的转型。由于数字出版

信息资源的开发利用是有序的、有规划的、有原则的，它要求信息的高度共享和快速流通，也就是按照市场的需要来组织运作，推动出版资源的市场配置，这必然会营造出良好的市场竞争环境，加速出版业向市场经济体制转型的步伐。

②由传统的出版事业向出版产业化方向转型。“产业化”是指具有同一属性的企业或组织集合成社会承认的规模程度，以完成从量的集合到质的激变，它要实现的是规模化、专业化、商品化以及市场化。当前大多数出版社有一定的出版信息资源储备，但存在资源重复建设、开放度低、高度分散等现象，出版资源增长后劲不足，严重影响了产业化进程。通过出版信息资源的数字化开发利用，以及由此带来的出版管理机制变革，可以对产业链进行局部甚至全部的调整，尽可能地减少传统出版活动中的地区差距、行业垄断、行政壁垒带来的影响，建立起成熟的产业化发展模式。

③从传统的外延规模扩张式发展向更加注重素质提高的内涵式发展转型。也就是说出版业要改变传统的由仅仅依靠图书品种的外延型数量扩张模式，转向依靠再版、新书开发等内涵型增长的模式转变，出版物从单一媒体形态向多种媒体形态演进。传统的出版信息资源开发方式已经难以适应这样的转型要求，必须对其进行数字化开发利用，开辟新的经济增长点。

④从传统的劳动密集型、知识密集型产业向现代知识和资本密集型的数字出版转型。数字信息资源的开发利用过程就是一个运用高科技改造、提升传统出版产业，开发新兴出版业态的过程，这个过程不仅需要知识信息，也需要借助资本的投入和高效运作。

⑤从主要面向国内市场的封闭经营模式向面向国内、国际两个市场的开放经营模式转型。数字信息资源在传播范围、数量、分布以及信息传递的速度等诸多方面都超出了传统的信息资源管理方式和技术手段所覆盖的范围，因此对数字出版信息资源的开发利用能实现信息的高透明度、高流动性、高共享性，有利于这样一个开放市场的形成。

出版业的升级体现在三个方面：提高出版业从业人员的基本素质和专业素质；实现传统出版产业技术升级；推动出版业宏观管理

科学化。由于数字出版信息资源的开发利用需要掌握一定的信息技术，需要具备一定的学科理论知识，又是根据社会发展和出版产业发展的需要来进行合理开发利用，因而有助于出版业升级。

(5) 促进产业向数字出版方向发展

根据前瞻产业研究院数据监测中心的数据显示，2011 年国内数字出版产业整体收入规模为1 377.88亿元，比 2010 年整体收入增长了 30.2%。其中互联网期刊收入达 9.34 亿元，电子书（E-book 和电子阅读器）收入达 16.5 亿元，数字报纸（不含手机报）收入达 12 亿元，手机出版（含手机彩铃、铃音、手机游戏等）收入达 367.34 亿元，网络游戏收入达 428.5 亿元，互联网广告收入达 512.9 亿元。① 未来几年，这种高速增长的势头仍将保持。

尽管数字出版业获得快速发展，但传统出版数字化步伐仍然较慢，产业链分工不明确，传统出版商还对角色转变做好充分准备。数字出版产业链变短变宽，每一个环节又涉及多个参与者，产业生态环境更加复杂，这使得出版企业在内容提供商、平台运营商、技术设备提供商、终端产品开发商等角色中定位不明确。不管数字出版业的技术为王和内容为王之争结果如何，作为掌握内容资源优势的传统出版业，最有把握的选择无疑还是对出版信息资源进行数字化开发利用。这对整个出版业来说意义重大，因为产业链各环节之间的合理分工是出版产业健康发展的起点，是理顺产业链诸环节之间的关系、确定利益分配模式的基础，能使传统出版业在这次变革中不至于经历太大的阵痛和损耗。

目前已经有不少出版企业认识到了这一点，不仅有自己独立进行数字化开发利用，也有不少是与信息技术商合作开发的。比如大英百科全书公司认识到现在电子版的百科全书受众更大，已经停止印刷百科全书的纸质版，以后将只提供电子版；也有实力强劲的出版集团自行开发数字阅读终端，典型例子如上海世纪出版集团精心研发的辞海阅读器；外语教学与研究出版社与北京北大方正电子有限公司进行战略合作，共同推动教育信息化。外研社具备丰富的教

① 百度文库：《2011—2012 中国数字出版产业年度报告》。

学资源，而北大方正电子有限公司则是国内领先的数字教育技术及服务提供商，二者的合作为传统出版商应对数字出版提供了借鉴。

(6) 利于出版资源的优化配置

出版资源的优化配置是出版企业乃至整个出版行业所追求的目标。出版资源的优化配置的条件很多，其中最重要的条件就是配置手段的市场化。出版资源的市场配置需要一定的社会条件：产权的独立性与分散性、资源的流动性、信息的及时性、竞争的充分性。从最直观的层面来看，资源的流动性和信息的及时性都可以通过对数字出版信息资源的开发利用来实现；从更深层次来看，当出版业实现了资源的流动性和信息的及时获取，就可以促进信息商品流通，打破行业垄断、行政壁垒和地方保护困局，营造公平的市场竞争环境，这样的环境是可以培养充分竞争的土壤，也是产权独立核算的保证，能为出版业提供可持续发展的动力。

2.4.3 数字出版信息资源开发利用在出版企业经营管理中的作用

数字出版信息资源是社会信息资源的重要组成部分，在出版活动中起着重要作用，出版企业经营管理需要出版企业内部信息与外部信息的指导，离开了出版信息的指导，只会陷入无序状态，出版工作也无法开展。同时，各种出版生产经营管理活动也构成了新的出版信息资源。根据出版产品规划、生产、经营的运作过程，我们可以知道，数字出版信息资源能为出版企业经营掌握市场需求指引方向，为出版企业科学选择出版项目提供指导，引导出版企业科学组织生产，以及宣传促销出版产品等方面发挥重要作用。

(1) 掌握市场需求

科学地利用数字出版信息资源有助于出版企业掌握市场需求，合理安排生产经营活动。首先，出版企业的生产经营活动是围绕内容生产进行的，社会政治、经济、文化的发展，对出版物市场需求，尤其是对需求的内容，有着非常重要的影响，通过各种数字出版环境信息资源的开发利用，出版者就能较好地把握出版物市场读者需求的主题内容，这样就能有针对性进行出版选题开发。其次，出版物市场需求还要受交换价格的影响，通过数字出版生产类信息资源的开发利用，能了解读者对出版产品的价格预限，掌握读者需求的价格规律，这样就能有针对性地制订出产品价格策略，以刺激出版物市场需求的发展。此外，通过数字出版经营类信息资源的开发利用，还可以及时了解出版产品的市场行情，知道什么样的书畅销，什么样的书滞销，再经过分析研究，就可以较为准确地掌握出版产品市场行情所揭示的市场需求了。

（2）选择出版项目

科学开发利用数字出版信息资源能够有助于出版企业选择出版项目。出版项目是围绕出版产品而设置的。作为出版产品使用价值的精神产品形态的生产，则离不开作品（书稿）。作品充足，出版机器才能正常运转。将各种蕴含反映社会发展的信息资源开发成出版物的选题，组织作者将这些反映社会发展的信息整理记录、加工提炼出来，形成作品，这一过程就是出版选题资源开发的过程。没有这一过程，出版物生产就成了“无米之炊”。浩如烟海的数字出版环境类信息资源中，蕴含着几乎全部反映社会政治、经济、科技、文化发展的社会信息，它们是构成出版产品内容的重要原材料。出版者要想让自己的出版产品能紧跟时代步伐，就要通过对数字出版信息资源的广泛浏览，挑选出合适的出版物选题，并要从这些数字出版信息资源中挑选出合适的数字信息构成出版产品的主题内容。可见，确定产品选题，安排产品内容，都离不开数字出版信息资的开发利用。除此之外，数字出版生产经营信息在出版企业选择出版项目中也扮演着非常突出的角色。在众多具有市场需求的出版项目中，每个出版企业都会根据企业本身的生产经营信息和行业生产经营信息，尤其是竞争对手企业的生产经营信息，进行对比、分析，在此基础上挑选出适合自己运营的出版项目。

（3）科学组织生产

对数字出版信息资源的开发利用有助于出版企业科学组织生产，尤其对出版生产经营信息资源的开发利用，有利于消除信息不畅、情况不明的状况，保障出版物生产、流通各环节的顺利运转。首先，出版企业根据本企业的生产经营信息和行业生产经营信息，尤其是与竞争对手生产经营信息的对比分析，能够更加合理地制定企业生产发展的规划与竞争策略。其次，在出版物的生产环节，关于出版物载体的制作周期、制作成本等信息、出版产品的出货、物流、入库等信息，有助于出版企业选择合适的印制生产企业，控制生产成本，了解生产进度。关于出版产品流通环节的销售量信息，利润结构、盈亏情况等信息，则有助于出版企业了解市场销售情况，及企业在市场中所占份额、所处地位。关于出版产品退货、调货信息，出版产品评价等信息资源，有助于出版企业了解其在生产经营中需要改进之处。对这些生产经营信息的了解和沟通为出版企业科学的组织生产起到了保障作用。

（4）有效宣传促销

数字出版信息资源的开发利用有助于出版企业有效地组织宣传促销活动。首先，合理开发利用数字出版信息资源利于出版企业采用有针对性的宣传促销策略。在激烈的市场竞争中，各个企业为了赢得更多的市场份额必会对自己的产品不遗余力地宣传促销，通过数字出版信息了解竞争对手的经营情况及市场表现，就能有针对性地采用能突出自己经营优势的宣传促销策略，以此夺取市场竞争的主动权。如湖南岳麓书社在宣传自己推出的古典文学名著时，在广泛收集、分析兄弟社同类书经营信息的基础上，采用了突出本版书“价廉”的宣传策略，收到良好的促销效果。其次，合理开发利用数字出版信息资源利于出版企业采用合适的宣传形式。如出版企业掌握了某区域市场文化习俗类的数字信息，在对该区域发行的出版产品宣传活动中就可采用符合该地区市场文化习俗的特色宣传形式，“投其所好”，这样就能使自己的产品有效地开发占领该区域市场。再次，合理开发利用数字出版信息资源能够促进出版企业宣传促销手段的不断创新。各个企业采用的促销手段，大多能通过数字信息资源反映出来，新的促销手段一出现，也必然会有众多企业争相仿效，通过数字出版信息资源的开发利用掌握了这些信息，就能促使企业改进促销手段，由此而推动了整个出版行业宣传促销手段的不断创新。

（5）推动出版企业管理变革

信息资源作为生产要素应用在数字出版领域具有其特殊性：一方面是一种有形的独立要素，与劳动者、劳动工具、劳动对象一起，共同构成现代出版生产力的基础；另一方面又是一种无形的、寓于其他出版要素之中的非独立要素，通过优化、协调其他要素的结构和配置来提高现代出版企业的管理能力和管理效率，以此来施加其对出版生产力的影响。这个过程也就是出版企业建立现代企业制度的过程。

首先，通过开发利用数字出版信息资源，如建立数据库，整合各种电子文档，进行按需出版、多媒体形态出版等，必然促使出版人员提高自身的专业技能，促使出版企业引进先进的技术设备和进行信息化建设，对劳动对象——出版资源进行多向度开发。其次，开发利用的过程，是一个搜集、整合、分析和处理的过程，是对资源进行立体的开发，它不同于对传统出版资源的扁平型开发利用。这种立体开发将引发出版企业在管理思想、管理手段、组织结构、人力资源整合、生产流程等各个层面的变革。在管理思想上更加开放、前瞻，在管理手段上更加依赖信息的采集来辅助决策，在组织结构上更加高效、合理，根据不同的出版产品生产要求来整合人力资源，进行生产流程重组以适应数字出版大趋势。以社会科学文献出版社为例，该社组建了数字内容编辑团队和数字产品营销团队，逐步形成了数字出版生产、运营、营销的一体化流程，并先后通过了出版社《电子文档管理规定》《数字出版流程管理规定》等条例，将数字出版建设提升到制度化的层面。此外，出版社利用ERP系统整合了编辑、印刷、销售等生产流程，实现了包括绩效评估系统、书目管理系统、发行系统、OA办公系统在内的数据对接和一体化管理。在内容发布系统方面，出版社已建成功能强大、内容丰富的网站群，包括社科文献出版社网站、中国皮书网、中国救护网、中国社工教育网等内容发布平台，并加强了网站的电子商务功能。可以说，这种管理变革与数字出版信息资源的开发利用是紧密相连的。

（6）提高出版业核心竞争力

无形资产是相对于有形资产而言的，其价值和使用价值主要是由其自身无形的技术含量和承载的信息内容所决定的，而不是由有形的实物部分构成的，这一切主要是由无形资产的价值因素决定的（含版权、专利权、商标权等知识产权）。比如，出版社拥有的作者版权资源就是一种无形资产，版权资源价值的高低及其开发后的收益，往往取决出版社对版权进行开发利用的广度和深度。有形资产通常容易被对手模仿，容易折旧和损耗，不易构成企业的核心竞争力，因此，从长远来看，对造就和增强出版企业核心竞争力起决定作用的是无形资产，它是企业竞争优势中最具有持久开发价值的源泉。也就是说，出版企业完全可以通过开发利用数字出版信息资源来制定企业发展策略，从而提高核心竞争力。

无形资产具有规模报酬递增性，出版企业作为知识密集型企业，其知识信息储备已经具备一定的规模，对这些资源进行数字化开发利用能够产生较高的信息资源附加值。四川新华文轩传媒集团于 2010 年推出的数字内容营销平台九月网，网站对传统纸质图书进行数字化，深度加工成电子书，向广大读者提供集搜书、阅读、互动分享、购买于一体的网络服务平台。2012 年，九月网又携手盛大，盛大 Bambook 用户能购买九月网图书内容，九月网读者则可通过 Bambook 下载已购电子书，实现双向用户互联互益互通。四川新华文轩集团此举实现了对资源的二次利用、三次利用，有力地提高了其核心竞争力。

数字化出版信息资源还具有无形资产所特有的不可复制性，这种不可复制性是出版企业走特色化经营道路的保证。中华书局依托其品牌和内容，结合新媒体，设计了一款适用于苹果手持设备系列的免费游戏“李小白”，游戏主菜单中还有广告性质的“阅读推荐”，放置了与游戏性质相同的两套中华书局出版的传统文化普及丛书。这种以网络游戏呈现传统内容的方式就是一个无形资产增值过程，并且这种增值过程是其他出版企业无法复制的，它挖掘了数字出版信息资源的另一种价值存在形态，开辟了新的经济增长点，实现了资源的特色化开发，从而增强了出版企业的发展潜力。

（7）提升出版企业信息能力

信息能力是处于信息时代的企业的一种基本生存技能，信息能力的大小决定企业利用和处理信息的效用。对于提供信息产品的出版企业而言，面对浩如烟海、质量良莠不齐的信息，较高的信息能力可以降低管理成本和交易成本，减少经营风险，增强企业发展的预见性。出版企业信息能力通过信息搜集获取能力、信息挖掘能力、信息价值创造能力体现出来，数字环境下，出版信息资源的开发利用空间更大，因而对提高企业信息能力的作用更加显著。数字出版信息资源的开发利用，既涉及文化产业，也涉及信息技术产业，同时涉及产业间的协调与合作，因此它对出版企业的信息技术水平、经营战略、发展路径起着关键作用，尤其是在企业信息化建设方面。比如，出版企业拥有众多的纸质出版资源，要对其进行数字化，出版企业要面对的不仅是数字版权获取和分类利用问题，还有庞大的纸质资源储备所带来的技术问题，以及由此带来的信息处理、信息整合和信息价值再创造问题。解决好了这一系列问题，出版企业的信息化建设也就前进了一步。以华东师范大学出版社为例，该社联合移动、联通、电信三大通信运营商，依托其丰富的传统教学资源，针对中学在校师生和家长，推出“一课一练”手机彩信，这是其线上线下立体教育和无时空教育的重要尝试。此外，该社目前与全国最大的互联网学习平台沪江网正式合作，此次合作将使其线下优秀资源电子化，通过沪江网广泛传播和销售，在营销上实现用户的全年龄层覆盖和PC、手机、实体书等多渠道输出内容资源，大大推动其信息化进程。

3　数字出版信息资源的检索与获取

出版者应该如何收集自己所需要的数字出版信息？数字出版信息的收集过程大体可分为两个步骤：一是要查找到自己所需要的数字出版信息，二是要通过各种方式获取到这些信息。因此，本章内容也按两个部分来进行叙述。

3.1　数字出版信息资源的检索

3.1.1　数字出版信息资源的检索原则

与传统出版相比，数字出版因其自身环境的特点，对信息资源检索的原则有着更深层次的要求，比如网络技术和信息传播技术的大力发展，使信息资源的即时性增强，也使信息资源共享变得比任何时候都容易，这些都对数字出版信息资源检索的时效性和共享性提出了新的要求等。数字出版信息资源的有效检索和收集，从微观上来说对数字出版商自身的发展有重要作用，从宏观上来说对整个数字出版产业的发展也有非常重要的意义，因此我们应积极总结和积累经验，科学地界定当前数字出版环境下信息资源检索应当遵循的原则。

（1）准确性原则

为了保证信息服务的质量，必须对检索到的信息进行鉴别，尽可能最大限度地剔除信息中的虚假成分和附加成分，并对这些信息进行精致加工，充分提取其有用的内核，以保证信息的真实可靠。这一原则就是信息检索中的准确性原则。根据该原则的要求，数字出版参与者要确保所检索、采纳的信息真实、可靠，因为真实可靠的信息资源是数字出版商进行正确决策的重要保证，也是为读者提供准确、科学内容的重要前提。为了达到这样的要求，数字出版企业在信息资源检索过程中，必须深入实际的调查研究，必须对检索到的信息反复核实、不断检验，细心分析、比较、鉴别，剔除虚假信息，以保证信息的真实性和准确性①，力求把误差减少到最低限度。

（2）特色化原则

数字出版企业在信息资源检索过程中一定要秉承特色化原则，这一点在数字出版物内容上体现得尤为突出。数字出版物的内容创造与传统出版物一样，包括作者的创作、出版单位的编辑加工。不论出版介质的形态如何变化、出版的服务功能如何扩展，内容仍然是数字出版物的核心价值所在。然而目前出版物市场上鱼龙混杂、质量良莠不齐，数字出版商不可能再以传统“大而全”“小而全”的理念求生存，否则将很难在市场上立足。在信息资源共建、共享的背景下，将来数字出版的竞争主要体现在它的“特色性”上。反映在数字出版信息资源检索上，特色化原则也意义重大。数字出版参与者必须明确并发展自己的特色，相应地在信息资源检索和收集工作中也必须体现独特性，制定出与自身发展相符合的、有特色的信息资源检索方针。

（3）合作共享原则

随着数字出版产业的发展，以著作权人、内容提供商、内容（信息）服务商、技术（设备）提供商、平台运营商、第三方服务商、内容消费者为相关利益者的产业链正在形成②。但是由于我国数字出版产业发展的特殊性，导致当前数字出版产业链出现某些企业整个生产、销售流程通吃的现象，反映在数字出版信息资源检索上，它们也是一力包揽、拒绝合作。数字出版产业链各环节的分工

① 林章武. 企业信息资源采集的原则、途径和策略［J］. 情报探索，2011（9）.

② 陈丹，张志林. 数字出版产业创新模式分析与展望［J］. 中国出版，2011（7）上.

合作受竞争机制的支配而不断地调整其边界与领域，根据市场交易成本与企业组织管理成本的理论，企业之间的合作成本与企业内部的组织管理成本是相互比较而存在、相互竞争而发展的，当前者走高时，企业就会选择内部组织管理的方式来整合资源；当后者居高不下时，企业则会选择外部合作的方式来整合资源①。事实上，在现阶段各数字出版参与者应学会"有所为，有所不为"，只在某个环节上做精做深，这种做法对数字出版产业的长足发展是有利的。当前随着信息技术飞速发展，信息种类繁多、瞬息万变，面对海量的信息和读者需求的多元化、动态化，再加上经费的制约，任何一方都不可能将所有的信息尽数收集。因此，数字出版信息资源的检索应该遵守合作性原则，充分发挥各自优势，努力实现 1+1>2 的效果。

数字环境下的出版信息资源，绝大多数要从网络上获得。资源共享是网络化信息服务的主要特征，也是信息时代数字出版生存发展的决定性取向。萧伯纳对信息资源的共享性有一个形象的比喻：你有一个苹果，我有一个苹果，彼此交换一下，两个人仍然是各自有一个苹果。如果你有一种想法，我也有一种想法，两个人相互交流，结果是每个人都有了两种想法甚至更多。这说明了信息不会像物质一样因为共享而减少，反而可以因为共享而衍生出更多。因而数字出版企业应在信息资源检索工作中充分考虑到信息资源的共享性，主动参加地区、系统或全国性的信息资源保障体系建设，分工合作承担信息资源的收集和检索工作，减少重复采集现象，实现资源共建共享，发挥产业的整体优势。

（4）互动性原则

传统出版通过"推"的方式，使受众被动接受信息。在这种信息灌输模式中，信息的传递是单向的，受众无须反馈信息，也无法参与出版。但是在数字出版活动中，随着搜索引擎的诞生和博客（Blog）、论坛（BBS）、社交网络（MSN）、微博（Twitter）、及时

① 陈邦武. 略论数字出版的"中心论"——对数字出版本质的再探讨［J］. 出版发行研究，2011（10）.

通信工具（QQ）等的出现，互动已经成为数字出版的重要传播特性之一①。因此，数字出版的信息资源检索活动一定要注意和受众的互动，激发他们的参与意识和主动意识，使其能够为业界提供更优质、更直接的信息，从而更进一步地推动数字出版产业的发展。

（5）选择性原则

对数字出版信息资源检索要坚持选择性原则，首先，数字出版企业在进行信息资源采集的过程中，应对信息来源有所选择，重点采用信誉高、稳定性强的网站或机构发布的信息，因为高质量的信息源往往能保证高质量的信息；其次，对信息资源采检索所用的方法要有所选择，不同的信息收集方法所获得的信息往往不同，数字出版企业要善于通过多种途径进行信息采集工作，这样也有益于信息资源检索和收集的全面性；再次，在信息的质量和数量问题上也应有所权重，数字出版企业应选择把信息的质量放在首位，在保证质量的情况下兼顾数量。

明确了数字出版信息资源检索的过程就是信息选择的过程，检索者也必须明确是为了什么实现目的或是为了满足谁的需要而进行检索的，即选择性原则还暗含了信息检索过程中必须要有针对性的深层含义。人们的信息需求总是特定的，也是有层次、有范围的。要有针对性、有重点、有选择地采集价值大的、符合用户需求的信息资源，才能提高信息工作的投入产出效益。在数字环境下，随着网络信息资源数量的不断扩大，出版企业面对的是海量的信息资源，为了确保数字出版信息资源检索的质量，有必要有所针对，克服网络信息采集的盲目性。数字出版企业在进行信息搜集时，应根据实现目标的性质、服务对象、软硬件条件、发展目标等确定要搜集的信息。数字出版企业没必要也不可能采集到所有的信息，选择性原则使得检索工作有的放矢，不至于偏离轨道，从而提高信息收集的准确性和价值性。

（6）时效性原则

---

① 马明明. 互动出版：数字出版时代的新潮流［J］. 中南林业科技大学学报，2011（5）.

实践证明，信息一经形成，提供的速度越快、提供的时间越早，其现实价值越大。由于信息具有较强的时效性，随着事物的运动变化，过时的信息已经不能准确反映事物的属性，因此对于信息资源的检索和收集要及时，才能保证信息的新颖性，这样信息资源的使用价值才能最大化。在市场竞争激烈的时候，数字出版商信息收集稍一迟缓、采取应对对策稍慢一步，就可能贻误时机。另外，作为内容提供商的数字出版企业如果能及时收集最新的、有效的内容信息，并定期对原有信息资源进行更新，才能保证给读者提供高质量的信息资源。因此，在数字出版信息资源检索的过程中必须坚持时效性原则。

（7）系统、全面性原则

知识的产生和发展是一个承前启后、绵延不息的过程，知识的这种连续性决定了信息的相关性和系统性，因此在数字出版信息资源的检索过程中，一定要注意信息资源的系统性和延续性。系统性原则应该贯彻到数字出版信息资源检索的整个进程中，检索者要站在宏观、系统的高度，洞察用户需求的变化趋势和数字出版信息资源的发展规律，不断实现所搜集信息资源体系良好的新陈代谢，只有系统地搜集和积累信息资源，维护它们的连贯性和完整性，才能充分地发挥信息资源的作用。并且也应该认识到，只有每一部分都充分发挥作用并形成有机整体，系统才能发挥出它的最大价值。

另外也应该认识到，只有广泛、全面地搜集信息，才能完整地反映管理活动和决策对象发展的全貌，最终为决策的科学性提供保障。在数字出版信息检索活动中要贯彻全面性原则，这就要求所收集到的信息要广泛、全面和完整。应该注意的是，这个“全面”并不是去收集一切所能检索到的信息，而是指根据需要就某个专题的信息检索和收集要做到全面。当然，这只是一个理想的、相对的状态，我们都知道实际所收集到的信息不可能做到绝对的全面和完整，因为网络时代传播手段的改进和传播方式的革新使得信息呈现出了爆炸式的增长，在互联网诞生的几十年间，信息传播的总量已经超过人类社会在网络时代之前传播的所有信息的总和。因此，我们只能秉持全面性的原则，就数字出版活动的某个专题尽量在最大范围内搜集所需的信息资源，并不断思考和探讨如何在不完整、不完备的信息下做出科学的决策。

系统、全面性原则也要求数字出版商必须具备发展的眼光，在数字出版信息资源的检索中要有预见性，收集过程中不仅要着眼于现实和当下的需求，同时还要有一定的超前性，制定面向未来的信息检索计划。另外，数字出版商在信息资源检索过程中还应坚持对某一范围内的信息进行连续关注和收集，这样可以在信息的数量与质量上得到一定的保证。连续性的收集信息还是信息研究工作的基础，因为只有连续搜集得到的信息，才能保证信息的系统性，从而保证分析工作的深度和精度。

（8）经济、效益性原则

信息作为商品被生产或利用，肯定要耗费一定的人力、物力、财力，这种投入或曰消耗，是信息生产和管理过程的费用。信息检索和收集是信息管理过程的一部分，自然存在经济费用的问题。经济性原则就是要求在信息检索过程中尽可能减少经费投入并使收集的信息具有最优效果①。坚持经济性原则，需要根据信息检索的最终目的，选择合适的信息资源以及适当的信息检索途径和方法。在进行数字出版信息资源采集过程中，应根据现实需要特点，制定合理的信息资源采集经费预算，讲求经济效益，节约采集成本。一般而言，选择门户网站等免费方式收集信息资源可以最大限度地节约采集成本、提高工作效率。同时，数字出版企业在坚持经济性原则的同时也一定要明确，信息资源检索和搜集的根本目的是开发和利用资源，使资源建设发挥出最大的使用效益，因此效益性原则也必须坚守。实践中，应根据数字出版信息资源检索需求的不同，密切关注需求的变化，考察资源利用率，及时合理调整信息检索资金和人力等的投向，确保信息资源的使用效益。②

---

① 关学智. 信息搜集原则浅述［J］. 辽宁经济管理干部学院学报，2000（1）.

② 余晓丹，何坚石. 数字出版环境下的信息资源采集原则研究［J］. 河南图书馆学刊，2010（4）.

3.1.2 数字出版信息资源的检索方法

网络时代，信息传播的手段和方式在网络环境下发生了巨大的变化，信息资源呈现出品种多、数量大以及来源渠道多样化等特点①，传统出版正在向数字出版大踏步迈进，新的数字出版环境的变化也使得信息资源的检索方法发生了改变，一批批新的信息资源检索方法开始涌现。下面就将介绍数字出版信息资源的几种检索方法。

(1) 布尔逻辑检索

布尔逻辑检索就是运用布尔逻辑算符对检索词进行逻辑组配，表达两个概念之间的逻辑关系。布尔逻辑算符主要有三种："与"(AND)、"或"(OR)、"非"(NOT)。

①逻辑"与"。逻辑"与"用 AND（或 * ）表示。检索词 A、B 用"与"相连，表示只有同时含有这两个检索词才能被命中，具有较强的专指性。

例如，要检索"数字出版与法律"的文献，逻辑检索式可表示为：digital publishing AND law。

②逻辑"或"。逻辑"或"用 OR（或+，或 | ）表示。检索词 A、B 用"或"相连，表示只要含有其中一个检索词或同时含有这两个检索词的文献都将被命中，检索范围大于 AND。

例如，要检索"数字阅读或电子书阅读"的文献，逻辑检索式可表示为：digital reading OR e-book reading。

③逻辑"非"。逻辑"非"用 NOT（或—）表示。检索词 A、B 用"非"相连，表示被检索文献在含有检索词 A 而不含有检索词 B 时才能被命中。

例如，要检索"国外数字出版"方面的文献，但是不要涉及"英国"方面的文献，逻辑检索式就可以表示为：foreign digital publishing NOT Britain。

---

① 袁琳，何坚石．数字出版环境下的信息资源采集策略研究［J］．图书馆理论与实践，2010（4）：7.

具体的布尔逻辑检索的三种逻辑关系如表 3-1 所示。

表 3-1　　**布尔逻辑关系图①**

逻辑算符	与（AND\ *）	或（OR\ +\ |）	非（NOT\ —）
检索式	A AND B 或 A * B	A OR B 或 A+B	A NOT B 或 A—B
逻辑关系	数据库中同时含有 A 和 B 的记录被检中	数据库中含有 A 或含有 B 或两者都含有的记录被检中	数据库中凡含有 A 而不含有 B 的记录被检中
作用	用于交叉概念和限定关系的组配，可以缩小检索范围，有利于提高查准率	用于并列关系（同义词、近义词）的组配，可以扩大检索范围，防止漏检，有利于提高查全率	用于从原来的检索范围中排除不需要的概念，可以缩小检索范围，使检索更精确
逻辑关系图	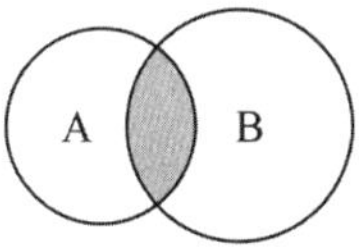 A AND B	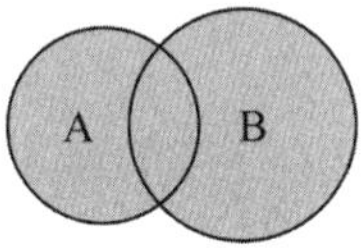 A OR B	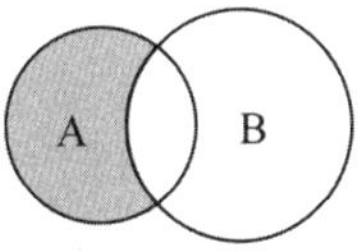 A NOT B

不同的检索系统里，布尔逻辑的运算次序是不同的，因此会导致检索结果的不同。通常运算次序有这样几种形式：一是按算符出现的顺序，如果是 AND、OR、NOT，就按 AND、OR、NOT 的顺序运算。如果是 OR、NOT、AND，就按 OR、NOT、AND 的顺序运算。二是默认 AND 优先运算，其次是 OR、NOT。三是默认 OR 优先运算，然后是 AND、NOT。一般来讲，检索系统的“帮助”文件

① 邰峻，刘文科．网络信息检索实用教程［M］. 北京：电子工业出版社，2010：35.

中都会有这类说明，只要注意查看即可。①

（2）邻近检索

邻近检索又称位置算符检索，是用位置算符来表达检索词与检索词之间的顺序和词间距的检索。这种检索通常只出现在西文数据库中，在全文检索中应用较多。如果说布尔逻辑算符是表示两个概念之间的逻辑关系的话，位置算符表示的是两个概念在信息中的实际物理位置关系。常用的位置算符有以下几种。

①（W）与（nW）：（W）表示检索词要按顺序出现，中间不许插词，只能有一个空格或标点符号；（nW）表示允许检索词间插入少于或等于 n 个检索词，但是两个检索词间的顺序不能颠倒。

②（N）与（nN）：（N）表示连接的两个检索词的顺序可以互换，但是两词间不允许插词；（nN）中 n 表示允许插词量少于或等于 n 个。

③Link（L）：表示连接的两个检索词之间有主副关系，前者为主，后者为副，可用来连接主副标题词，它们出现在记录的规范词字段。

④Subfield（S）：表示连接的两个检索词必须出现在同一子字段中，子字段是指字段中的一部分，如一个句子、一个词组或一个短语。（S）字段不限，词序不限。

⑤Field（F）：表示连接的两个检索词必须出现在同一字段中，字段不限，词序不限。

⑥Citation（C）：表示两个检索词必须出现在同一记录中，但两词的词序和所在字段不限。②

⑦ NOT：NOT 运算符与以上位置算符组合使用，从而产生相反的含义。例如：NOT W 表示其后的词不能紧跟其前的词；NOT

---

① 肖珑. 数字信息资源的检索与利用 [M]. 北京：北京大学出版社，2003：36.

② 刘霞，李漠. 网络信息检索 [M]. 北京：清华大学出版社，2010：47.

N 表示两个词不能相邻；NOT S 表示其后的词不能出现在同一子字段内；NOT F 表示两个词不应出现在同一字段中；NOT L 表示其后的词不应出现在同一主题内。①

表 3-2 将对常用算符列表列举应用。

表 3-2　　**常用位置算符列表**

算符	功能	表达式	检索结果
(W)	两词相邻，按输入时顺序排列	Education (W) school	Education school Education schools
(nW)	同上，两词中间允许插入 n 个词	Education (1W) school	Education school Education and musical school
(N)	两词相邻，顺序可以颠倒	Education (N) school	Education school Education schools School of education
(nN)	同上，两词中间可以插入 n 个词	Education (1N) school	Education school School of education Education and musical school School of musical and education
(L)	两词有主副关系，前为主后为副	Education (L) school	Education school Education schools
(S)	两个词同在一个子字段中	Education (S) school	检索词出现在句中或短语中

① 黄如花．信息检索（第 2 版）[M]．武汉：武汉大学出版社，2011：20.

续表

算符	功能	表达式	检索结果
(F)	两个词同在一个字段中	Education (F) school	检索词出现在题名或文摘中
(C)	两词同在一记录中	Education (C) school	检索词出现在一篇文献全文

这里要强调的是，不是每一个检索系统都使用上述位置算符，不同的系统使用的位置算符不同，不同的算符在不同的系统中有时可能含义不同。例如"W"算符，在 DIALOG 检索系统表示两词相邻，输入顺序不变；在 ProQuest 系统中，"W"算符表示输入的两个词相邻，但顺序可变，如顺序要求不变，则使用"PRE"算符。①

(3) 截词检索

截词检索是指在检索标识中保留相同的部分，用相应的截词符代替可变化的部分。检索中，计算机将所有含有相同部分标识的记录全部检索出来。用截词符号"?"或"*"加在检索词的前后或中间，以检索一组概念相关或同一词根的词。截词检索可以扩大检索范围，提高查全率，西文数据库检所运用的比较多。中文数据库也可以使用，如只知作者姓而不知道名时，可以在表示其姓氏的字后加"?"做姓氏截断。

根据截词符在检索词中的位置，可以将截词检索分为前截词、中截词和后截词。

①前截词：又称词首截词，即截词符在检索词的开头，如输入"*ism"，可检索出 capitalism、marxism、feudalism、imperialism、socialism 等一系列以 ism 结尾的单词及词语。

① 肖珑．数字信息资源的检索与利用［M］．北京：北京大学出版社，2003：37.

②中截词：即截词符位于检索词的中间。例如输入 organi?ation，可检索 organisation、organization。这种方式查找英美不同拼法的概念最有效。

③后截词：即截词符位于检索词的后尾，是最常用的截词检索方式。例如输入 book *，可检索到 bookstore、bookmark、bookshelf、booklet、bookseller 等单词。

此外也有一种较为通行的说法，把中截词和后截词叫做通配符（wildcard），原理、用法大致形同。

根据截断数量的不同，截词检索又分为有限截断和无限截断。有限截断，即限制被截断的字符数量，例如输入 book????，表示被截断的字符只有 4 个，因此可以检索出 bookmark、bookcase、bookworm、bookshop 等单词。无限截断则不限制被截断的字符数量，例如输入 book *，可以检索到 books、booked、bookend、bookmark、bookkeeping 等单词或词组。

但是对于同一种检索运算、检索工具之间采用不同符号的状况也是存在的，有的检索工具用“?”表示词尾的无限截词，而有的却采用“*”来表示词尾的无限截词。此外，有些检索系统并不支持使用截词符的截词检索技术，系统默认的是词根检索，即输入一个词，系统会自动检索出同义词跟的一组词，例如输入 paper，可以检索出 paperback、paperboard、newspaper、paperwork 等。这是一种智能检索方式，但是要求系统内必须预先设置词根表。

（4）字段限制检索①

字段限制检索是指在信息检索过程中，为提高查全率或查准率，将检索范围限制在特定的字段内。被指定的字段也称检索入口，检索时系统只对指定的字段进行匹配运算。

字段限制检索一般分为两种，一种为基本索引字段，即一篇记录中主要用来表达文献内容特征的字段，例如篇名、文摘、叙词、自由词等。叙词和自由词都是代表文献主题内容的词语，但前者是

① 黄如花. 信息检索（第 2 版）[M]. 武汉：武汉大学出版社，2011：23.

选自各个数据库的专用词表，属规范化用语；后者则选自原始文献，属不规范的自然语言。在数据库的基本索引字段中，叙词和自由词包括单词和词组，联机检索主要就是通过基本索引字段中的单词和词组来检索有关文献记录（见表3-3）。

表3-3　常用基本索引字段及其代码

字段名	字段代码	中译名
Abstract	AB	文摘
Descriptor	DE	叙词
Identifier	ID	自由词
Keyword	KW	关键词
Title	TI	题名

另一种是辅助索引字段，即为表达文献外部特征的字段，例如著者、机构名称、语种、刊名、来源、出版年份等字段（见表3-4）。

表3-4　常用辅助索引字段及其代码表

字段名	字段代码	中译名
Author Affiliation	AA	著者单位
Application Country	AC	专利申请国
Application Date	AD	专利申请日
Abstract Number, Accession Number, Application Number	AN	文摘号、登记号或存取号，专利申请号
Author, Inventor	AU	著者，发明者
Class Code, Country Code	CC	分类号，国别代码
Conference Location, Patent Classification	CL	会议地点，专利分类号

续表

字段名	字段代码	中译名
Contract Number, Country Name	CN	合同号，国别
Company Name	CO	公司名称
Country of Publications	CP	出版国
Corporate Source	CS	团体著者
Conference Title	CT	会议名称
Conference Year	CY	会议年份
Designated Country	DC	指定国
Document Type	DT	文献类型
International Patent Classification	IPC	国际专利分类号
Journal Name	JN	刊名
Language	LA	语种
Patent Assignee	PA	专利代理人
Patent Country, Product Code	PC	专利国别，产品代码
Patent Date, Publication Date	PD	专利公布日期，出版日期
Patent Number, Product Name	PN	专利号，产品名称
Publisher	PU	出版者
Publication Year	PY	出版年份

在中文数据库的检索中，有些数据库会直接给出字段名称及其相应的字段代码，以方便用户检索。图 3-1 就是中国知网的字段限制检索示意图。用户可以根据知网给出的检索字段检索出自己所需的文献资源。

网络数据库中，字段名称通常放置在下拉菜单中，用户只需要选择就可以了。在西文数据库的字段限制检索中，值得注意的是作者检索，例如作者全名为“RichardStu-art”，有些检索系统要求按“名姓”格式输入，如“RichardStuart”；有些系统则要求按“姓名的首字母”，如“Stuart R”；还有的系统则要求加“,”号，如

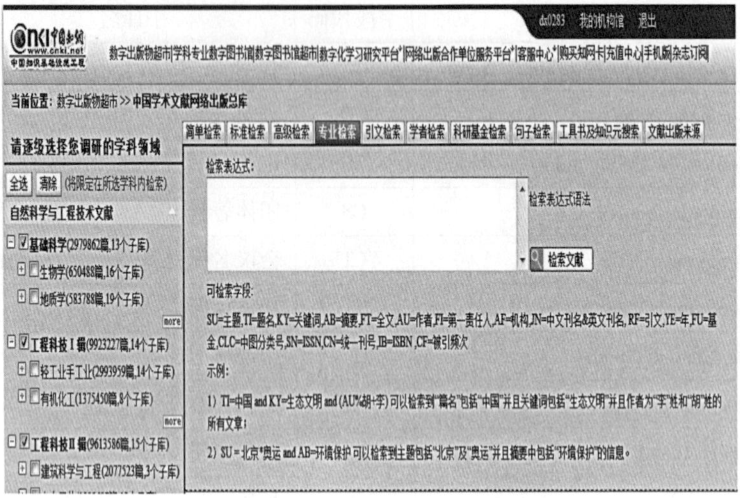

图 3-1　中国知网字段限制检索示意图

"Stuart, R" 和 "Stuart, Richard"。要注意查看系统的 "help" 文件中的相关说明。

（5）加权检索

加权检索是某些检索系统中提供的一种定量检索技术。加权检索与布尔逻辑、截词检索等不同的是：加权检索的侧重点是判定检索词或字符串是不是在数据库中存在，与别的检索词或字符串是什么关系，而布尔逻辑、截词检索是在于判定检索词或字符串在满足检索逻辑后对文献命中与否的影响程度。加权检索的基本方法是：在每个提问词后面给定一个数值表示其重要程度，这个数值称为权，检索时，先查找这些检索词在数据库记录中是否存在，然后计算存在的检索词的权值总和，权值之和达到或超过预先给定的阈值，该记录即为命中记录。

具体检索方法：在检索提问式中，根据每个提问词在检索要求中的重要程度，分别给予一定的加权数值加以区别，这个数值称为权数，同时给出检索命中的阈值。在检索时，首先提问词与文献的检索词要匹配，其次要计算所有匹配的检索词权数之和，也称为所检文献的权数。当某一文献匹配的检索词权数之和满足阈值条件时，即认为是命中文献。①

图 3-2 将以中国知网列举加权检索。但是这里需要强调的是，以外网用户进入中国知网和校园用户登录中国知网面对的加权检索是不一样的。这里以“出版 产业”的检索为例，以外网进入中国知网的用户要使用加权检索，就要进入中国知网的高级检索，在高级检索下有“输入内容检索条件”一栏，输入检索词后，可以在词频处选择合适的权数，再进行检索。

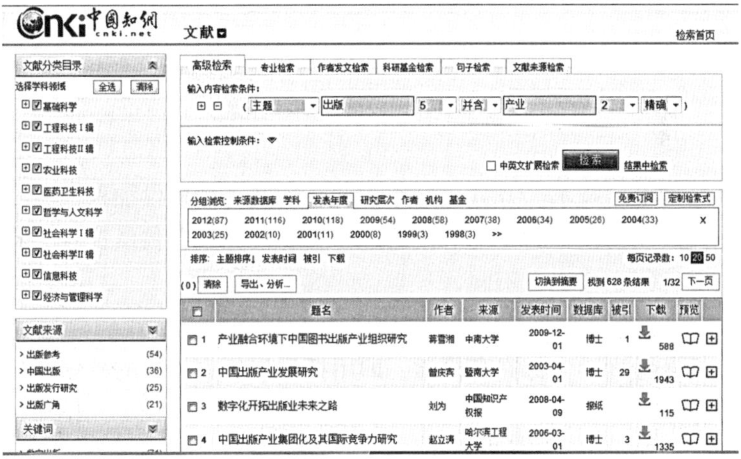

图 3-2 知网外网加权检索

而校园网用户登录知网之后，要想使用加权检索，直接选择标准检索就可以了，在标准检索之下的第二个选择项就是“输入目标文献内容特征”，此选项允许用户在输入检索词后对词频进行加权，见图 3-3。

运用加权检索可以命中核心概念文献，因此它是一种缩小检索范围提高查准率的有效方法，但是并不是所有的系统都能提供加权

① 刘霞，李漠．网络信息检索［M］．北京：清华大学出版社，2010：48.

图 3-3 知网校园网加权检索

检索这种检索技术，万方数据库查询系统就不能提供加权检索。而且能提供加权检索的系统对权的定义、加权方式、权值计算，和检索结果的判定也会有不同。

（6）括号检索

括号检索，又称嵌套检索，即用括号将优先检索的检索式括起来，系统会首先检索括号中的概念。以检索式：“（数字出版 AND 美国）AND 法律”为例，系统会首先检索“（数字出版 AND 美国）”，再将结果与“法律”匹配。一部分系统支持这种算符，其他系统会使用默认布尔逻辑算符顺序或二次检索方式来提供优先运算方式。中国知网是支持括号检索的系统，图 3-4 就是知网对“（数字出版 AND 美国）AND 法律”的检索。

（7）其他检索方法

①多媒体检索。随着多媒体计算技术的迅猛发展，各种音频、图像、视频信息开始层出不穷，人们已不再满足于传统的文字检索，提出了对多媒体信息的检索需求，因此基于内容的多媒体信息检索应运而生。所谓基于内容的检索是指利用模式识别、语音识别、图像处理等技术领域可能提供的有效方法和工具，直接对音频、图形、图像、视频等数据进行内容分析，从中提取其听觉、视

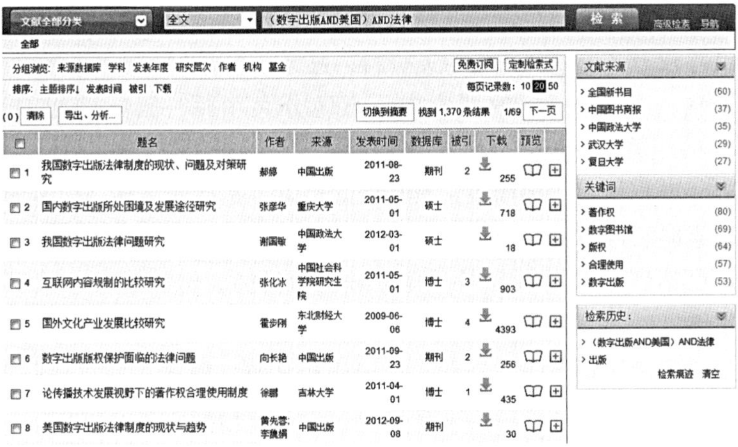

图 3-4 （数字出版 AND 美国）AND 法律检索

觉等特征（如颜色、形状、纹理、节奏、旋律等），并对这些特征加以组织形成索引，用户据此作为检索的依据，实现对形象化信息的定位和查询。

②词表助检。有些文献数据库有自己的主题词表，此表不仅用于标引文献，也用于助检。检索者在选择检索词时，要查阅词表。有些联机检索系统，将词表存入计算机，帮助用户进行检索。它能将用户输入的非标准检索词自动的转换为规范词，还可以自动扩检。①

③大小写敏感检索。大小写敏感检索指西文检索系统中对用户检索式包含的大小写的处理方法。不同的系统处理方式不同。对于具有区分大小写检索功能的工具而言，如果用户输入的检索式用小写字母表示，搜索工具既能匹配大写又能匹配小写，例如想要搜索苹果公司的相关文献，检索词为“Apple”，首字母大写，有些搜索工具就认为用户指定了只要大写，就只会查找那些与用户键的输

① 陈泉．网络信息资源检索与利用［M］．北京：清华大学出版社，2010：56.

入形式完全相同结果，其结果就只能是 Apple 公司的相关信息。而其他一些搜索工具范围较宽泛，就会将大小写全部包含，搜索的结果就不仅有 Apple 公司的相关资料，甚至还包含了苹果等植物的相关资料，在 Springer 的搜索中，不区分大小写，因此例如 apple juice 的相关信息都会被显示。

④模糊检索。模糊检索又称概念检索，是指使用某一检索词进行检索时，同时对该词的同义词、近义词、上位词、下位词进行检索，已达到扩大检索范围、避免漏检的目的。例如输入“数字出版法律”一词进行检索时，检索结果不仅包括“数字出版法律”，还包含“数字出版企业版权、数字出版法规、数字出版产业政策、数字作品版权、数字出版政府规制”等含义相近或相关的词。

⑤禁用词表。在西文数据库检索中，系统对信息进行标引时，不能做标引词或检索词的语词，包括介词、冠词、代词、连接词、某些形容词或副词等。这部分词语由于使用频率过高，不能反映信息的实际内容，即使用户输入，系统也不会对其进行检索，又称停用词，如 a、and、in、for、she、should、the、well、only 等。由禁用词构成的词表成为禁用词表，不同检索系统的禁用词表略有不同，要注意查看。①

实际检索中，运用并不单单是一种检索方法，而是多种检索方式综合运用。如“国外数字出版法律制度”，就可以运用布尔逻辑检索的 AND、OR 或者是截词检索、位置算符检索等，充分运用数据库中的字段限制检索，所相关文献的时间、作者等进行限制，得到自己想要的信息资源。

3.1.3 数字出版信息资源的检索途径

数字出版信息资源是“载体数字化”的一类出版信息资源，指采用二进制数字技术存储在光、磁等非纸介质的载体中并通过网络通信、计算机或其他终端再现出来的出版信息资源。与传统出版

---

① 肖珑．数字信息资源的检索与利用［M］．北京：北京大学出版社，2003：39.

信息资源相比，其优势主要表现在信息量大、增长迅速、更新快，以及易于存储和复制等方面。随着信息时代的到来，数字技术在出版领域广泛应用，使得出版各环节基本上都实现了“数字化”手段。因而，对出版信息资源的采集、整理、加工、存储与应用等环节实质也都采用了数字化技术，使得所开发利用的出版信息资源实质上大部分是以数字形式存储的数字化出版信息资源。基于数字化技术的应用，具有灵活性的数字化出版信息资源在出版实践活动中发挥着越来越重要的作用。

数字出版信息资源是整个数字出版产业的核心资源和财富，是开展数字出版工作的基本条件和重要依据。数字出版信息资源的构成来源由出版环境信息资源、出版内容信息资源和出版生产经营信息资源组成。出版生产经营信息资源与出版环境信息资源都是围绕出版内容信息资源服务的。信息检索的主要目的是在最短的时间内获得最满意的检索结果，而要达到这一目的，必须了解信息检索的途径。

（1）数字出版环境信息资源的检索途径

数字出版的发展，离不开既定的社会环境。社会政治、经济、文化、科技的发展，都会给数字出版的发展打上深深的时代烙印。数字出版环境信息是社会信息资源重要的组成部分，在出版活动中扮演着重要角色，出版经营管理需要出版产业内部信息与外部信息的指导，离开出版环境信息的指导，只会陷入无序状态，出版工作也无法开展。① 凡是宏观、中观影响出版单位、出版产业发展的要素状况，其反映的信息都属于出版环境信息资源的范畴。具体来说，出版环境信息资源既有宏观环境信息资源又有产业环境信息资源，前者如政治、经济形势，科学技术的发展动态等，后者则有出版方针政策、法律法规、出版行业态势等。②

① 吴亮芳，罗紫初．论出版信息资源的概念、类型及特点［J］．出版科学，2012（2）：44-48.

② 吴亮芳，罗紫初．论出版信息资源的概念、类型及特点［J］．出版科学，2012（2）：44-48.

只有出版业人士更好地掌握数字出版环境信息资源的检索途径，才能更有效地开发与利用数字出版产业环境资源。下文根据出版环境信息资源的分布，探讨数字出版环境信息资源的检索途径。

①宏观政策方针、法规法令等信息资源的检索途径。

a. 通过综合性搜索引擎查找。搜索引擎是一种 Web 上应用的软件系统，它以一定的策略在 Web 上搜集和发现信息，在对信息进行处理和组织后，为用户提供 Web 信息查询服务。综合性搜索引擎是用户最常使用的搜索引擎，目前国内常用的主要有 Google、Yahoo!、百度等。综合性搜索引擎一般可用来检索有关各种动态新闻，国家重大政策、法规的变动，科学技术发展动态等信息。以 Google 为例，搜索法律法规时可以选择采用分类检索、普通检索和高级检索等方式，在利用 Google 的高级检索时，可通过语言、文档格式、时间和域名等构造检索式。如欲查找关于“出版法律”的信息，可将文档格式限定为 PPT 格式或 PDF 格式，如果只想将搜索范围限定于政府网，可以将域名限制为“. gov”。利用 Yahoo! 搜索法律信息的方法与 Google 检索十分类似，既可以通过目录进行分类检索，也可以利用高级检索，其检索页面和 Google 几乎相同。

b. 利用各级政府和机构的官方网站查找。中国政府网是国务院和国务院各部门，以及各省、自治区、直辖市人民政府在国际互联网上发布政府信息和提供在线服务的综合平台。网站内容由中央和地方各级政府、政府网站以及相关单位提供，可以检索“法律法规”栏目，包括法律、行政法规、地方性法规、司法解释、国家条约等许多内容。

c. 利用专业的法律网站查找。以北大法律信息网和中国法学网为代表的专业的法律网站拥有强大的资源优势和专业优势，可以为数字出版企业进行宏观政策方针、法律法令的检索提供便捷途径。北大法律信息网是我国最大、最早的法律信息服务平台，也是我国最专业、最先进的法律法规数据库。主要栏目是法律新闻、法学文献、法规搜索、法规中心、天问咨询、法律网校、法学研究、法学书刊、法律动态、北大法律周刊等。而中国法学网旨在展示科研成果，传播法学信息、提供法律服务，开展在线法学教育，引导网上法学研究和交流活动。现有主要栏目包括研究课题、理论前沿、热点问题、学术讲座、出版信息、高级法学教育、法律服务和数字图书馆等。

此外，随着国际交流的深入发展，数字出版企业越来越多地与国外同行进行沟通与合作，不可避免地要了解相关国家的法律制度。各国都有专业的法律信息检索系统，以美国为例，值得关注的是律政联讯（LexisNexis），该检索系统是全球最大的法律、政治、经济数据库之一，可以为法律机构、大学、企业、政府与学术单位提供全面、权威的信息服务，它们通过网络版、印刷版和光盘等形式定期出版法律、税务和法规信息产品。律政联讯现在可以全面提供美国最近50年的判例全文；完整的联邦和各州的制定法；大量的联邦和州的行政法律规章；丰富的法律文献资料，如法律百科全书、法律重述、几百种法律期刊，有关金融、会计及政治等方面的全文资料。① 此外，Librarians Index to Internet（LII）图书馆员互联网索引也是个非常便利的法律搜索工具，它是由美国加州州立图书馆在公共资金的支持下开发的目录式引擎，被宣称是“值得信任的网站”，所有信息均由专业图书馆员搜集和查找，每周更新一次。网站首页提供14个领域的分类检索，除生活、娱乐、健康领域的信息之外，还包括自然科学、人文科学、法律等学科领域。另外还设有Reference类目，该类目下的Dictionaries可以查找各个专业的词典。② 这些检索系统的存在，为我国数字出版企业更全面、更直观地了解美国相关法律制度提供了便利。

②数字出版行业发展现状和趋势的信息检索途径。

在当前数字时代，进入相关网站进行信息检索对于获取出版环境信息资源是一种相对直接的途径，这些相关网站包括出版专业网站、专业组织机构网站，还有专门可进行宏观环境信息检索的各种

① 黄如花．信息检索（第2版）［M］．武汉：武汉大学出版社，2011：52-105.

② 黄如花．信息检索（第2版）［M］．武汉：武汉大学出版社，2011：37.

经济、科技类网站，下文将有选择地举例分析如何通过这些网站进行出版环境信息检索。

a. 直接进入专业网站。与出版环境信息相关的专业网站主要有中国出版网、中国新闻出版网、数字出版在线、百道网、出版商务周报、出版之门、出版学术网等，这些网站都及时更新权威的新闻出版资讯，并彼此友情链接，为用户掌握数字出版产业环境信息提供了便利。下面分别以中国出版网和百道网为例进行简要介绍。

中国出版网是华文新闻出版业重要的新闻出版资讯网站，由新闻资讯、行业信息、科研数据、专业期刊、专业图书等部分组成，面向海内外提供全方位的新闻出版权威信息和商业服务，每日即时发布传媒、报纸、期刊、图书、电子音像、数字出版、网游动漫、手机出版等众多门类信息，对出版行业的热点、焦点问题开辟专栏进行理论探讨，集中展现国内外出版业的最新发展状况，并对行业大型书市、书展、重要会议进行现场图文及视频报道。中国出版网行业信息库是目前华文出版网站中最有影响的专业数据库，包括世界主要地区出版业概述、出版人物、出版统计、出版法规、出版标准、出版行业名录等专题数据库，成为从业人员全方位了解本行业必备的专业数据库。①

百道网是国内唯一一家致力于为数字阅读全产业链提供信息服务与知识服务的专业机构。百道网作为资讯集成平台，提供各类研究报告、专题报告以及市场与产业监测分析报告定期总结、分析市场产业动态和趋势，为企业领导者、决策者提供决策参考资料。

b. 进入有关组织机构的官方网站查找。专业组织机构包括出版学会协会、出版研究机构、出版集团、政府有关管理机构、国际组织等。专业组织机构网站是专业信息的集散地，是重要的信息源，提供出版宏观环境信息以及产业环境信息，是一种重要的信息检索途径。较重要的专业组织机构网站有：中国政府网、国家统计局、中国新闻出版总署、中国出版集团公司、国家版权局、工业部和信息化部、世界知识产权组织（WIPO）等。在这些网站上可查

① 中国出版网［EB/OL］.［2012-11-26］. http：//www.chuban.cc/gybz/.

找到有关出版最新的政治、经济形势以及最新的科学技术发展动态以及出版行业最新发展态势。下文以新闻出版总署、国家统计局网站及中国经济信息网为例进行简要介绍。

中华人民共和国新闻出版总署（现新闻出版工作划归中共中央宣传部）负责起草新闻出版、著作权管理的法律法规草案，拟订新闻出版业的方针政策，制定新闻出版、著作权管理的规章并组织实施。同时还负责制定新闻出版事业、产业发展规划、调控目标和产业政策并指导实施，制定全国出版、印刷、复制、发行和出版物进出口单位总量、结构、布局的规划并组织实施等。数字出版企业可以到其网站上查找最新的、最权威的行业信息。

中华人民共和国国家统计局是国务院直属机构，主管全国统计和国民经济核算工作，国家统计局对外发布信息，服务社会公众的唯一网络窗口，由国家统计局网络信息管理协调小组办公室负责建设与维护，宗旨是及时、准确地发布最新最全面的统计信息①，用户可从统计局发布的信息中了解到出版业的发展规模以及社会经济发展状况。

中国经济信息网是国家信息中心组建的、以提供经济信息为主要业务的专业性信息服务网站，为政府部门、金融机构、高等院校、企业集团、研究机构及海内外投资者提供宏观经济、行业经济、区域经济、法律法规等方面的动态信息、统计数据和研究报告，能帮助出版企业准确了解经济发展动向、市场变化趋势、政策导向和投资环境，为出版产业的经营管理和投资决策提供强有力的信息支持。

c. 其他途径。

第一，专家学者博客或学术论坛。互联网技术的发展使得在网络平台上的即时互动成为可能，更多的人喜欢在网络上发表意见和表达观点。专家学者博客、学术论坛，是专业人员表达思想、灵感的重要场所，对于此类信息的收集，可以了解专业的一些最新发展

① 互动百科［EB/OL］.［2012-11-27］. http://www.hudong.com/wiki/%E5%9B%BD%E5%AE%B6%E7%BB%9F%E8%AE%A1%E5%B1%80.

或动态。出版专业领域著名的专家学者是专业人员查找信息的重要入口，他们通常在个人博客上及时发表个人研究方向的最近动态，并有自己独到的观点和分析，将他们的主页收集起来可方便地获得某一专业领域的信息动态。①可以通过以下途径检索个人博客上的信息：①在 Google 主页上选择博客主题检索，直接在检索窗口输入检索词，查找相关的博客文章。百度也提供了博客搜索服务，还可利用博搜、奇虎博客搜索等搜索引擎。②直接进入大型门户网站的博客空间检索，如：新浪博客、网易博客、搜狐博客等。②

第二，网络版年鉴。网络版年鉴可让用户更方便、快速地查找到年鉴资源。中国国家图书馆、中国国家数字图书馆的网络平台有“年鉴栏目”，列有许多“网络年鉴资源”，包括各种统计年鉴，可检索到出版及媒体的综合信息。③ 中国知网也有专门的《中国年鉴全文数据库》，通过其目录可以检索到新闻出版事业方面的信息列表。

值得注意的是，目前我国数字出版产业发展对于数字环境信息资源的开发与利用状况不容乐观。2011 年 6 月，由武汉大学信息管理学院学者发起的历时近一年的“我国出版业开发利用数字信息资源的情况调查”显示，目前出版企业常用最少的数字化信息类型是宏观环境信息。尽管出版业的发展对宏观环境信息具有很强的依赖性，社会政治、经济、文化的发展状况，对出版业的发展有着直接的非常重要的影响。但是，调查结果表明，目前有将近80%的出版企业不常利用宏观环境信息。这不能不说是一件十分遗憾的事。事实上，数字出版产业的发展，离不开出版环境信息的指导，数字出版企业必须充分掌握数字出版信息环境资源的检索途径，才能促进出版生产与环境的适应，引导生产与市场衔接，为数

① 邓桂英，刘秀华．网上林业信息资源的检索途径［J］．新世纪图书馆，2003（4）：51-54.

② 李亮先，钱文丽．Web2.0 环境下医学信息检索新途径初探［J］．高校图书馆工作，2009（2）：39.

③ 于翠玲，现代出版信息检索［M］．苏州：苏州大学出版社，2007：298.

字出版产业的发展提供科学的信息保障。①

（2）数字出版内容信息资源的检索途径

数字出版内容信息资源，也称数字出版内容资源，狭义上地理解为形成数字出版物内容的所有表现形式，如文本、图片、音频和视频的集合，即为形成数字出版物内容经过一系列分类组合的有用信息的集合。数字出版内容信息资源是数字出版核心信息资源，其开发的目的是为满足读者对于数字出版物所包括的各种内容的阅读需求。② 可以说，数字出版生产经营信息资源与数字出版环境信息资源都是围绕其服务的。数字出版内容信息资源从社会信息资源中派生出来，政治、经济、文化的变迁为数字出版活动提供了无尽的出版内容素材，其范围非常广泛，凡构成数字出版物内容的一切信息都是数字出版内容信息资源。③ 网络电子图书资源、字词语句信息资源、历史文化信息资源、现实的社会文化信息资源以及国际数字出版信息资源等都可以构成数字出版物的内容信息资源。下面主要介绍这几种信息资源的检索途径。

①网络电子图书资源的检索途径。当前网络电子图书的出版正处在快速发展阶段。获取电子图书的渠道很多，如大型出版商出版的电子图书、专门的电子图书出版机构提供的电子图书、一些网站提供的电子图书等。国内著名的电子图书系统有超星数字图书馆、书生之家数字图书馆、方正阿帕比电子图书，以及后起之秀读秀等。

a. 超星数字图书馆与读秀图书搜索系统。超星电子图书按《中国图书馆分类法》的 22 大类采用多级类目的分类标准，设有包括文学、经济、计算机等 50 余大类，共计数十万册电子图书，300 万篇论文，全文总量 4 亿余页，每天仍在不断地增加与更新，

---

① 罗紫初，汪林中，宋少华．出版发行学基础［M］．太原：山西经济出版社，2000：125.

② 方卿．科技出版国际竞争力研究［M］．武汉：武汉大学出版社，2008.

③ 吴亮芳，罗紫初．论出版信息资源的概念、类型及特点［J］．出版科学，2012（2）：46.

为目前世界最大的中文在线数字图书馆。通过下载的超星阅读器，可以阅读超星数字图书馆中的图书资料，不仅可以直接在线阅读，还提供下载（借阅）和打印。超星公司于2004年年底推出了“读秀图书搜索”，几乎涵盖所有中文出版图书，并可检索2亿条的图书目录和6亿页的图书全文数据，是目前全世界最完整的中文图书书目数据库，提供书目搜索、目录搜索、全文搜索、全文试读及供应商链接等服务，也是一个真正意义上的知识性搜索引擎。读秀图书搜索可以帮助读者方便、快捷地找到想要的图书，除可以显示图书详细的信息外，还向读者提供包括封面页、版权页、目录页及正文前17页在内的免费试读，并提供本书相关的购买、阅读和借阅信息，不仅为读者提供了极大的便利，同时也为出版社、作者、书店、图书馆、数字图书馆和读者之间提供了有效的信息渠道。超星数字图书馆的网址为 http：//www. ssreader. com。读秀图书搜索的网址为 http：//www. duxiu. com。

b. 书生数字图书馆。书生数字图书馆网站“书生之家”是一个基于互联网的全球性中文书刊网上开架交易平台，下设中华图书网、中华期刊网、中华报纸网、中华 CD 网等子网，集成了图书、期刊、报纸、CD 等各种出版物的书目信息、内容摘要、精彩篇章、全文等内容；其收录入网的出版社达500多家、期刊7 000多家、报纸1 000多家。下设的中华图书网主要收录1999年以后出版的新书，其收录量为每年中国出版新书品种的一半以上；分为31大类，332个二级类目，分级类目最多达四级，图书逐年更新，数量可观，学科门类齐全。“书生之家”提供全文、标题、主题词等十种数据检索功能以及 CNMARC 格式数据套录功能，提供印刷版书刊、光盘数据库以及其他数据库的网上订购功能，为委员单位提供定制化的资源数字化加工服务。“书生之家”网上书刊资料可以检索，可以在线阅读，可以原版打印，但不能下载，只能购买。目前以提供镜像服务为主。“书生之家”数字图书馆的网址为 http：//www. shusheng. cn。

c. 方正阿帕比（Apabi）。方正阿帕比电子图书及其系统由方正公司提供阅读软件（Apabi Reader），由出版社提供其拥有电子版权的图书。出版社提供的图书经由方正公司的数字化制作后上网服务、可通过方正 Apabi Reader 软件进行在线阅读和在线订购；同时方正 Apabi 电子图书也向图书馆等文献资源服务单位提供镜像服务。方正 Apabi 电子图书提供全文、标题、主题词等检索功能以及 CNMARC 格式的数据套录功能。其收录的电子书按《中图法》设置了 29 个大类，涉及了文、史、工、医、社会科学、自然科学、农业、工具书等各个领域。其中计算机、自动化、外语类图书、经济金融、工具书和各类热门畅销书占了很大比重，用专栏开辟了考试学习窗口、经管图书窗口、工具书窗口和热销图书窗口。方正 Apabi 电子图书的网址为 http：//www. apabi. cn。①

②字词语句信息资源的检索途径。字词语句的规范化使用是数字出版活动的最基本的要求。在当今多种媒介互动的环境中，出版者在审读和校对数字内容时，会遇到语言文字的规范标准、典故引文的出处、各种知识信息的核对等问题。如果在把关过程中稍有疏忽，便会造成错误信息的无限扩散，因此在数字环境下，掌握字词语句信息资源的检索方法是十分必要的。在这里主要介绍字词数据库、网络型字词检索工具、网络型语句检索工具的检索途径。

a. 字词数据库。字词数据库主要包括 e-康熙字典、《汉语大词典》光盘版 2.0 和中国工具书集锦在线等。

• e-康熙字典

《康熙字典》是康熙皇帝下旨编撰的一部具有深远影响的汉字辞书。字典采用部首分类法，按笔画排列单字，全书分为十二集，以十二地支标识，每集又分为上、中、下三卷，共收录汉字 47 035 个，为汉字研究的主要参考文献之一。虽然它也有缺点，自清王朝引之至今，代有研究补正者，且嗣后在其基础上出现了《汉语大字典》《中华大字典》，但是由于编纂目的不同，《康熙字典》注重“古”而后继者服务于“今”，故时至今日《康熙字典》仍有不可替代的作用，是阅读古籍、整理古文献、从事古文化研究的重要参

① 杨守文．数字信息资源检索与利用［M］．北京：化学工业出版社，2008：135-138.

考书。访问地址：http：//www. name999. com/zd/或 http：//tool. httpcn. com/dict_kx. html。后者不只提供在线《康熙字典》的检索，还有如《说文解字》《新华字典》《成语词典》《诗词大全》等。

- 《汉语大词典》光盘版

《汉语大词典》，大型多卷本汉语词典。全书正文 12 卷，共收单字 2. 27 万，复词 37. 5 万，约 5 000 万字，并配有插图 2 000 余幅；另有《附录·索引》1 卷。1986 年 11 月第 1 卷出版，至 1993 年 11 月全书出齐。以“古今兼收，源流并重”为编纂原则，所收单字以带复词并有引文例证者为限。书证涉及经部史部、诸子百家、古今文人别集、戏曲小说、笔记杂著、宗教经典、科技著作、学术专著、近现代报章杂志乃至方志、碑刻、出土资料等，弥足珍贵。1998 年 9 月 4 日，《汉语大词典》光盘版问世。现最新的《汉语大词典》的光盘版是 2. 0 版本。汉语大词典 2. 0 版共收入汉字 20 902 个，复词 343 307 条，成语 23 649 条，释义 515 542 项，新增例证 877 130 条。在查阅手段上很好地解决了传统方式查找字或词时的烦琐且低效率的弊病，可以说光盘版集各种结构化的电子信息和查询方法于一体。这张光盘采用了先进的超文本数据库结构，采用导航式查询方式、多方式查询入口，超文本自动跳转查询等手段，方便快捷。虽然此词典是几年前出版的，但仍不失为查找字词的很好的工具书。

- 中国工具书集锦在线

中国工具书集锦在线是全球最大且内容权威的工具书在线服务网站，收录了 2 000 余部工具书，1 000 多万词条，其中汉语词典 80 余部、英汉/汉英词典近 100 部、专科辞典 1 200 部以及百科全书、图鉴、医学图谱各 200 余部，随时为数字出版内容加工过程中遇到的各种“拦路虎”提供检索服务。访问地址：http：//refbook. cnki. net/。

b. 网络型字词检索工具。网络型字词检索工具主要推荐汉典。汉典网是一类提供字、词在线检索的字典、词典类网站，其类目有汉语字典、汉语词典、成语词典、汉典诗词、汉典书法等。在线查询字、词、成语等方便快捷。访问地址：http：//www. zdic. net/。

c. 网络型语句检索工具。网络型语句检索工具主要指一些国学网站、唐诗宋词的网络版等。

• 国学网站

以国学经典书籍的数据整理及研究为主要内容的国学网站，最具代表性的是北京国学时代文化传播有限公司麾下的国学网站。公司所属的国学网，自2000年创办以来，受到专家和众多国学爱好者的关注，在学术界产生了较大的影响，已经成为国学爱好者和研究者的精神家园。"国学论坛"是国学网为大家提供的一个自由言说的公共空间，旨在捕捉，传播每个人对"国学"的感悟与品评，正式注册会员逾2万，是目前互联网上最有影响的学术论坛之一。访问地址：http：//www. guoxue. com/。

• 诗词类网站

诗词类网站主要包括全唐诗网络版、全宋词网络版和诗词总汇等。全唐诗网络版收集了全唐2 613位诗人的38 074首诗，提供对诗人、标题、诗句的全文检索。查询时，多个字词用空格分隔，单击"查找"后的"▼"可组合查询，所有条件将同时满足。对唐诗名篇，新添朗读录音。全唐诗校订来自湖北人民出版社出版的《全唐诗》。唐诗诵读来源于湖北少年儿童出版社的《唐诗三百首》。访问地址 http：//qts. zww. cn/。

全宋词网络版。本站收集了全宋21 050首词，提供对词人、标题、词句的全文检索，查询时，多个字词用空格分隔，单击"查找"后的"▼"可组合查询，所有条件将同时满足。部分宋词名篇增加了语音朗读。访问地址 http：//qsc. zww. cn/。

诗词总汇。诗词总汇网站是以中华旧体诗词的搜集、整理、创作为主的公益性网站，收录古代诗词已近27万首，并在不断增加中，其中1万余首诗词配有注释和赏析文章。本站另设有在线字典、格律校验、诗词资料、诗词相关网站等栏目，并提供收录近10万首诗词的诗词总会软件免费下载使用。访问地址：http：//www. sczh. com/。①

---

① 陈泉．网络信息资源检索与利用［M］．北京：清华大学出版社，2010：154-156.

③历史文化信息资源的检索途径。历史文化信息资源主要指的是以古籍为主的各类文化遗产以及由此而演绎出来的文学作品所构成的数字出版物的选题来源。我国文明古国的地位以及悠久的民族文化发展历史，使历史文化资源成为非常重要的数字出版内容信息资源。① 这里主要介绍几个历史典籍数据库的检索途径，如二十五史全文阅读检索系统网络版、文渊阁四库全书电子版、中国基本古籍库。

a. 二十五史全文阅读检索系统网络版。二十五史是研究中国传统历史和文化最基本的典籍。二十五史的名称、朝代、作者信息如表 3-5 所示。

表 3-5 **二十五史简表**

序号	名称	作　者
1	《史记》	（汉）司马迁
2	《汉书》	（汉）班固
3	《后汉书》	（宋）范晔、（晋）司马彪
4	《三国志》	（晋）陈寿
5	《晋书》	（唐）房玄龄等
6	《宋书》	（南朝梁）沈约
7	《南齐书》	（南朝梁）萧子显
8	《梁书》	（唐）姚思廉
9	《陈书》	（唐）姚思廉
10	《魏书》	（北齐）魏收
11	《北齐书》	（唐）李百药
12	《周书》	（唐）令狐德棻
13	《隋书》	（唐）魏徵等

① 罗紫初，吴赟，王秋林．出版学基础［M］：太原：山西人民出版社，2005：86.

续表

序号	名称	作 者
14	《南史》	（唐）李延寿
15	《北史》	（唐）李延寿
16	《旧唐书》	（后晋）刘昫等
17	《新唐书》	（宋）欧阳修、（宋）宋祁
18	《旧五代史》	（宋）薛居正等
19	《新五代史》	（宋）欧阳修
20	《宋史》	（元）脱脱等
21	《辽史》	（元）脱脱等
22	《金史》	（元）脱脱等
23	《元史》	（明）宋濂等
24	《明史》	（清）张廷玉等
25	《清史稿》	何劭忞等

本系统的软件安装完成后，主界面设有“阅读”“查询”“关于”“帮助”按钮。单击主页的“阅读”按钮，可进行全文阅读。全文阅读的界面分为三部分。界面左边是二十五史每一本书的树形目录，单击每一卷的链接，全文内容可在界面右侧显示。界面右下方是阅读的控制栏，包括向前、向后翻页。单击“查询”按钮进入全文检索界面，全文检索根据检索条件的不同可分为单项检索和组合检索两种。用户可以根据需要选择用“句子”或“段落”的方式阅读检索结果；也可以在检索条件中输入“?”实现模糊检索，还可以通过组合检索实现“与”和“或”的检索。

b. 文渊阁四库全书电子版。文渊阁四库全书电子版以景印文渊阁四库全书为底本，由上海人民出版社和迪志文化出版有限公司合作出版，分为“标题检索版”（简称“标题版”）和“原文及全文检索”（简称“全文版”）两种版本。《四库全书》电子版并不是机械的电子扫描文件，而是做了各种索引，便于读者根据不同途径进行检索和使用数据库。《四库全书》全文电子版囊括了经、史、子、集四部的所有文献，共计 153 张光盘。

c. 中国基本古籍库。中国基本古籍库是中国文化要籍数字化的空前巨献，被列为国家重点电子出版物，由北京爱如生数字化技术研究中心开发制作，黄山书社出版发行。该库分为 4 个子库、20 个大类和 100 个细目，共收录上自先秦下讫民国的历代名著和各学科基本文献 10 000 余种，每种均提供 1 个通行版本的数码全文和 1~2个珍贵版本的原版影像。该库总计收书约 16 万卷，版本12 000 多个，全文约 17 亿字，影像约 1 000 万页。其收录范围涵盖全部中国历史与文化，其内容总量相当于 3 部《四库全书》。

系统提供 3 条检索路径：①分类检索，通过库、类、目的树形结构进行定向检索，可检索到某一领域的某些或某种书，并可预览其概要；②条目检索，限定书名、时代、作者、版本、篇目等条件进行目标检索，可检索到某时代某作者某书某版本某卷某篇，并可预览其概要；③全文检索，输入任意字、词或字符串进行检索，可检索到一万多种书中所有的相关信息，综合各种关联选项进行精确检索，可排除大量无用信息，直接检索到所需信息。①

④现实的社会文化信息资源的检索途径。现实的社会文化信息资源指由反映现实社会文化生活为主题的作品组成的信息资源。现实的社会文化生活中，许多方面都可以形成数字出版内容信息资源，如科研成果；社会文化生活，风土人情；国家近期所取得的重大建设成就或正在建设中的重大项目等。获取现实的社会文化信息资源的途径有很多，如权威新闻网站、政府门户网站、图书出版信息类的网站、媒体的读书栏目等。

a. 权威新闻网站如人民网、新华网等。这类网站能够源源不断地提供现实的时政新闻和焦点事件等，能为数字出版活动提供现实的选题素材。

人民网是《人民日报》建设的以新闻为主的大型网上信息交

---

① 陈岚，王凤翠．数字信息资源检索方法与实践（社科版）［M］．武汉：华中科技大学出版社，2011：189-192.

互平台，以“报道全球、传播中国”为己任。设有《人民日报》PDF 版和报系 20 多份报刊的电子版，设有时政、国际、观点、经济、理论、体育、文史、教育、军事等 70 余个频道，已成为发布国家重要新闻、权威解读政策法规和沟通人民群众的重要桥梁。访问地址：http：//www. people. com. cn/。

新华网，由中国官方通讯社新华社主办，是中国最重要的官方网站之一，由北京总网和分布于中国各地的 30 多个地方频道及新华社的十多家子网站联合组成，也是世界范围内最重要的新闻网站之一。全天候不间断地发布新闻信息，内容以新闻为主，分为要闻专区和新闻专区两大板块，包括国内、国际、财经、体育、科技、社会、校园、读书等 14 大新闻类别，是获取社会文化时政的重要来源之一。访问地址：http：//www. xinhuanet. com/。

b. 政府门户网站。政府门户网站如中华人民共和国中央人民政府网站。中国政府网是国务院和国务院各部门，以及各省、自治区、直辖市人民政府在国际互联网上发布政府信息和提供在线服务的综合平台。中国政府网现开通“今日中国、中国概况、国家机构、政府机构、法律法规、政务公开、工作动态、政务互动、政府建设、人事任免、新闻发布、网上服务”等栏目，面向社会提供政务信息和与政府业务相关的服务，逐步实现政府与企业、公民的互动交流。通过中国政府网能够了解到权威的公文公报、政策法规解读等内容。访问地址：http：//www. gov. cn/。

c. 图书出版信息类网站。利用图书出版信息类的网站能够检索出最新的图书出版发行信息，掌握已出版的反映社会文化生活的图书信息，如中国图书出版网和中国新闻出版信息网等。中国图书出版网是由新闻出版总署图书出版管理司发起，华信（北京）文化发展有限公司提供研发和技术支持的电子政务支撑平台。中国图书出版网是一个面向所有图书出版单位和从业人员的管理和服务性网站，内容涉及图书出版业的方方面面。主要包括新闻、政务信息、业界动态、数字出版、出版研究、新书速递、期刊展示等栏目。其主要任务是宣传党和政府有关图书出版方面的相关政策法规，发布政务信息，介绍行业动态。访问地址：

http：//www. bkpcn. com。

中国新闻出版信息网是新闻出版总署信息中心主办的行业信息服务网站，有中国新书、可供书目、全国新书目、出版统计、中国版本图书馆等栏目。还有CIP数据中心，该数据根据国家标准《图书在版编目数据》（GB/T12451-2001），由各出版社申报的相关信息编制的。该数据由本网站独家发布，为各出版社提供可供选题参考书目信息产品等。访问地址：http：//www. cppinfo. cn/。

d. 媒体的读书栏目。媒体的读书栏目主要包括图书行业的报纸网络版及读书频道等，如《中华读书报》网络版（http：//epaper. gmw. cn/zhdsb/html/）、《中国图书商报》（http://www. cbbr. com. cn/）、《文汇读书周报》（http://whdszb. com/）、《出版商务周报》（出版商务网 http://www. cptoday. com. cn/）等。

⑤国际出版信息资源的检索途径。国际出版信息资源主要是由以反映世界各国社会文化为主题的数字化信息所组成的选题来源。世界各国出版的大量图书和数字出版物，都可以成为我国数字出版内容信息资源的重要来源。这里介绍国外几个主要的电子书数据库检索系统，Ebrary 电子图书数据库、OCLC NetLibrary 电子图书检索系统。

a. Ebrary 数据库。Ebrary 数据库整合了来自 220 多家学术、商业和专业出版商的权威图书，覆盖了商业经济、计算机、技术工程、语言文学、社会科学、医学、历史、科技、哲学等学科。Ebrary 电子图书数据库的综合学术类收藏超过 4 万册图书，每个月都新增几百种图书。该库可以提供全文检索。用户首次浏览 Ebrary 电子图书，系统会自动提示下载和安装 Ebrary Reader 软件。数据库主页左边部分是操作面板，所有的检索、浏览等操作在此进行，其宽度可以任意调节，甚至完全隐藏；右边部分显示各种操作的结果。

系统支持简单检索和高级检索。简单检索字段支持自然语言检索。如果需要更精确的检索结果，可单击“Advanced”项，进行高级检索，可以任意增加或减少输入检索条件的文本框，可以同时输入多个检索词，各检索词之间用布尔逻辑算符相连。系统提供全文、主题、提名、作者、出版社、杜威分类号、ISBN、美国国会图书馆索书号、出版年、文献类型、文献语种等12个检索条件。设置好检索条件后，在检索界面中单击“Search”按钮，系统出现搜索结果界面。访问地址：http：//www.ebrary.com/corp。

b. OCLC NetLibrary 电子图书检索系统。OCLC NetLibrary 是世界上最早的电子图书生产商，是全球最大的在线计算机图书馆中心（OCLC）的下属部门。OCLC NetLibrary 电子书检索系统整合了来自800多家出版机构的超过19万种电子图书，每月均增加2 000多种，内容涉及自然科学和人文科学的各个领域。

登录进入 OCLC NetLibrary 电子图书检索系统主页，上部提供一个检索框，是数据库的基本检索界面，提供英文、中文、法文、韩文、荷兰语、泰语等10种语种供用户选择。该系统支持布尔逻辑检索、位置检索和截词检索技术，提供图书浏览、基本检索、高级检索三种检索方式。在图书浏览页面，提供每种图书的书名、作者、出版社信息等内容和“阅读本电子图书”“显示详细书目”两个功能按钮。基本检索只提供一个检索输入框，用户可在全文、关键词、书名、作者、主题中选择一项进行检索。单击“Advanced Search”项，可进入高级检索的界面，高级检索增加了ISBN字段。高级检索可以实现多个字段的任意组配，可以通过限制条件限制出版年份、格式、图书出版语言及检索结果的排序方式等，以优化检索结果。访问地址：http：//www.netlibrary.com。①

（3）数字出版经营信息的检索途径

出版经营信息主要是出版物形成过程中所产生的出版信息的集合，其开发目的是为了保障出版物生产与发行各环节的顺利开展，避免信息不畅的障碍，并从中总结出版经验。具体来说，出版物生产经营信息资源主要由三个生产环节所产生的信息构成，即出版产

① 陈岚，王凤翠．数字信息资源检索方法与实践（社科版）［M］．武汉：华中科技大学出版社，2011：153-161.

品载体生产环节、出版产品销售环节和出版产品服务环节①。

①出版产品载体生产环节信息资源的检索途径。在出版产品载体生产环节，会产生出版产品载体制作周期、成本等信息以及出版产品的发货情况、运送状况、入库信息等，这类信息我们称为出版产品载体生产信息资源。

目前，在纸介形态的图书、报纸、期刊极大丰富的同时，以网络和数字技术为代表的新技术、新媒介快速兴起，网络杂志、网络视频、手机报、手机电视、流媒体、IPTV 等多元化、分众化的新介质媒体不断涌现，当代传播成为多种介质形态、多种表述方式的重叠组合传播②。在这个背景下，数字出版产品不仅包括人们日常消费的 CD、VCD 、DVD ，也包括传统书、报、刊的电子版，还包括网上的原创作品、电子书和网络游戏等。数字出版这种新兴的出版形态，极大地改变了人们的阅读方式，中国新闻出版研究院最新公布的第九次全国国民阅读调查结果显示，2011 年我国 18~70 周岁国民数字化阅读方式（网络在线阅读、手机阅读、电子阅读器阅读、光盘阅读、PDA/MP4/MP5 阅读等）的接触率增长至 38.6%，比 2010 年上升 5.8 个百分点。

在数字出版的道路上，中文在线、北京书生、掌上书院等公司都在做着大量的尝试，不断开发自己的数据加密手段，积极研制自己的智能阅读器。其中，中文在线是中国数字出版的开创者之一，他们在国内率先提出全媒体出版的概念，进一步打通了数字出版产业链，将单一渠道与单一形态向多元渠道与多元形态转换，实现一元化生产、多媒体发布、多渠道传播，为不同需求的用户同步提供适配各类终端的阅读产品。对于中文在线这类数字出版内容提供商，由于他们也致力于研发自己的阅读终端，于是出版产品载体的制作周期、成本等信息等在企业内部都可以轻易获得，出版产品的

---

① 吴亮芳，罗紫初. 论出版信息资源的概念、类型及特点［J］. 出版科学，2012（2）.

② 贺永祥. 出版资源流动规律与出版集团战略选择［J］. 出版发行研究，2010（10）.

发货情况、运送状况和入库信息等也都可以通过企业内部的物流系统获取。除此之外，我国大多数的数字出版内容提供商和技术服务商、平台运营商等数字出版参与者还是各司其政、分工合作的，以手机出版为例，有数据指出我国手机出版内容提供商与电信运营商、SP形成合作机制，其分成比例是3：7①。对于这类数字出版内容提供商，他们想要获取出版产品载体制作周期、成本等信息，只能与其合作的硬件生产商沟通获得。

②出版产品销售环节信息资源的检索途径。在出版产品的销售环节所产生的包括出版产品市场需求信息（主要指读者需求信息）以及出版产品在市场的行销状况、利润及其构成、盈亏状况等信息，我们称为出版产品市场信息资源。

a. 读者需求信息资源的检索。20世纪90年代营销理论的革命，把营销组合四要素由产品、价格、渠道和促销发展为顾客需求、成本、方便和沟通，充分体现了企业的经营活动从以“营销”为中心到以“顾客”为中心的转变。对于出版业，顾客就是读者，读者就意味着市场，数字出版企业也不例外。于是，读者需求信息的检索成为数字出版企业营销的基本手段和生存的第一要义，可以借助以下途径对读者需求信息进行检索。

首先，通过由读者调查数据、读者交易数据、读者个人信息等构成的读者数据库，获取读者需求信息。对此，数字出版企业可以利用自建的读者数据库、也可以利用其他企业提供的读者数据库来获得读者信息。比如，在亚马逊购买过一次商品，读者的购物记录和检索记录就会被自动记录，下一次购买时，系统会为他们提供相关领域或相近领域的书目，当读者选定心仪的商品后，系统会自动完成以后的手续，包括读者的收货信息、网络银行等，这些都是亚马逊以高端技术支撑的读者数据库的功劳。在利用其他企业提供的读者数据库上，这里值得一提的是时尚杂志社。时尚杂志社是生活方式类最大的出版集团，旗下拥有14本杂志，其专业期刊有高达

① 毛书兵. 我国手机出版发展现状及对策研究［D］. 兰州：兰州大学，2009.

65%的男性读者，与其他期刊相比，这些读者有更强的消费力。鉴于此，时尚杂志社的客户服务部就可以接受客户的委托，为他们提供读者数据库的有关信息。

其次，数字出版企业可以利用“呼叫中心”技术直接与读者交流并获得反馈，获取读者需求信息。如《北京青年报》为给广大读者提供更加专业化的报刊发行及日用品配送整体服务，小红帽报刊发行公司于 2002 年 4 月在原“客户服务中心”的基础上组建了包含呼叫中心和信息中心的信息服务分公司。小红帽信息服务公司呼叫中心现有 56 个座席，是目前业内规模最大的呼叫中心，每天都要接听几千个电话，这样读者可以经常在电话里与座席人员接触，及时为企业提供最直接的读者需求信息①。

再次，数字出版企业可以利用自己的网站与读者直接沟通，获取读者需求信息。网站建设是企业对外宣传的窗口，可以提供书目发布，新书信息宣传、检索与订购、信息交流与咨询、电子合同的签订与身份认证、网上货款支付等服务。亚马逊在其书店网站上建立读者论坛和开办网上俱乐部的模式值得借鉴，读者论坛和网上俱乐部的主要目的是吸引客户、了解市场动态和引导消费市场，通过对公众话题和兴趣的分析，获取读者的需求信息、把握市场的需求动向，从而经销用户感兴趣的书籍和音像产品。

b. 行销状况、利润及其构成、盈亏状况等信息资源的检索。近年来，新闻出版业加快转企改制，较早走上了产业化发展轨道，出版单位改制后纷纷参与到激烈的市场化竞争当中，在保证社会效益的前提下也关注经济效益。在这个背景下，数字出版企业的经营状况也可以由该企业的行销状况、利润额和盈亏状况来反映。

从表 3-6 可以看出，互联网的迅猛发展，使其成为数字出版企业最有效的信息资源采集途径之一。目前，通过互联网获取信息的途径包括：出版发行企业网站；资讯商业网站，如阿里巴巴、慧聪商情、环球资源等商业网站；政府部门的网站，如新闻出版总署网站，可以提供较为全面的有关国家、地区、行业方面最新、最全的

① 邱云莉. 浅议出版信息化［J］. 现代商贸工业，2007（1）.

信息，为决策提供依据；搜索引擎，如谷歌、百度等；信息服务站点，包括专业协会、咨询公司或信息公司在网上提供的信息服务和教育培训服务①。

表 3-6 **我国出版企业获取数字化信息的主要方式情况表②**

类型	免费获取方式				付费获取方式				备注
	通过互联网	通过内部信息系统	通过行业信息网站	其他	购买开卷公司数据	订购专业电子期刊	购买数据库	其他	
选择企业数（家）	102	57	39	15	87	27	15	15	受访企业171家（189张回收调查表中有16份未填此项）
选择企业所占比例（%）	59.65	33.33	22.81	8.77	50.88	15.79	8.77	8.77	

除了网站之外，数字出版企业还要善于从公开资料中发现有用的信息，比如企业名录和企业年鉴，它们所提供的如企业规模、产品、产量、销量、市场份额等信息，有助于数字出版企业初步了解业界其他参与者的一般经营情况。还有一些行业报纸和专业期刊，它们集中了行业方面的企业动态、竞争态势、市场状况等信息，是了解行业发展状况的重要窗口。此外，当前资本的力量正在改变中

① 林章武. 企业信息资源采集的原则、途径和策略［J］. 情报探索，2011（9）.

② 罗紫初，李建红. 数字出版信息资源的开发利用任重道远——我国出版业开发利用数字信息资源现状调查［J］. 出版科学，2012（4）.

国的新闻出版版图，随着文化产业的迅猛发展，金融化趋势逐渐增强，文化企业上市公司数量不断增多，其中既包括在国内主板上市者，也包括在海外上市者。可以预见，未来还将有更多的新闻出版企业通过登陆资本市场而进行重组整合。上市公司的年度报告几乎囊括了所有可以作为商业秘密的企业财务、客户、人事等信息，不仅有数量指标，还有质量指标供分析时参考。比如，在时代出版公布的2011年年报中可以看到，时代出版业绩较同期普遍上涨，累计实现销售收入24.38亿元，利润总额2.80亿元，归属母公司净利润2.727亿元，比2010年同期分别增长32.99%、9.46%和10.15%。① 皖新传媒2011年度报表中指出其全年实现营业收入为30.47亿元、利润总额为4.01亿元，分别比2010年同期增长10.40%、24.58%，年末公司资产总额48.09亿元、净资产37.49亿元，分别比2010年同期增长4.80%、8.86%。② 所以，上市公司公布的年报也成为数字出版企业获取其他企业经营信息的重要手段。

除了上述途径之外，在市场竞争日益加剧的情况下，企业也日益重视和那些与自身有利益关系的组织建立战略合作伙伴关系，以增强竞争实力。所以，从与某企业相关的如用户、律师、银行、会计师事务所、广告公司、经销商、供应商、行业协会、媒体、质量检验部门、储运部门等关联方，也能或多或少的了解到该企业的经营状况，收集到想要的信息资源③。

③出版产品服务环节信息资源的检索途径。在出版产品的服务环节所产生的信息，包括售前信息服务和售后退换货信息以及出版产品评价情况等出版产品服务反馈信息。

首先，售前服务信息的获取。以卓越亚马逊为例，作为一个时

---

① 时代出版传媒股份有限公司2011年年度报告［EB/OL］. http：//www.doc88com/P-677122143496.html.

② 皖新传媒：2011年年度报表［EB/OL］. http：//www.cfi.net.cn/p20120328003823.html.

③ 林章武. 企业信息资源采集的原则、途径和策略［J］. 情报探索，2011（9）.

刻以客户体验为中心的企业，卓越亚马逊不仅是中国大型的网上书店，更宣称要成为最懂且最能满足消费者需求的网上综合商城，他们获取售前服务信息的方式值得广大数字出版商借鉴。亚马逊设置了搜索引擎和导航器以方便用户的购买，它提供了各种各样的全方位的搜索方式，有对书名的搜索、对主题的搜索、对关键字的搜索和对作者的搜索，同时还提供了一系列的如畅销书目、得奖音乐、最卖座的影片等的导航器，而且在书店的任何一个页面中都提供了这样的搜索装置，方便用户进行选购。除了搜索服务外，书店还提供了对顾客的常见技术问题的解答这项服务，在其网站上专门提供了一个 FAQ（Frequently Asked Questions）页面，回答用户经常提出的一些问题，例如如何进行网上的电子支付、对于运输费用顾客需要支付多少、如何订购脱销书等。通过对用户经常搜索的关键词和用户经常提出的问题进行汇总和分析，亚马逊就能从中提炼并获得有效信息，从而能更有针对性地将出版物推向市场，也能更高效地提高产品服务。

其次，售后服务信息的获取。售后服务信息主要是用户使用的评价信息，通过对售后服务信息的获取，数字出版商可以及时发现问题并迅速作出反应。对于售后服务信息的获取，还是以亚马逊为例，他们提供电子邮件、调查表等方式获取用户的反馈。用户反馈既是售后服务，也是经营销售中的市场分析和预测的依据，因为电子邮件中往往同时包括有顾客对商品的意见和建议，亚马逊一方面解决用户的意见，这实际上是一种售后服务活动；另一方面，也可以从电子邮件中顾客的建议中获取大量有用的市场信息，这些信息常常可以作为指导今后公司经营策略的基础，这实际上是一种市场分析和预测活动。另外，亚马逊也经常邀请用户在网上填写一些调查表，并用一些免费软件、礼品或是某项服务来鼓励用户发来反馈的电子邮件①。

① 亚马逊书店的网络营销策略［EB/OL］. http：//www.cctc.net.cn/zyzx/ShowInfo.asp? InfoID=287.

3.2　数字出版信息资源的获取

随着数字技术在全球范围内的广泛应用，以及网络传播技术和文献信息数字化进程的发展，数字出版信息资源对于出版产业发展的作用越来越突出，能否充分地发挥信息在出版业发展中的第一资源作用，取决于出版产业领域能否对数字出版信息资源进行充分的开放利用。当前数字出版信息资源的获取与开发利用已经成为出版界关注的焦点所在。本节主要介绍了数字出版信息资源开放获取的含义与实现途径，及其对数字出版机构的影响，分析了在开放获取背景下数字出版机构的应对之策。

3.2.1　数字出版信息资源开放获取的含义与实现途径

（1）数字出版信息资源开放获取的含义

数字型的信息源是伴随着计算机和网络技术的发展而产生的以数字信息处理技术为核心的信息记录形式。数字信息资源即以数字化形式记录，以多媒体形式表达的，分布式存储在网络计算机的磁介质、光介质以及各类通信介质上，并通过计算机网络通信方式进行传递的信息内容的集合，这些信息内容可以再现、传递和存储包括文字、图形、声音和动态图像在内的人类的一切知识成果。

数字出版信息资源指的是采用二进制数字技术存储在光、磁等非纸质介质的载体中并通过网络通信、计算机或其他终端再现出来的出版信息资源①。数字出版信息资源的特点表现在信息量大、增长迅速、更新快，以及易于存储和复制等方面。人类进入现代社会后，数字技术在出版领域的广泛应用，使得出版各环节基本上都实现了“数字化”手段。随着数字加工等技术在出版行业内的发展和广泛应用，数字出版信息资源将会在出版实践活动中发挥越来越

---

①　吴亮芳，罗紫初．论出版信息资源的概念、类型及特点［J］．出版科学，2012（2）．

重要的作用。数字出版信息资源开放获取是指在互联网上通过免费或付费的方式获取所需的数字出版信息资源，这些数字化信息资源包括与出版活动息息相关的众多生产要素，包括出版内容信息资源、出版生产经营信息资源和出版环境信息资源等方面。

（2）数字出版信息资源开放获取的实现途径

互联网技术的发展改变了世界，也改变着我们的生活方式。互联网上存在着数量巨大、种类繁多、成本低廉、使用方便的数字信息资源。在海量的互联网信息资源中，出版企业可以经由网络通信、计算机或其他终端获取对于出版发行有价值的数字出版信息资源。调查显示，将近60%的出版企业选择通过互联网获取出版信息资源①。这表明，网上信息已成为我国出版企业获取数字出版信息资源的主要来源。

目前，我国出版企业通过获取数字出版信息资源的主要方式分为免费获取和付费获取两种方式。免费获取方式包括通过政府网站、OA获取途径、内部信息系统、行业信息网站等；付费获取方式包括购买开卷公司数据、订购专业电子期刊、购买数据库等。下面就介绍一些数字出版信息资源开放获取具体的实现途径。

①政府机构网站。从1999年启动政府上网工程，到2007年国务院颁布《中华人民共和国信息公开条例》，中国政府的信息公开终于有了制度化成果。政府网站的信息具有权威性、专业性和开放性的特点，是非常重要的信息情报资源。有调查显示，社会上80%的信息掌握在政府手中。所以对于出版者来说，关于出版的政府机构网站的信息无疑是出版企业获取对国家有关数字出版的方针政策、法律法规、行业动态等信息了解的最主要途径。具体到各地方的数字出版信息资源的获取，各省（市、区）的新闻出版部门网站也是重要的实现途径。这类网站依托政府机构的权威信息，发布与出版发行有关的政策法规及其解读等重要信息，为出版企业提供了明晰的出版产业政策和法律环境的信息。

① 罗紫初，李建红. 数字出版信息资源的开发利用任重道远——我国出版业开发利用数字信息资源现状调查之一［J］. 出版科学，2012（4）.

这里简要介绍新闻出版总署网站的概况：中华人民共和国新闻出版总署门户网站（简称为新闻出版总署网，网址为 http：//www. gapp. gov. cn），2007 年开通，由新闻出版总署信息中心主办，版权归新闻出版总署所有。该网站是新闻出版总署各司局以及各省、自治区、直辖市新闻出版局在 Internet 上发布相关新闻资讯和政府信息及提供在线服务的综合平台，是新闻出版总署面向社会及出版界的窗口，是公众与总署互动交流的渠道，对于促进政务公开、推进依法行政、改进行政管理、全面履行政府职能具有重要意义，尤其作为出版政策法规发布的指向标，对出版发行企业获取产业环境信息具有非常重要的作用。新闻出版总署网现已开通新闻资讯（包括总署工作、地方工作、行业信息、境外动态、视频点播、图片新闻、通知公示、新闻导读、专题专栏等栏目）、政务信息（包括关于我们、政府信息公开、业务工作、行业监管四个栏目，其中政府信息公开又有公开目录、公开指南、内容查询、申请公开、年度报告、公开规定等栏目）、办事服务（包括行政审批、便民查询、申报便捷通道、场景服务等栏目）、互动交流（领导访谈、咨询留言、投诉举报、征集调查栏目）、阅读悦读（出版精品、悦读、全民阅读报刊行、出版传媒）等。

另外，各省（市、区）的新闻出版局也有各自的信息网站，数字出版企业可以据此获取有关地方的法规条例等相关数字出版信息资源。有关出版的政府机构类网站还包括专门针对版权工作的国家版权局网站、中央人民政府的门户网站中国政府网、商务部网站、司法部网站、教育部网站等政府机构网站。这些网站虽不是专门针对出版行业的机构网站，也能在经济、法律等方面提供相应的政策法律信息。数字出版企业若要准确获取数字出版信息资源，需要广泛涉猎相关的政府机构网站，以便更全面地熟悉宏观产业环境。

②出版发行企业网站和行业信息网站。

a. 出版发行企业网站。出版企业获取同行数字出版信息资源，如最新的出版信息、获奖图书等信息，以及对同行数字出版信息资源现状的把控主要是通过对各出版发行企业网站信息资源的检索实现的。目前，国内外许多出版社和发行企业都已经建立自己的官方门户网站。通常这类网站信息主要包括该出版企业最新的出版动态、新书推荐、社内新闻等内容。数字出版企业可以通过互联网登录特定的出版发行企业网站，搜索其更新的出版工作的直接信息，了解该出版社的最新动态、出版新书的数量和影响、同类图书的出版状况等内容。通过获取这些信息资源，出版企业就可以更多地了解同行及竞争对手的信息，做到知己知彼，这样可以有效地减少选题重复的“撞车”现象，有利于提高出版资源的利用效率。

目前国内许多出版社的网站已经做得风生水起，能够很好地提供数字出版信息资源。如电子工业出版社是国内较早一批将本社信息发布到互联网上的出版单位之一，其网站 PHEI（http://www.phei.com.cn）是在 1997 年建立的。经过多年发展，该网站的定位已从单一的图书介绍和订购平台转变为全方位宣传该社图书产品的营销平台和为读者、作者、经销商提供增值服务的服务平台。它的主要模块有图书的搜索与购买、经销商园地、在线投稿与咨询、邮件提醒服务、促销活动等。尤其是网上书店和经销商服务模块，出版企业可以据此获得该社的书目信息、销售排行榜、库存查询、发货查询等非常重要的数字出版信息资源。

再如北发图书网（http://www.beifabook.com）是北京北发电子商务股份有限公司的门户网站。它是在整合了北京图书大厦、王府井新华书店、中关村图书大厦等 8 家网络书店资源的基础上，组建的以图书、音像制品及电子出版物销售为主，集网上购物、在线阅读、行业信息发布和多种商品经营功能于一体的国有大型图书类专业网站。北发图书网的定位是“以出版物销售业务为主，以行业内权威信息发布为辅”。该网站的开通，为出版发行企业搭建了共谋发展、互利共赢的广阔平台。出版企业可以通过对北发图书网的北发公告、北发书讯、主编推荐、热门排行榜、热门作家等栏目的检索获取社内新闻、书目信息、读者需求和作者信息等有价值的数字出版信息资源。

此外，当当、亚马逊、京东商城等电商的网上图书频道，北京图书大厦的网上书店，新华书店的官方网站等相关网站，也是出版发行企业了解同行数字出版信息的重要渠道。

b. 行业信息网站。数字出版业的发展推动着越来越多的相关行业信息网站的兴起与建设。这些网站内容丰富、信息专业、更新及时，是向出版发行业展示行业发展动向的新视窗。这些网站可以为出版企业提供行业动态、市场需求信息、产业行销状况以及同行的经营信息等众多的数字出版信息资源。调查显示，通过行业信息网站获取数字化信息的出版企业约有 22.81%①。通过这类行业信息网站获取出版信息资源已成为数字出版企业了解行业动态的必不可少的途径。

百道网（http：//www.bookdao.com）是北京百道世纪网络信息技术有限公司于 2008 年成立的中国专业的出版、数字出版与阅读门户网站。该网站是国内唯一一家致力于为数字阅读全产业链提供信息服务与知识服务的专业机构。它以研究切入，同时兼具产业门户和消费门户两大功能。从最初的图书价值筛选和营销服务，到成立百道新出版研究院，百道网正不断提升业务品质，将资源集中于数字出版与电子书领域，以研究和技术创新立足，为数字阅读产业提供全方位的深度咨询服务。该网站包括了数字出版、出版界、出版业、人才频道、图书频道、畅销书榜、电子报等栏目，汇集了各类研究报告、专题报告以及市场与产业检测分析报告定期总结、分析市场产业动态和趋势等数字出版信息资源，能为产业链各环节的企业、机构进行个性化的宣传营销，开展产品与服务的营销合作。因此，这个网站是出版企业获取专业数字出版信息资源必不可少的一个实现方式，尤其是有关数字出版的最新发展动态的信息内容。

除去专门以网站提供出版信息资源的百道网之外，还有从传统媒体转变而来的中国图书商报的网站（http：//www.cbbr.com.cn）。该网站实际上就是纸质版《中国图书商报》的电子化。《中国图书商报》是中国出版行业一份典型的 B2B 报纸，由中国出

① 罗紫初，李建红. 数字出版信息资源的开发利用任重道远——我国出版业开发利用数字信息资源现状调查之一［J］. 出版科学，2012（4）.

版集团创办。作为中国图书业的核心商务传媒，《中国图书商报》创刊10多年来，一直以独特的视角选择报道方向、以国际的视野观察并记录着中国书业的发展。顺承《中国图书商报》的内容，该网站涵盖产业要闻、出版集团、专题报道、三大出版（教育出版、专业出版、大众出版）、分销、世界出版、商报数据、字数推荐、馆配市场、案例解读等栏目，同时还公布《阅读周刊》《图书营销周刊》《传媒周刊》等子刊的信息内容。《中国图书商报》网上的内容信息分类十分详细，而且数据分析也很精深，出版企业可以从该网站获取出版行业最权威而又全面的最新信息。

出版的行业信息网站还有中国出版网（http：//www.chuban.cc）、中国新闻出版网（http：//www.chinaxwcb.com）、数字出版在线（http：//www.epuber.com）等网站媒体。这一类网站能够为出版企业提供中观产业环境等数字出版信息资源，有利于出版企业在更大的产业范围内明确企业的资源现状与发展方向。

c. 中外综合性数据库。随着信息技术的发展和市场对信息资源的需求不断扩大，数据库——一种组织、存储和管理数据的仓库——应运而生。对于大量集中数据信息的查找，用户无须在广阔的网络环境中漫天撒网，在相关的数据库中就可以便捷有效地获取有用信息。根据使用语种和数据内容的不同，中文综合性数据库和外文综合性数据库是获取数字出版信息资源的两种重要数据库。

• 中文综合性数据库

自20世纪90年代中期互联网技术在我国迅猛发展以来，网上中文信息资源迅速增多，中文数据库也伴随信息量的增多和汇总分类的专业化不断成长与发展。目前，与出版业息息相关的中文综合性数据库有中国知网（http：//www.cnki.net）、重庆维普中文科技期刊数据库（http：//vip.hbdlib.cn/index.asp）、万方数据知识服务平台（http：//www.wanfangdata.com.cn）、人大复印报刊资料数据库（rdbk.clcn.net.cn）、"书生之家"数字图书馆（ttp：//www.shusheng.cn）等。

这类数据库中信息资源丰富，分类明确，收录了众多图书、期刊以及大型国际国内会议论文等专业信息内容。出版企业可以在这些数据库上进行内容检索，根据学科类别、中文关键词、文献作者、文献出版来源等分组方法查找信息，还能依据内容的相关度、发表时间、被引频次、下载频次等方法对检索出内容进行排序。有了这些数字出版信息资源，出版企业就能对出版内容的最新趋势、读者的需求等进行分析判断，使出版的选题策划、发行销售有一定的针对性，从而做好未来出版的规划。

下面简要介绍几种常用的中文数据库。

中国知网（简称 CNKI）是一家致力于为海内外各行各业提供知识与情报服务的专业网站，是全球领先的数字出版平台。它由清华大学、清华同方发起，始建于 1999 年 6 月。CNKI 工程集团经过多年努力，采用自主开发并具有国际领先水平的数字图书馆技术，建成了世界上全文信息量规模最大的“CNKI 数字图书馆”，并正式启动建设了《中国知识资源总库》及 CNKI 网格资源共享平台 。中国知网旗下的资源总库有中国学术文献网络出版总库等源数据库，法律、党和国家大事等行业知识库，中国年鉴网络出版总库等特色资源，中国精品科普期刊文献库等作品欣赏等资源，信息丰富，几乎涵盖了国内所有的学术和行业资源。出版企业可以通过充分利用中国知网的数据信息资源获取有用的选题资源等，还可以利用其中资源总库的指标索引获得大量作者信息、机构信息等十分重要的出版信息资源。

万方数据知识服务平台是以科技信息为主，集经济、金融、人文为一体，提供学位论文全文、数字化期刊等五大类内容，并通过统一平台实现跨库检索服务的专业网站。“学位论文”提供全文文献，收录自 1980 年以来我国各高等院校、研究生院及研究所的硕士、博士和博士后论文共计 1 360 000 余篇。其中“211”高校论文收录量占总量的 70%以上，论文总量达1 100 000余篇。“科技成果”是题录资源，主要收录了国内的科技成果及国家级科技计划项目，这类资源有三种分类，行业分类、学科分类、地区分类，浏览时可按需选择进行浏览。“机构”是题录资源，始建于 1988 年，是国内最早商业化运作的企业信息库，收录了国内外各行业近 20

万家主要生产企业及大中型商业化运作的企业信息库及科技研发信息。机构有四种类型：企业机构、教育机构、科研机构、信息机构。数字化期刊全文数据库是万方数据知识服务平台的重要组成部分。它以科技类核心期刊为主线，集纳了自1998年以来国内出版的医药卫生、工业技术、农业科学、基础科学、社会科学、经济财政、科教文艺和哲学政治8大类100多类目的国内学术期刊，实现全文、论文引文关联检索和指标统计。

维普中文科技期刊数据库创建于1989年，是国内最大的中文综合性科技文献数据库之一，包含了社会科学、自然科学、工程技术、农业科学、医药卫生、教育科学和图书情报等各个科研领域。"书生之家"是一个全球性的中文书报刊网上开架交易平台，下设中华图书网、中华期刊网、中华报纸网、中华CD网等子网，集成了图书、期刊、报纸、论文、CD等各种出版物的（在版）书（篇）目信息、内容提要、精彩章节、全部全文，是著书、出书、售书、购书、读书、评书的网上交流园地。出版企业可以通过"书生之家"网上的书目信息、书评等得到对于出版选题策划有借鉴价值的数字出版信息资源。

- 外文综合性数据库

随着信息网络技术的发展，信息交流已经跨越国界，越来越多的国外出版信息资源也成为我国出版企业开展业务重要的借鉴内容。为了跟上国际出版界的发展趋势，不断满足国内读者的阅读需求，同时也为了更好地生产适销对路的产品，推动我国出版产品"走出去"，出版企业必须重视国外数字出版信息资源的获取。外文综合性数据库就是获取其他语种信息资源的重要来源。目前，国际上知名的数据库都已在中国开放数据服务，如SpringerLink全文数据库、Elsevier全文电子期刊数据库（http://www.elsevier.com）等。

SpringerLink（http://link.springer.com）全文数据库是德国第三大出版公司斯普林格（Springer-Verlag）通过网络发行的电子全文期刊检索系统。自1996年推出以来，SpringerLink已成为全球最大的在线科学、技术和医学（STM）领域学术资源平台。它的服务范围涵盖各个研究领域，提供超过 1 900种同行评议的学术期刊以及不断扩展的电子参考工具书、电子图书、实验室指南、在线回溯数据库以及更多内容。该数据库不仅内容丰富，而且更新及时，还全部提供参考文献链接、检索结果、社群书签以及最新的语义链接等功能，使用户可于更短时间之内获得更精确的搜索结果和相关内容。通过对 SpringerLink 全文数据库的检索利用，出版企业可以尽可能全面地了解国际出版的选题进展和知名作者的出版情况，从而获得一定的借鉴经验，更好地抓住市场创新选题。

荷兰艾斯维尔 Elsevier 出版集团是全球最大的科技与医学文献出版发行商之一，已有 180 年历史，出版内容涉及经济、商业管理、社会科学、环境科学、生物科学、工程技术、计算机科学等。从 1995 年开始，Elsevier 出版集团向读者提供电子出版物全文在线服务。Science Direct 数据库是 Elsevier 公司的全文文献数据库，收录了2 200多种学术期刊，并收录 200 多种图书（包括厂员工参考工具书、系列丛书、手册）。从 1997 年开始，该公司推出名为 Science Direct 的电子期刊计划，将该公司的全部印刷型期刊转换为电子版，并使用给予浏览器开发的检索系统 Science Server。这项计划还包括了对用户的本地服务措施 Science Direct（简称 SDOS），即在用户本地服务器上安装 Science Server 和用户购买的数据库，同时，每周向用户有机光盘更新数据库。用户可通过 SDOS 平台直接访问该公司出版的图书资源，如丛书、手册、参考工具书等电子图书。

③Open Access（OA）文献。OA 文献是指 OA 运动推动下新兴起的一种可以被免费获取的文献资料。OA，即开放存取，是一种不同于营利性的商业出版机制倡导学术信息共享的自由理念和出版机制。为了更便捷地利用互联网获取科学和人文信息，打破商业出版者对科学研究信息的垄断和暴利经营，国际科技界、学术界、出版界、图书馆界联合发动了开放存取运动。目前，这种出版形式已经在世界范围内得到越来越多的认同。通过 OA 文献查找文献也成

为获取信息资源的重要途径之一。出版企业更应该与时俱进，充分利用好这一获取数字出版信息资源的方式。

a. OA 资源的实现途径。所谓 OA 资源的实现途径，也就是指基于开放存取的理念，用户免费获取互联网信息资源的实现方式。关于实现开放获取的途径，目前在学术界有不同看法，但以 BOAI 的分类最为权威。BOAI 认为 OA 资源的实现途径主要有两种：一种是 OA 期刊，一种是 OA 仓储。

• OA 期刊

OA 期刊是一种网络化的免费期刊，其中的论文都经过同行评审，而读者从此类期刊上获取学术信息时没有价格及权限的限制，编辑评审、出版及资源维护的费用不是由用户承担，而是由作者本人或其他机构承担。为了确保文献的质量，OA 期刊同样实行严格的同行评审，这种期刊的运营需要很大的资金支持以弥补其成本支出。除了作者付费出版，即作者拿出科研项目或课题的部分经费用于科研成果的发表以外，还包括机构赞助、广告收入和相关增值服务的收入等。从目前发展现状来看，“作者付费、读者免费”的模式比较普遍。

OA 期刊的发展正处于不断上升的趋势。一方面，OA 期刊的数量不断增加；另一方面，OA 期刊的影响力不断扩大。OA 期刊越来越得到传统的文摘索引服务商的认可并成为它们收录文献的重要来源。据 OA 期刊引文报告显示，截至 2004 年 6 月，被权威文摘索引机构 ISI 收录的开放存取期刊已经有 239 种，占 WOS 系统（SCI、SSCI、A&HCI 集成在该系统中）收录期刊的 2.67%①。OA 期刊的优势表现在：第一，提高论文被引用频次，加快科学研究速度。据调查发现，开放获取论文的平均被引次数为非开放获取论文的 2 倍以上；第二，提高学术研究机构、科研基金的影响力和美誉度；第三，降低获取科研文献的门槛，有利于发展中国家缩小和发

① 李武. 开放存取出版的两种主要实现途径 [J]. 大学图书馆学报，2012（4）.

达国家在科研上的差距等①。

在中国为数众多的中文期刊中，虽有不少符合开放存取期刊中的要求，也能够免费提供期刊的目录或中文摘要等信息，然而，基于中国科技期刊的摘要内容过于精简，无法提供足够的信息，在现实意义上受到了限制。据相关资料统计，中国每年科研课题中，约一半重复了国外已有的研究成果，而中国内地课题研究的重复率也高达2/3，中国科研人员中能阅读外文资料者占30%左右，90%的人从未受过资讯培训，近20%的研究者对信息检索认识不足，因而，中国科研人员对科技文献的利用率相对较低②。

• OA 仓储

所谓开放存取仓储，是指作者将其作品存放于开放式的网络仓储的平台上，以供读者开放使用的出版行为。在我国，该类仓储因需求或规模等不同而变化出各种类型，包括以学科或机构为仓储主题者，也有以个人学术网站来出版的。与 OA 期刊不同，OA 仓储并不实行严格的同行评审。

学科 OA 存储的使用范围由最初的自然科学领域发展到社会科学和人文科学领域。它一般采取预印本的形式，对某一学科或多个学科领域中的所有研究者开放，方便学者在网上免费访问、检索和存取，进行专题领域的学术交流。机构 OA 仓储的出现较学科 OA 仓储晚一些，但也获得了一定发展。这种 OA 仓储主要由大学、大学图书馆、研究机构、政府部门等创建和维护，内容包含诸如项目研究成果（包括开题报告、中期报告、结题报告等）、调查研究报告、硕/博士学位论文、会议论文，甚至包括课程讲义、多媒体资料等许多有学术价值的信息资源。目前我国的机构仓储联盟主要包括中国科学院联合机构仓储系统、中国大学数字博物馆、Socolar 等。截至 2012 年 5 月，中国的开放存取仓储已登记的，据 ROAR

① 陈岚. 数字信息资源检索方法与实践［M］. 武汉：华中科技大学出版社，2011.

② 郑翠微. 我国科技文献网络传播的障碍及对策［D］. 西安：西北大学硕士论文，2008.

的记录共有80个，包括：中国科技论文在线、中国预印本服务系统、奇迹文库、北京科技大学机构知识库、中国人民大学教师成果数据库、厦门大学学术典藏库、浙江大学机构知识库、中国科学院书库应用环境等。

此外，OA资源还有许多其他的实现途径，比如通过个人网站、博客、BBS、社区网站等发布相关资源，都算作开放存取的方式。有了多种多样的实现途径，出版企业就可以充分利用OA资源来不断获取选题策划的来源，掌握许多学科行业的发展历史、现状和未来，更好地抓住选题动向。

b. OA资源的搜索引擎。随着OA资源数量的不断增多，又因其分散性，所以对OA资源的获取难度也越来越大。这就需要借助网络搜索引擎来获取OA资源的路径。常用的综合性搜索引擎如Google Scholar（谷歌学术搜索）、Scirus、OAlster等在OA资源的获取方面对用户帮助比较大。下面简要介绍之。

Google Scholar（http://scholar.google.com.hk）是Google公司于2004年11月针对科学家及研究人员推出的学术资源免费搜索工具，学术资源包括来自开放存取期刊、学术出版商、学会、协会、图书馆、各种预印本库、学者个人网站，以及大学等学术机构的同级评审论文、预印本、学位论文、图书、会议论文、摘要和技术报告等。其索引包括了世界上绝大部分出版的学术期刊，包括期刊论文、学位论文、书籍、预印本、文摘和技术报告在内的学术文献。它覆盖的学科范围都比较广，能够提供根据学科范围来限定检索范围。在能够检索的范围之内，以自然科学领域为主，人文艺术社会科学领域比例较少。Google Scholar上搜索的资源以英文为主，也包括德文、日文、法文、英文、简体中文、繁体中文等。用户可以在“使用偏好”中设置自己要检索的资源语种，还可以选择基本检索还是高级检索的功能。许多学者专家都会选择Google Scholar来搜索学术论文等信息，足见其应用的普遍性和权威性。

Scirus（http://www.scirus.com）是由Elsevier科学出版集团推出的免费的学术搜索引擎，是最全面的网络科技专用搜索引擎，为用户提供期刊检索服务，同时免费提供网络信息资源的检索服务。它是专门用于科技信息检索的世界上最全面的科技搜索引擎。Scirus涵盖的资源非常丰富，信息来源主要为60%的期刊数据库和40%的网络资源。主要收录期刊论文和Web资源，前者来自与之合作的23家出版商，后者包括科学家个人主页、新闻网页、政府网站、社区主页、公司网站、会议信息等①。截至2012年6月18日，通过Scirus可以检索到超过4.64亿个与学科相关网页上的数据以及最新的学术报告及同行评审论文。该搜索引擎的搜索功能十分强大，无论在基本搜索还是高级搜索方面，都能提供全面又具体的限制方法。与Google Scholar相比，Scirus能够检索到的资源数量要少。

搜索引擎的使用为出版企业对OA资源的获取提供了极大的便利，使其在广泛的信息资源中迅速得到所需的内容，大大提高了信息资源获取的速度与范围，同时避免了信息资源获取遗漏的现象的发生。

⑤其他。除上面提到的主要的获取数字出版信息资源的途径以外，还有许多其他方式。这些方式虽然不如上述方法那样内容整合全面、专业，却也对出版企业资源的获取具有重要作用。这些途径主要包括：电子书、报、刊，开卷数据，书评网站，社区网站，BBS论坛，个人网站、博客等。

随着互联网技术和信息通信技术的迅速发展和普及，信息的传播方式不再局限在单一的传统媒体上，而是更多地通过数字出版化以新媒体的方式呈现出来，电子书、报、刊就是这样一些媒介形式发展的产物。越来越多的书、报、刊纷纷推出电子版以满足信息时代人们获取资源的需求。目前，国内外许多知名的报刊都有了自己的电子版，其内容除了将纸质版的电子化之外，还利用网络的超链接等功能增加了丰富有趣的扩展内容。例如《南方周末》的电子报包含有新闻、经济、文化、评论、生活等模块，出版企业可以充分利用这些内容作为选题参考。另外，图书业积极探索数字化模

① 冯群，朱静，黄如花. 开放存取资源搜索引擎的比较与分析［J］. 图书馆理论与实践，2009（8）.

式。电子书包括除了传统图书的电子化，还包括盛大文学等文学网站的网络文学在线电子书。这些电子书不仅提供了海量的选题内容资源，还隐藏着丰富的作者资源。通过对这些数字出版信息资源的利用，出版企业可以一举两得，既对选题策划有启发作用，又能为此找到相应的作者，工作效率大大提高。

通过行业内专业数据公司购买数字出版信息资源也是出版企业获取信息的一种普遍途径。一般而言，行业内数据公司基于实时的市场调查所掌握的出版信息真实、准确、专业，非常具有参考价值。北京开卷信息技术有限公司（以下简称开卷）是出版界非常有权威的一家专门提供数据信心服务的公司。该公司 1998 年成立以来，一直坚持在图书产业中的产业化和专业化的发展道路，从而奠定了国内图书产业信息和咨询服务第一提供商的专业地位。在为中国书业提供专业化市场信息服务的同时，开卷一直致力于加强与国外书业研究机构的交流，已经与全球最大的英语图书数据提供商 Nielsen BookScan 建立广泛深入的合作。开卷的客户主要依靠开卷帮助他们掌握图书行业发展状况，辨别适宜的发展机会和方向，并且构建可能是最好的成功决策框架。开卷依靠书店服务、出版社服务、媒体服务和开卷新书服务在内的专项服务赢得了出版业界客户的广泛好评。

书评网站是众多具有读书乐趣的网友的聚集地。他们会对看过的图书进行评论，以便给没有读过相应书籍却有兴趣的人以客观公正的介绍和推荐。出版企业亦可以通过书评网站来了解读者的市场需求，可以推测图书将受欢迎程度，寻找有市场前景的选题策划，也可以将新书推荐引入网站，达到宣传的效果。豆瓣读书就是豆瓣网站中的一个子频道，汇集的都是书评。在这里，书友们根据自己的阅读体验，对读过的书籍进行评价（主要是内容方面）。评论时可以打分、贴标签、写读书笔记、图书推荐等，是凭借读者口碑而不是出版商的广告宣传式的书评。出版社可以充分利用读者的书评信息了解读者的阅读需求和阅读偏好，为选题策划挖掘有价值的信息。图书发行企业则可以与书评网站合作，通过添加链接等方式引导读者购买图书。如豆瓣读书就与当当、卓越等电商合作，在书评旁边添加购买该书的渠道，提供这些网上书店的价格，读者可以通过价格对比实现购买图书的目的。这种合作共赢的方式不仅利于扩大图书发行企业的销量，为出版社进行很好的图书宣传，更为重要的是为出版企业提供了读者信息，包括读者的需求信息、资料信息等。

社区网站、BBS论坛等网站上面话题内容新颖丰富，是出版企业获取选题资源和读者需求的重要信息来源。另外，个人博客、网站等也能帮助出版企业获取作者资源和具有参考价值的选题资源。

3.2.2 开放获取对数字出版机构的影响

数字化信息技术、互联网多媒体技术以及数字通信技术等在出版领域的应用与发展，不仅对出版企业在出版资源组织、产品加工制作、产品流通传播以及消费市场等构成出版活动的要素带来巨大的变革，而且在传统出版向数字出版转型的过程中，迫使出版企业做出改革与进步，以适应当前的数字出版语境，其中包括新兴数字媒体自身的演进发展以及传统出版业的数字化全部过程及其结果。因此，除了新兴的数字出版机构，出版数字化的进程使得传统出版及其相关出版企业不断重视建立信息资源数字化网络化的特定部门或组织机构。而数字出版信息资源的开放获取则对相关的数字出版机构提出了更加全面和迫切的要求。

第一，从其概念来看，开放获取对数字出版机构的内部组织及与数字出版活动相关的机构提出了全面的要求。在前文中，我们已经提到数字出版的信息资源开放获取的含义，即指在互联网上通过免费或付费的方式获取所需数字出版信息资源，这些信息资源包括与出版活动息息相关的众多生产要素，既包括与出版活动有着密切联系的各种信息和选题资源，潜在不同领域的作者和读者资源，也包括了与数字出版活动相关的物质资源、资金资源、技术资源、出版劳动力资源等。显而易见，开放获取对于数字出版机构从内容的生产组织流通服务等各个环节都提出了要求，因此数字出版资源的获取以及循环合理利用，不是靠改变出版机构内部一个或几个结构部门能够实现的，它不仅需要专业的数字出版人才，细化并配备专门的数字出版部门，让各个部门之间能够各司其长并相互协调配合，同时也需各个数字出版企业及与之相关机构之间达成良好的信息资源共享平台，形成一个更加开放、互相信任并互惠互利的数字出版产业环境。

第二，从数字出版信息资源产生和所处的时代背景来看，开放获取使得更多的市场主体觊觎并能够参与其中，数字出版机构尤其是出版物发行机构应时刻保持警惕，在接受并顺应出版数字化大趋势下，更应该适当把握有利形势实现产业的不断转型与升级。互联网技术的快速发展，加快全球信息资源大爆炸，在海量庞杂的数字信息资源中，无论是搜索探寻数字出版的选题、作者、生产要素等资源，还是挖掘细化互联网、新媒体各个终端或闪烁或隐藏的读者信息资源，都需要出版机构在这种出版信息资源开放式获取的背景下，保持对网络化、数字化资源的警惕性，充分利用现有并可发展的开放获取实现途径，对资源进行最大限度的优化和利用。目前，中国图书零售市场上，兴起的电子商务等平台正在不断挖去数字出版机构的市场份额，并有进一步深入的趋势，但在另一方面也开始慢慢带动我国的电子书等零售市场，推动整个出版产业链的数字化进程。我国正在打造统一、在线数字出版综合服务的出版云平台，其将推动我国数字出版信息资源开放获取内容与方式更规范化、系统化、条理化，云计算在出版领域的应用，也将加快我国出版产业的转型与升级。因此，充分并合理利用数字出版信息资源开放获取的有效实现途径，在政府宏观政策以及云出版的出版大趋势下，把握住出版产业数字化转型与升级的机遇，迎接网络化、信息化、数字化带来的挑战，最终能够达到以发行数字内容获得足够的盈利和成长发展空间。

从以上两点可以看出，数字出版信息资源开放获取方式对数字出版机构从内部组织结构以及外部的出版发展环境都提出了诸多的要求。这些实际要求的提出，必然对数字出版机构自身以及相关行业带来影响，尤其是在对于加快以云出版等出版信息资源开放获取这一趋势之下，对数字出版机构从内容生产制作、流通发行到产业升级，以及与出版发展有关的机构如出版教育、科研机构等方方面面产生巨大的影响。结合以上提到的要素，我们将从以下几部分分析数字出版信息资源的开放获取对数字出版机构的具体影响。

（1）对建立专门的数字出版机构职能部门的影响

“在我国出版企业中，已有44.4%的企业专门设置信息资源管理机构。尤其是出版社，专门设置数字信息资源管理机构的比例很高”①。尽管如此，但是这些机构在人员的培养、设备的配备等方面显然是不足的。同时，我国数字出版机构在出版数字出版信息资源数据库的建设方面也处于较为落后的局面，主要表现在：一是数字出版信息资源数据库的建设比例不高，二是数据库收集储存的数字信息量非常有限。从数字化的传统出版企业来看，由于其在数字化浪潮中，早已表现为：编辑流程的数字化，印刷流程的数字化（尤以按需印刷为代表），发行管理的数字化、出版管理的数字化。随着数字技术的不断发展以及开放获取数字资源内容的不断丰富，通过网络通信等途径获取数字出版信息资源将是数字出版机构进行选题资源以及开发利用相关出版资源的有效途径。在出版资源开放获取背景下，拥有具备信息观念和信息意识并掌握信息搜集管理技术的专业化的数字信息人才，配备先进的数字化设备，打造能够汇集、分析、加工、处理数字信息的专业化职能部门或机构，是出版企业实现数字化、发挥数字化优势的必然需求。而我国目前数字出版机构中专门数字出版部门建立的不完善以及数字信息数据库建设的比例不高，都将会影响数字出版机构对于数字出版信息资源的有效获取、资源整合与开发利用。因而面对丰富的开放获取出版信息资源，在出版企业成立专门的、有实际功能的数字出版机构以应对数字信息浪潮，显得尤为迫切。

①对数字出版机构信息资源整合的影响，主要表现在以下几个方面：

a. 丰富了数字出版机构的信息来源。数字出版信息资源的开

---

① 罗紫初，李建红. 数字出版信息资源的开发利用任重道远——我国出版业开发利用数字信息资源现状调查之一［J］. 出版科学，2012（4）.

放获取是数字出版机构基于互联网通信等技术，通过免费和付费两种方式得以实现。

从免费获得数字出版信息资源方式来看，这些信息资源来源于政府网站、内部信息系统、行业信息网站等。由于网络自身开放性的特征，决定了数字出版信息资源来源的广度与宽度。从与出版有关的政府机构网站上，能够了解到我国现行的出版法律法规，出版环境政策，甚至预测业界发展趋势。从与出版行业及其相关的企业网站上，可以相互搜索到出版企业各自最新动态、进展、成果等，增进彼此间的了解和经验学习交流。数字出版机构完全可以通过充分利用互联网搜索出与机构自身需求相关的信息资源，或者通过一些门户网站、网络社区、自媒体等平台上，推出大众普遍感兴趣的主题，开发挖掘一些有意义有价值的出版资源。

数字出版信息资源付费方式主要是通过购买专业数据公司的数据，订购专业电子期刊，购买数据库等来实现。目前来看，虽然这些付费对象主体之间呈现出一种各自为“盈”的状态，对于整个互联网信息资源而言，更像是一个个的信息孤岛，获得方式远远不能够像云出版一样，建立一个“统一的、在线数字出版综合服务云出版平台，使分散的、碎片化的出版资源整合成整块的‘云’”。不同于数字出版资源免费获得资源的庞杂无序，它是“将文献、信息等很多资源进行分析、加工和整合，形成有大量信息的数据库，已是一种全新的数字出版模式”。数字出版机构能够从其中获得较为专业、权威的数据，借此策划新的选题或者挖掘有潜力的作者资源及其相关资源。与此同时，打造云出版平台，实现数字出版资源的云集，在未来逐渐变得可能，这对于数字出版机构甚至是整个数字出版产业发展都将带来不可言喻的重要机会。

结合以上两种开放获取的实现方式，可以看出，对于数字出版机构而言，无论是以免费还是付费方式获得出版的数字信息资源，与传统出版相较，与数字出版生产有关的信息资源都将得到极大的丰富。

第一，开放获取来源的广泛性与多样化，使得选题资源尤其是作者资源更加的丰富。

出版信息资源的开放获取方式，几乎能够遍及互联网网络信息的每个角落，编辑可以在数之不尽用之不竭的资源中，挑选适合出版社的选题资源，或者通过分析购买专业数据，预测判断新的出版产品市场前景。同时，在数字出版时代，无时无刻无处不在的终端和网络平台，为读者分享观点、表达诉求提供了有利条件。除了专门的原创网络文学出版平台，在一些社区网络、BBS 论坛、自媒体平台上，其网络读者既是数字信息资源的受众，也是提供者，更有可能是潜在的作者。随着互联网等多媒体技术的发展，在线数字出版方式的低门槛，正使得读者与作者的界定更加的模糊。在传统的编辑出版过程中，编辑们由于自身知识结构与专业素养的限制，往往在针对编辑出版常规领域之外的作者或选题资源难以有深入的探寻，通常要借助他人的力量或查阅大量资料、翻阅大量的文章开挖作者以及选题资源，而且投入与产出不一定成正比。在开放获取环境下，尽管数字出版机构仍然需要在海量的数字信息中寻找有利的出版资源，但由于信息资源获取方式的多样性、便捷性，编辑在针对特定选题寻找作者时，既可以利用互联网资源进行检索，也可以购买相关的数据库，还可以在社区、BBS 或自媒体上提出话题，集结所有网民的智慧和力量，获得自己需要的信息资源。

第二，开放获取信息的多维度与全面性，使得数字出版机构对于出版产品信息、相关资源使用状况、出版产品的市场行情以及读者需求信息等有了准确及时的把握，丰富并优化了数字出版信息资源。

在以往的出版信息资源的开发中，由于地域、技术手段、信息传播等方面的限制，出版企业对于资源的开发出现了明显的地域性特征，同质浪费现象严重，而对于一些国际信息资源的开发利用却显得异常的乏力。基于互联网的数字信息资源的开放获取方式，能够充分地发挥互联网跨媒体、跨区域、跨集团、跨国家的特点，使得数字出版机构能够快速找到优质的并具有特色的资源。与此同时，还要对这些资源做出进一步的判断，通过在数字出版资源的开放获取过程中，发挥信息资源交互性、及时更新等特点，结合出版机构自身的优势，分析判断该出版资源现有相关产品信息状况，以及相关出版资源的使用情况以及市场行情，开展与读者之间有效的互动，进一步开发作者、读者、选题等资源之外的其他信息资源，最终能够从整体上丰富并优化出版信息资源，形成数字出版机构颇具特色的出版资源，也能进一步加快数字出版机构走出去的步伐。

b. 提高了数字出版机构信息获取的时效性。通过开放获取所获得的信息资源本身具有极大的交互性和及时性等特点，这就决定了数字出版机构需要在获取信息并得到反馈的时效性。当数字技术介入到出版领域时，数字出版就表现出与传统出版趋势和特点，即由单一的纸质图书生产者向内容提供商的转变，单一载体向多介质载体的转变，出版、印制、发行三者同步实现等，而这些特征正好吻合了数字出版信息资源的开放获取的形态，二者的有效结合，使得信息获取的时效性更是得到大大增强。

第一，在传统出版向数字出版转型过程中，数字出版机构应当能够以最快的速度了解出版企业及其相关行业的最新行情和进展，并从海量的选题资源以及变化着的读者需求中提炼优质的出版内容资源。

不同于传统出版在编辑、作者等人才和信息资源的限制，数字出版面对的是“大文化”、全信息、大出版的资源环境，传统的纸质图书、期刊、报纸的读者性质也发生改变，不再是单一的受众，他们各自获取信息获取知识的来源更广泛，操作更简单，而且能够通过无处不在的终端设备和互联网技术，与编辑甚至作者在线交流，读者需求信息的搜集与反馈在数字时代变得更加直观、及时、准确，且易集合整理。因而数字出版需要在整合出版信息资源的同时，对资源内容进行深入的开发和优化，能够在全媒体信息背景下，为更广大的读者提供更个性化、便捷化的服务。

出版信息资源的开放获取是建立在互联网上信息实时更新、更替频繁的环境中，其从产生到传播到消亡时快时慢，活跃度不一且稳定性较低。因此，当数字出版机构掌握到内容的主动权，即不再单一承担纸质出版物的生产制作者的工作而是一个内容供应商，它才可以在瞬息万变的资源大潮中根据掌握的系统内容信息资源做出更好的选题策略和分析。所以说在开放获取中，掌握了对内容的主动权，才能保证数字出版机构对出版生产工作各类信息的及时性、准确性的把握，为编辑的选题、策划等编辑环节以及发行环节提供可参考的因素。

第二，数字出版多介质传播载体的变迁，提高了数字出版机构掌控自身及相关行业信息的总量和时效性。

数字出版从单一的纸质出版物到以电子书、手机、PC 终端等多媒介传播载体的变迁，一方面增加了数字信息资源的总量和广度，即数字出版机构不仅能够获得更丰富的数字化文字类信息，同时能够更好地提炼蕴含在动态图像、视频、音频等介质上的数字出版信息；另一方面，多媒介载体的方式将各类传播媒体的信息资源融合在一起，提高了数字出版机构在大出版时代掌控最新数字资源信息以及出版行业和相关行业发展动态与趋势。基于互联网尤其是 Web3. 0 时代的到来，使得数字出版机构在开放获取出版信息资源中，不仅能够与网民或者潜在的读者之间加强互动，从其参与信息产品创造、传播和分享的价值中获得相关的出版信息资源，同时数字出版机构可以直接与其他网站进行相关信息的交互，并能够在第三方平台上整合使用多家网站的信息，培育自己的出版信息资源库和在线信息交流平台。因而开放获取背景下，纸质出版物制作者到内容提供商服务商的转变，使得数字出版机构自身在获取出版及其相关的出版信息资源变得更加快捷、方便，具有很强的时效性。

第三，数字出版编辑、印制、发行环节的同步，缩短了出版的周期，而开放获取的实现推动三者的统一，加快出版进程。

数字出版的实现首先是大大缩短了出版的流程，传统的印刷制作环节分散到了编辑出版和发行环节中。但相对于以日新月异速度更新的信息门户网站，以及依托各类阅读终端的在线交互式新媒体传播载体等，数字出版机构依旧存在很大的压力。而开放式获取的方式，不仅可以让数字出版机构做到行业数据信息的整合以及数据库的建立，而且，这种开放获取方面是直接面对着作者、读者、发行商等。在开放获取中，当数字出版的编辑能够平衡好作者在线写作、编辑在线审议、读者在线评议、在线发行（建立网站、文件传送）或四者交叉进行这种关系时，那么数字出版的编辑从互动性、开放性的网站中获取作者、读者、发行商们对特定资源反馈的信息将是最及时、最有效且最有实践价值，从而能够进一步推动出版进程，如推动国内按需出版发展的步伐，节省其他各项资源并有更多的人力、物力、财力去把握最及时的出版信息资源。

c. 对数字出版机构信息掌控与选择难度的影响，主要有以下几个方面。

第一，数字出版机构更难以实现全局性的出版资源掌控。

互联网信息技术以及移动终端的普及，使得数字出版机构能够通过开放获取的方式及时有效地获得更多的出版信息资源。在把握自身特色与优势的基础上，充分利用这些信息资源，对于数字出版机构掌控全局性的出版或有关的资源信息有重要的意义。但是，目前在实践操作尤其是编辑制作环节中，却存在着一定的难度。

首先，对于开发出版信息资源的机构主体而言，无论是付费还是免费获得信息资源，关于信息资源的搜集是一个需要涉及众多领域并深入每一个环节的繁杂的工作，除了编辑各司其职、内部人员相互配合，加之编辑一定的编辑素养、人文素养等要求外，更是对数字信息资源管理等专业技术提出了一定的要求。目前来看，在各大高校之中鲜有培养这种专业人才的课程或专业的设置，编辑只有在不断的实践中通过摸索获得一定的经验。对出版主体来说，实现数字出版信息资源的云集，即云出版平台的搭建，既需人才的保障，更需从技术的层面得以解决。从目前的状况来看，IT 行业正引领着数字出版平台的构建，并完成了几家云计算中心的搭建，可以实现云出版资源的积聚，但是数字出版机构和云计算中心之间没有产生并维持信任的纽带，数字出版机构仍然难以将自己核心的资源放到这个平台上，实现共享，因而其也难以在整个大背景下，对数字出版信息资源有全局性的掌控。

其次，对于出版信息资源的编辑环节而言，由于互联网的开放性，作者、发行商也可以通过免费或付费的方式获得与出版相关的信息资源，直接越过编辑工作环节。这是因为出版信息资源开放获取的广泛性、全面性、便捷性、易操作性等特点，使得用户对于数字信息资源的上传与分享在时间地点上变得同一，而且交互式又让数字产品的生产与发行也达到了时间空间上的统一。这是数字出版发展的一个必然形态，难以受到数字出版机构主观思想和行动上的控制。从这个角度来看，出版企业在数字出版过程中，会丧失对一些作者资源、发行资源的支配和控制，长此以往会使得数字出版机构丢失对相关核心出版信息资源的整体规划与掌控，不利于其数字出版内容资源的积聚与信息资源框架的建设。

第二，增加了数字出版机构对出版信息资源选择的难度。

无论是免费从政府网站、内部信息系统、行业信息网站还是付费给行业内专业的数据公司，数字出版机构需要过滤海量庞杂的信息资源找到适合自己出版活动的信息和选题资源，而这些信息在不断地更新变化发展中。同时，由于互联网信息资源容易被复制发行，数字出版机构难以简单地确定信息的来源，明确著作权主体，如若没有考究的追根溯源，容易产生一些纠纷。

从互联网上获得的信息众多繁复且鱼龙混杂，即使可以购买到专业的统计或分析数据，但也不能保证信息的唯一性和可操作性。加之，网络话题吸引眼球的时效性和波及度是有限的，读者的兴趣点可能随着话题一波一波的转移。虚拟化的读者需求和不断变化着的相关信息资源等让数字出版机构在对出版信息资源整合以及应用时，遇到选择取舍的困难。读者更娱乐化的阅读倾向与数字出版深层次开发之间的矛盾，出版信息资源及时性与不稳定性的矛盾，互联网信息众多与缺乏深度内容之间的矛盾，出版信息资源更加广泛化与读者群体小众化及需求更个性化的矛盾……这都成为数字出版机构在出版信息资源选择中面临的困惑，也加大了开发出版资源利用价值的难度，进而也不利于实现数字出版信息资源的优化配置。

②对其他与数字出版机构相关的机构的影响。开放获取对与出版业直接有关的机构的出版教育机构和出版科研机构（传统的出版业还包括出版物资供应机构）等也带来了一定的影响。

一方面对出版教育机构在相关人才的技术上以及综合能力的培养上提出了更高的要求。开放获取的数字出版信息资源需要进行必要的加工、存储管理等具体的工作，这种全流程数字出版的实现需要出版教育机构能够提供有着编辑基础理论知识，同时能够掌握好数字化出版技术的人才。通过结合系统的知识理论学习以及数字出版工作中的实际操作，能够基本了解从内容的制作（包括采集、编审），资源的深加工、内容资源的管理到多渠道发布信息流程中内容与技术各个方面的要求，并配合数字出版机构各个部门完成各项出版工作。

另一方面对出版科研机构的科研成果应用于实际的可操作性要求更加急切。在知识经济时代，信息资源对国家文化建设与发展有着颇为重要的战略作用，而出版信息资源在其中占据着重要的作用。开放获取为数字出版带来了极其丰富的出版信息资源，也为科研人员进行学术成果的交流提供了更好的交互方式和平台。但目前其成果对于推动改革的成效并不明显，这其中既有出版机构自身的历史原因，也有研究理论与实践偏离的现实原因。开放获取对于建立更加全面的出版科研人才与成果信息库以及其对行业的现实效应，有了一定的推动作用。

③Open Access 对数字出版机构的主要影响。根据布达佩斯开放存取倡议 BOAI，开放存取文献是指 Internet 上公开出版的，允许任何用户对其全文进行阅读、下载、复制、传播、打印、检索或链接，允许爬行器对其编制索引，将其用作软件数据或用于其他任何合法目的，除网络自身的访问限制外不存在任何经济、法律或技术方面的障碍的全文文献。主要分为开放存取期刊、开放存取仓储和其他的开放存取资源（如电子图书、个人网站、学术论坛等）。其中，开放存取学术期刊是国内业界及学术界研究的重点，并围绕着开放存取期刊发展、学术期刊出版技术及学术期刊的数字化等问题展开。作为数字出版物其中之一，学术数字期刊（包括传统期刊的数字化和纯数字期刊）的开放存取，与正在进行数字化改革的数字出版机构有着息息相关的联系。本小节将简要谈谈 Open Access 期刊对于数字期刊机构的影响。

a. 扩大出版机构的影响力，但一定程度上降低其利润。无论出版机构将学术期刊是以传统期刊数字化还是纯数字期刊任何形态予以呈现，开放存取的特点就决定了出版机构在传播广度和深度上都会产生一定的影响力。这是因为开放存取使得读者用户都可以方便及时从互联网上以免费的方式全文在线的获得所需的学术信息资源。其中越高的访问量，越高的下载率就代表着出版机构被知晓和被认同的范围，以及其在出版行业中的影响因子。同时，由于学术期刊本身带有一定的专业性，目标对象多为高级知识分子，即其在影响着有影响力的人群，从而更有机会扩大出版机构的影响力。

开放存取是依附于互联网而展开的，其发展导致了学术传播在成本上有所下降，用户获取学术资源的简单易行，这也就决定出版机构获得经济效益的低廉性和已经获得的难度。目前虽为作者付费，但费用较为低廉，而其对任何用户不受时间地点的限制，能够免费及时在线的获取所需的学术资源，而且不限制用户链接、下载、阅读、复制、打印等的行为，使得其获取与之相关利润更加不现实。而且用户线上下载、链接，线下复制、打印，对于纸质化的期刊出版物的销售也会产生极大的影响，一定程度上降低出版机构的利润。

b. 出版主体多元化，削弱了出版机构的主导地位。随着互联网、数字通信以及移动终端等技术的发展，“人人是作者”“人人是编辑”的网络出版格局早已显现出来。尽管开放存取期刊是基于网络，并采用作者自行付费、读者免费的出版方式展开，但由于开放存取期刊的载体在影响力和权威性等方面优于一般的网络出版，加上投稿方便、出版费用低廉、出版快捷，使得为了宣传自身学术成果的作者们乐于选择通过这样一种出版的方式，获得知名度或者学术论文与学术能力的肯定。但总体而言，开放存取方式使得出版主体以及发表成果方式变得更多元化。

由于目前国内对于数字出版物相关的质量控制和评价体系尚未建立，加之一些期刊社过于注重经济效益而忽视社会效益，同时也未引起相关部门的重视去利用一定的宏观调控手段进行调节，最后导致比较严谨、学术、专业的期刊社反而成为汇集“人人是作者”的平台，降低出版机构的社会文化地位和行业间的影响力，从而又使得出版机构难以借助平台积聚更加丰富、优质的出版内容资源，最终导致出版机构出版信息资源中主导地位的丧失。

c. 增加竞争压力，两种出版模式并存。由于 OA 资源的免费性和可获得性，使得学术出版机构面对重重压力，因此现如今也出现了很多出版机构从传统出版模式向 OA 出版模式的逐渐转型，即现有两种出版模式纯 OA 出版模式和复合出版模式并存的局面。这增加了出版机构内部面对两者相互竞争的压力，而且与出版行业各企业中的竞争压力也不断加大。首先，对于出版机构内部来说，线上的数字化的传统期刊和纯数字期刊，尤其是读者还能够不受限制以免费的方式获取时，必然会对线下实体期刊销量产生很大程度的影响。因而挖掘纸质出版期刊内容资源，开拓更广更宽的销售市场，是出版机构需要面对的现实任务和压力。其次，对于出版行业内的各个出版企业来说，既要争取线上出版机构的影响力，以获得更加优秀的内容资源、作者资源，同时又要利用纸质出版物抢占一定的市场份额，争取获得利润的最大化。因此，出版机构在编辑出版、复制发行、服务反馈等各个出版过程中，都需要将已掌握的数字出版信息资源更规律化、系统化，并去不断加以完善。

3.2.3　开放存取背景下数字出版机构的应对之策

（1）树立正确的出版理念

尽管数字时代赋予了出版新的存在和运行方式，赋予了出版机构全新的信息资源获取方式，但出版的本质和主要的社会文化功能仍然没有改变。因此，数字出版机构在开放的数字网络环境中获取信息资源要树立正确的出版理念。

①要有政治意识、文化意识。出版，是思想文化传承的重要阵地，具有强烈的政治性和政策指导性。出版的政治性、政策指导性不仅体现在出版机构的主要产品——出版物的内容上，而且体现在出版信息资源的获取和利用上。当今出版信息资源向网络化、市场化、全球化方向发展，这在一定程度上推进了世界文化的交流和快速发展，但同时也带来了一些负面影响，主要体现在：网络垃圾的信息泛滥、黄色信息的蔓延；各种思想观念在信息中的相互交织；美国及西方发达国家对其他相对弱小国家的信息覆盖和信息殖民上等。

因此，数字出版机构对于通过各种免费或付费方式所获得的出版信息资源，要认真进行选择、鉴别、加工、整理、整合、运用。要坚持正确的出版方向，尽量清除垃圾信息的污染，强化出版的文化传播功能，对属于文化领域的东西一定要对它们的思想内容和表达方式进行认真鉴别、分析，切忌盲目跟进。并利用经过整合加工后的有效信息，推出思想品位高尚、弘扬社会正气、塑造时代精神的文化产品。

②要有开放意识、合作意识。数字化的信息资源就其本质而言是开放的信息资源。计算机网络将世界信息资源连为一体。在网络世界中，任何一个国家都不可能将本国的出版信息资源独立于世界出版信息资源之外。并且随着我国出版体制改革的推进，以及我国加入 WTO，我国的出版事业逐步同世界出版并轨。出版机构所面对的不再是传统垄断的出版信息资源，而是全球性的开放的出版信息资源。

因此，在未来的数字化出版信息资源的获取和开发建设中，数字出版机构应具有开放意识。开放意识，是把现代出版信息资源看成是一个不断开放的体系，要面对全球的跨媒体的数字出版信息资源；要与同行其他企业、其他行业、其他地区、其他国家加强联系、积极沟通交流，学习他们先进的技术、经验、方法，以不断改革创新，不断调整自己，不断运用新技术、新方法获取数字化的出版信息资源。

与此同时要具有合作意识，共同开发信息资源的附加值。数字环境下出版信息资源的获取和开发所需资本、技术条件往往使得单个出版企业很难胜任。因而可以通过多个数字出版机构之间的合作共建，来实现数字化出版信息资源的共享，只有这样才能满足未来开放的数字出版的需要。

(2) 建立专业化的数字出版信息资源管理部门，适应开放获取发展趋势

是否专门设置数字出版信息资源管理部门，在一定程度上反映出版企业对数字信息资源获取和开发的重视程度。从目前来看，我国现有的出版企业中，专门设置出版信息资源管理机构的比例相对较低。大多数出版企业的出版信息资源管理由其他部门或机构兼

管，还有一些出版企业既无专门信息资源管理部门，也无兼管机构。然而在数字环境下发展出版业，没有大量有效的信息资源作为支撑，出版机构很难对市场作出快速、有效的反应和决策。因此，在开放获取背景下，数字出版机构需建立专业化的信息资源管理部门。

①建立专门的信息资源管理部门。建立专门的信息资源管理部门，是指在数字出版机构中成立相应的专业化信息管理职能部门，其职责是负责汇集各种与出版相关信息，包括国家政治、经济政策信息，某学科最新发展信息，读者需求动态和市场销售信息，作者信息等各类宏观以及微观环境信息，并进行综合、分析、研究、加工，然后将经过优化处理的信息资源通过多种方式及时传递给决策部门或其他所需的部门，供其参考利用。专业信息资源管理部门在进行信息资源管理时，还应注意与本企业其他部门的内部联系，建立本企业的信息系统和信息网络。同时，要建立与同行其他企业之间的经常的横向联系，形成一个获取——加工——利用——反馈的出版信息网络，促进相关出版信息在出版企业内部的共建和共享。

②培养和储备数字出版信息管理的人才。一般而言，专业从事信息资源管理工作的人员应具有广阔的知识面，较强烈的信息观念和敏锐的战略眼光。数字出版机构应着力培养和储备一批懂技术、会外语、懂出版、有高度信息识辨能力的高素质信息人才。人才的选拔可以从现有的熟知出版业发展、熟悉编辑出版各流程的人员中挑选，进行信息资源管理的专业培训和学习，也可吸纳信息管理行业中一些高素质人才加以培养。

③加大资金技术的投入。数字环境下发展出版业，所需的信息资源数量庞大，如果仅仅依靠手工方式去收集和处理往往很难满足需求，为使出版企业信息资源达到快、新、精、准的要求，必须充分利用现代化的科学技术。需要在数字出版机构内部进行计算机网络基础设施建设，以互联网技术和标准实现出版信息传输网络化。形成出版企业内部微观组织网络系统，并依托国家网络体系和社会公共信息网络，形成多元化出版网络信息通道，建立各类信息资源的大型数据库和企业内部数据库，并在此基础上建立面向主题的、

集成的、根据不同需要形成的数据仓库，实现各类内部网和区域网与国际互联网的对接。

(3) 注重数字出版机构员工信息意识和信息观念的培养

由于出版产品的特殊性，除了具有一般商品所必须具备的经济属性外，还具有文化属性，积累和传播文化信息。这使得出版企业各类人员既是信息的生产者、加工者，又是信息的传播者、使用者。他们信息素养的高低，关系到企业能否快速、准确占领出版市场的制高点。因此，数字出版机构必须注重对其员工信息意识和信息观念的培养，使员工强烈意识到出版信息资源是在出版企业运营和出版各流程中的重要作用，离开及时、准确的信息，出版企业发展将举步维艰。

培养企业员工的信息意识和信息观念，可以从以下几个方面努力：首先，要在企业员工中开展以计算机网络技术为基础的信息技术教育，培养他们熟练运用和驾驭信息技术的能力。其次，要培养企业员工良好的信息资源积累习惯，告知其有效整合自身所收集的各类信息资源，以最大限度利用这些信息资源为自己的日常工作服务。再次，鼓励员工拓展人际交流圈，通过人际传播渠道收集高质量的信息。虽然网络技术迅猛发展使得开放的网络成为主要信息获取来源，但通过人际传播渠道收集出版信息也必不可少。。

倘若企业的员工意识到信息资源在数字出版时代的价值和作用，并养成良好的信息积累习惯时，他们就会最大限度地去获取和开发利用各类数字出版信息资源，并将所获的信息资源适时地转化为契合读者需求的出版物内容，从而使本企业成为某一出版市场的开创者和领导者，而非跟风者。

(4) 建立 CIO（Chief Information Officer，首席信息官）制度

一些大型的、管理先进的数字出版机构可以率先建立 CIO 制度，将本企业的信息管理纳入企业重要战略管理范围。

CIO 是一种新型的信息管理者。他们不同于一般的信息技术部门或信息管理部门的负责人，CIO 是已经进入公司最高决策层，相当于副总裁或副经理地位的重要官员。其主要职责包括：一是从战略层面而言，CIO 的职责是挖掘企业的信息资源、制定企业信息化

战略、为企业信息化合理布局、评估信息化对企业的价值等；二是从执行层面而言，负责信息流、物流、资金流的整合，完成信息系统的选型实施，收集研究企业内外部的信息为决策提供依据。更为重要的是要担当起电子商务管理，以及信息工程的监理工作；三是从变革层面而言，协助企业完成业务流程重组，运用信息管理技术重建企业的决策体系和执行体系，同时要对信息编码和商务流程统一标准。不仅要推动企业信息化的软硬环境优化，而且要为 CEO 当好参谋，与各高层管理者一起促进企业内外部商务环境的改善；四是从沟通层面而言，安排企业信息化方面的培训，发现信息运用的瓶颈，观察研究企业运作中的信息流及其作用。CIO 能协调沟通上下级关系，打造优秀的 IT 团队。

当然，其他一些目前还不具备建立 CIO 制度的中小型数字出版机构，可以建立一个两级或多级信息资源积累模型：一级是处于出版实践过程的编辑、营销人员，他们在其工作过程中收集的信息，产生的建议、想法，积累的经验可以成为出版信息资源重要组成部分；另一级则是专门从事信息工作的人员，他们主要负责收集、整理、加工存储与数字出版有关的各类信息资源，为这些资源的开发、利用提供服务。

(5) 有效整合数字出版信息资源，提高数字化信息资源利用效率

虽然目前一些数字出版机构意识到信息资源重要性，也通过各种渠道收集与数字出版相关的信息资源，但收集的信息都是零乱的、分散的，没有对信息进行整合，信息资源不能在出版机构内实现共享，“信息孤岛”现象严重。因此，需要对收集到的各类信息进行有效整合，以提高信息资源的利用效率。

数字出版信息资源的整合模式主要包括以下几类：

①原始文献资源整合，即在某数据库检索的基础上，根据自身电子资源情况与不同的系统自动建立适当链接，从而可以从不同的数据源获取原文信息。

②元数据整合，此方式是目前开放数据常用的一种整合方式，具体方法是通过各种元数据收割技术从原始出版企业收割元数据，

收割的元数据带有原始出版物的链接。将所有元数据集中供用户统一检索，如果需要原文，则通过原文链接即可获取全文信息。

③虚拟整合，需要构建一个虚拟整合服务器，各类用户由统一界面向虚拟整合服务器发送请求，由虚拟整合服务器按照一定配置向合适的系统发送请求，虚拟整合服务器将合适系统返回的结果按一定模板进行解析，并将最终结果返回用户。

有效整合数字出版信息资源，要遵循以下原则：

a. 目标性原则——即所整合的数字出版信息资源要有针对性。信息资源的一个重要特征就是需求对应性，对某个企业或个人有重大价值的信息资源，可能对另一企业或个人毫无价值，因此，应根据本企业的发展战略、目标市场和读者定位等要求来进行信息资源的整合。同时要重点突出，对重点的业务方向进行倾斜，不可平均用力，避免人力、物力和财力的浪费。

b. 质量原则——如同其他资源一样，信息资源也有贫信息和富信息之分。注重对有生命力的原创信息的整合，不仅为资源的利用提供坚实的基础，而且具有二次甚至多次开发利用价值，可以为数字出版机构的可持续发展提供源源不断的素材。

c. 超前性原则——对数字出版信息资源的整合，应着眼于未来，具有较强的预见性。信息资源比任何其他资源都更具时效性，一则及时的信息可能扭转已处颓势出版企业，而一则过时的信息可能一文不值，甚至产生负效应。因此，在整合数字出版信息资源，尤其要注重对企业发展有重大作用的信息的整合。

（6）建立数字出版信息质量控制机制，增强资源获取有效性

数字技术的快速发展和网络应用的日益普及，数字出版机构所能获得的信息资源也以迅猛的态势在增长。数字化出版信息资源的爆发式增长在给出版机构带来便利的同时，也伴随着有害、虚假信息的污染，不仅造成信息总量中质量比的不断下降，严重影响出版机构决策的准确性，以及由此带来的巨大损失，甚至造成无法挽回的灾难性的后果。因此，关注信息质量问题，建立数字化出版信息资源质量控制机制，提供满足要求、适于使用的有效信息成为数字出版机构一项必不可少的工作。

一方面是基于技术措施的信息资源质量控制机制。运用相应的软件设备自动对所获得的数字信息资源的专业范围、数据来源、应用方式等进行广泛调研和仔细论证，以确保原数据的完整性、时效性和准确性，避免低质量或不合格的信息资源进入下一流程，从源头上达到有效的信息资源质量控制目标；另一方面是基于人员的信息资源质量控制机制。在数字出版信息资源质量控制过程中，其控制的主体是人，人的因素是最积极、最重要的因素。通过相关人员的质量控制意识，以及他们对标准规范的应用、相关技术的执行来实现信息资源质量的控制。

（7）加强数字出版信息资源安全管理

信息安全是以维护信息网络和信息系统的保密性、完整性和可用性为目标，贯穿于信息和信息系统的整个生命周期，涉及管理、法规、标准、技术、产业、人才、意识等诸多方面，是一项复杂的系统工程。因此，数字出版机构在获取数字出版信息资源的同时，要注意保护原有信息和新近所获信息的安全，尤其是涉及国家安全、本出版企业和其他出版企业商业机密等方面的信息。

①建立和完善数字出版信息资源安全管理机制。各个数字出版机构要将本企业的信息安全保障工作列入企业内部的议事日程，明确主管的负责人，要严格按照“谁主管谁负责、谁运营谁负责”的要求，落实各部门责任，切实加强管理。根据数字环境下出版信息获取和利用的新特点，建立并完善信息安全管理机制，使得数字出版信息安全管理有据可依。

②加强以数字技术为基础的信息保护。运用数字技术保护信息安全，主要指运用电子密码技术。电子密码主要包括分组密码、序列密码和公钥密码。加强以密码技术为基础的信息保护工作，要建立适合本企业信息资源获取和利用的密码支持体系、密钥管理体系和以密码技术为基础的网络信任体系，要开发具有自主知识产权的密码设备安全分析、检测和评估等机制。

③加强数字出版信息资源安全应急处理。由于数字环境下信息安全事故不可能完全避免，因此，数字出版机构就必须重视和加强信息安全应急处理。制定适合出版企业自身特点的应急处理程序和

措施，根据出版宏观环境和微观环境的不断发展变化，完善数字出版信息安全应急处理预案，最大限度地化解和控制可能出现的风险，并在发生信息安全事件时最大限度地避免和减少损失，尽快恢复正常状态，真正做到积极预防、及时发现、快速反应、确保恢复。

④强化数字出版机构内部或企业之间的协调配合。数字出版信息安全管理可能涉及企业内部的多个部门或是其他相关的企业，所涉及的各部门应从维护信息安全、支持企业信息安全获取出发，既按职能分工，各司其职，敢于负责，又要主动配合，互相支持，形成合力。在必要时应加强同其他数字出版企业或相关企业之间的合作，共同保障数字出版信息资源的安全。

（8）Open Access 背景下学术出版机构的应对策略

20 世纪 90 年代，国际科技界、学术界、出版界、图书馆界为打破商业出版者对科学研究信息的垄断和暴力经营而兴起的以学术信息自由共享理念为理念的开放存取（Open Access）运动。其目的是推动科研成果通过 Internet 免费、自由地利用，采取“发表付费、阅读免费”的出版模式。这种开放存取模式对传统出版模式进行了根本改变，那么在此背景下，出版机构又该如何应对呢？

①尝试复合型 OA 出版模式。开放存取（Open Access）出版的主要实现方式中，采用“作者付费，读者免费”的模式。由于这种运营模式虽然有利于扩大出版机构的影响力，但对营利性的出版机构而言，在一定程度上降低其利润水平，导致开放存取这种出版模式遭到很多营利性出版机构的质疑，他们往往对开放存取采取消极态度。鉴于此，一些数字出版机构可以尝试复合型 OA 出版模式。

a. 复合型 OA 出版模式简介。复合型 OA 出版模式，主要是指在期刊出版中，同一种期刊里同时包含 OA 和非 OA 文章。因此，这一出版模式包含两种经济运作方式：对 OA 文章而言，采用作者付费、读者免费，其具体出版流程即“作者投稿（作者需付费）——审稿（同行评议）——网络传播——读者（免费阅读）”；而对非 OA 文章而言，还是采取传统的读者付费订阅，其出版流程即“作者投稿（作者不需付费）——审稿（同行评议）——出版印刷——读者（付费订阅）”。在复合型 OA 出版模式中，出版机构不向作者强加任何意愿，作者拥有充分的自主选择权，即作者有权选择开放存取或不开放存取自己的文章。

b. 复合型 OA 出版模式的优势。它将 OA 出版模式以及非 OA 出版模式的优势相结合。具体而言包括以下几个方面：一是复合型 OA 出版，包括作者付费以及读者付费两种方式，既保证了出版机构可持续发展所需资金，又提高了与现存的纯 OA 出版模式的竞争力。二是扩大了出版物的影响力。对于期刊中的开放存取文章，读者可以通过互联网免费获取，扩大了文章的辐射面，增加了引用率，有利于提升出版机构和作者的影响力。三是拥有更多舆论支持。是否进行开放存取，交由作者自主选择，对作者而言，比单一的作者付费模式更加公平；对出版机构而言，部分以非 OA 方式出版的内容，依然由读者付费订阅，保证了出版机构一定的盈利水平，同时有利于争取更多出版机构加入其中。四是保证了出版物质量。非 OA 出版内容，依然保留传统的质量审查机制，实行严格的“三审三校”；OA 出版内容采用同行评审，同时还可以沿用已有的非 OA 质量审查机制，共同保证出版内容质量。

②强化 OA 出版模式的质量控制机制。随着“开放存取”这一概念被越来越多的人所熟知，不论是开放存取期刊（Open Access Journal，OAJ），还是开放存取仓储（Open Access Repositories）都得到迅速发展，但其学术质量控制问题却引起广泛关注。作为一种全新的学术出版方式和交流渠道，虽然开放存取期刊与传统学术期刊一样，也采用同行评审机制，甚至在传统同行评审基础上创造了一些新的同行评审形式，包括轻触同行评议①（Light-Touch Peer

① 轻触同行评议（Light-Touch Peer Review），是基于快速评审和出版的需求首先采用的一种同行评审方式。强调被评审论文“方法学上的正确性和原创性，但不评判科学发现的重要性”，每篇论文同行评审专家一般为一位。

Review)、公开同行评议①（Open Peer Review）和互动同行评议②（Interactive Peer Review）等。然而其他一些重要出版环节的缺失或弱化导致开放存取期刊学术质量良莠不齐，主要包括：组稿环节的缺失以及编辑加工环节的弱化，这在一定程度上影响了开放存取期刊的学术质量。因此，优化出版流程，强化对一些重要出版环节的管理，应成为强化开放存取出版模式质量控制机制的基本出发点。

a. 重建OA出版模式的组稿环节。传统学术期刊的稿源主要包括作者的自投稿和组稿编辑的组稿两个部分。从实践来看，组稿编辑的组稿在期刊稿源中所占比例较小，自投稿的数量占据大多数。但是，从稿件的质量来看，编辑的组稿的质量更胜一筹。也因此，一些国际知名的学术期刊的重要栏目，比如评论栏目，一般不接受作者的自投稿，大多由组稿编辑专门联系重要作者，直接向其约稿。开放存取期刊，尤其是纯网络版的开放存取期刊绝大多数是基于作者自投稿开展期刊编辑出版工作，而省略了组稿这样一个从源头控制期刊学术质量的重要环节。因而，有必要重建组稿环节以强化开放存取出版的质量，具体可以从以下几个方面着手：

一是在加强编辑队伍建设的基础上增设专业组稿编辑。其职责是发现、选择、组织特定选题和作者，约其撰写符合本刊物出版宗旨的稿件。组稿编辑需要走出编辑部，主动出击，经常到相关高校、科研院所走访作者，与专家学者取得联系，了解他们的研究计划。此外，还可以通过参加学术会议、研讨会等，及时掌握最新信息和动向。

二是在接受作者自投稿的同时，可以针对各学科领域的杰出学者主动约稿，以期进一步拓展稿源渠道，从源头上控制稿件质量。

① 公开同行评议（Open Peer Review），是指在论文发表时，要求将论文的初稿、评审人员的意见和签名、作者的修改稿连同论文的最终稿同时在网络上发布，把所有意见公开，力求评议过程透明化。

② 互动同行评议（Interactive Peer Review），是一种基于网络的交互式评审方法，由评审专家、作者和科学团体进行公开讨论然后定稿。

在这个过程中，要求组稿编辑拥有一定规模的成熟可靠的作者资源。为达到这一目标，组稿编辑可以利用互联网实时关注自己所在领域最新科研动态和学术信息，关注那些在自己的研究领域获得了突出成就或者取得了重大突破的权威人士，利用互联网寻找相关作者并取得联系，用最快最便捷的方式在作者资源的争夺上抢到主动权。还可以利用互联网上的数据库，寻找某类特定图书的优秀作者，并向其约稿。

三是针对刊物的定位和宗旨可以增设不定期的专门组稿专栏。每一期专栏集中发表关于某个特定方面的研究型文章，汇集科研成果、聚焦研究前沿。

通过以上措施重建组稿环节，将会使 OA 出版方式的出版流程更优化，可以从源头控制出版质量。

b. 加强编辑加工控制。虽然期刊的学术质量主要表现为所发表论文的创新性和学术价值，但期刊的学术质量也同样体现在其发表成果的形式和技术规范上，如引文的标注、文字的校对等都会对期刊的学术质量产生重要影响。作为出版流程中一个不可或缺的重要环节，却在一些采用 OA 出版模式的期刊中遭到严重弱化，当然，一些具有较强影响力的、实行同行评审类的开放存取期刊基本保留这一环节。如“中国科技论文在线”免去了传统的评审、修改、编辑、印刷等程序，论文只要符合基本投稿要求即可按其投稿程序上传，由于编辑加工的缺失，往往造成部分文章内容水准下降、文字失当、技术失范等。因此，有必要强化编辑加工这一重要环节，充分发挥各类编辑、校对人员的作用，最大限度避免出版过程中可能出现的形式与技术差错。

c. 寻求 OA 的合作共建。OA 出版模式使得人人都可以通过互联网免费共享研究成果。然而，共建是共享的基础。共建，一方面有利于避免技术设施重复投入而达到规模经济效益，同时也可以使 OA 资源能更广泛地获得认可。共建需要加强国际、国内多方的合作。

第一步，共同加强 OA 宣传。

虽然开放存取运动兴起于 20 世纪 90 年代，但在我国尚属于新生事物，无论是学者还是普通公众，对于“开放存取”这一概念以及它的意义都缺乏足够了解，主动参与开放存取运动的意识还不强。

各方可以加强合作，共同宣传开放存取，扩大开放存取运动的影响力，加强公众对它的认知度。

第二步，共同探析开放存取出版的经济运作模式。

开放存取出版模式，虽然采取“作者付费”，但对于一些开放存取出版机构而言，作者所付的费用仅够维持出版成本，甚至会出现亏损，也就无法谈及盈利。可这对营利性的出版机构而言将是致命打击。因此，需要实行开放存取的各出版机构加强协作，建立一种可行性较强的经济模式，让更多机构参与其中，实现作者、读者、出版机构、社会的多方共赢。

第三步，共同开发开放存取资源保存模式。

数字资源长期保持的复杂性产生合作共建的需求。由于国家图书馆、各类高校图书馆、档案馆、研究所、出版机构、政府及软、硬件商都在研究项目中充当不同的角色，发挥着不同的作用。数字资源的长期保存研究和实践，必须以国内和国际合作为前提。

4 数字出版信息资源的组织与存储

4.1 数字出版信息资源的组织

4.1.1 数字出版信息资源组织的特点与内容

（1）信息组织的内容与方法

信息组织即信息的有序化与优质化，也就是利用一定的科学规则和方法，通过对信息外在特征和内容特征的表征和排序，实现无序信息流向有序信息流的转换，从而使信息集合达到科学组合实现有效流通，促进用户对信息的有效获取和利用。信息组织具有类聚性、系统性、动态性、多重性、综合性的特点。

①信息组织的内容。信息组织的内容包括：a. 信息选择，从采集到的、处于无序状态的信息流中甄别出有用的信息，剔除无用的信息，是信息组织过程的第一步。b. 信息分析，按照一定的逻辑关系从语法、语义和语用上对选择过的信息内、外特征进行细化、挖掘、加工整理并归类的信息活动。c. 信息描述与揭示，也称为信息资源描述，根据信息组织和检索的需要，对信息资源的主题内容、形式特征、物质形态等进行分析、选择、记录的活动。d. 信息存储，将经过加工整理序化后的信息按照一定的格式和顺序存储在特定的载体中的一种信息活动。

②信息资源组织的方法。

a. 分类组织法。分类组织法有其自身的独特优势，主要表现在：以学科分类限定检索范围，可以提高检准率；其等级结构可以提供检索词的上下文，方便用户进行网络查询，当检索目的不明确或检索词不确定时，分类浏览方式更有效率；以知识分类为基础，以符号为标识，可作为不同语言之间的转换中介；非文本信息在网络信息资源中所占比例日渐增大，其内容特征难以用文字表达，分类组织法的聚类功能及号码标识为之提供了一条解决途径。

b. 主题组织法。作为另一种传统文献信息组织方法，主题组织法以词语为检索标志，按照主题自顺组织信息，它弥补了分类组织法在检索特定事物、特定主题方面的不足。网络环境下，主题组织法用词汇关系链揭示相关知识的最大优势得以充分显示，在网络信息资源组织中发挥了十分显著的作用。

主题组织法的使用主要有两种类型：一种是利用现有词表（叙词表、标题表）组织网络信息资源。现有词表通常都是控制词表，其基本功能就是通过同义词控制和词语之间的关系促进更好的检索结果反馈，通过同形异义词控制达到更高的精确度，这种类型的检索系统并不多。二是关键词法。关键词法在几乎所有搜索引擎中得到了广泛的应用。网站、网页的题目、地址、摘要及正文中的自然语词都可被选作关键词来建立索引数据库，用户通过检索系统的关键词检索功能获取指向相关网络信息的超链接。其优点在于用户选择检索词时灵活方便，不受词表控制，缺点是命中过多，检准率较低。

c. 分类主题一体化方法。就组织方法而言，信息资源的分类组织和主题组织各有其长短；但如何在传统的信息资源组织的基础上，使二者扬长避短、优势互补，进行有机结合，这已成为网络环境下信息资源组织在理论和实践上的又一项重要课题。

分类主题一体化，即分类系统与主题系统实现完全兼容，既能充分发挥各自的特有功能，又能互相配合，发挥最佳的整体效益。在网络环境下，用户对多种检索途径的要求显得更加突出；单纯使用分类或主题的方法来组织信息资源，都满足不了用户网络查询的需要。信息资源分类的族性检索和主题的特性检索，反映了人们思维的两个不同侧面；二者的相互弥补和有机结合，将极大地方便网络信息用户的选择和使用。因此，分类主题一体化将成为网络信息资源组织的一种理想模式。

我们在对网络信息资源实施有效组织时，都要提供著者、题名、类名或关键词、标题词等，如此加强了分类浏览和主题浏览之间的联系和二者相互的切换能力，便于从分类或主题的角度充分利用整体化的检索系统，从而为用户提供多种信息查询途径。现有的检索工具，都依赖于搜索引擎，辅以分类目录，使强大的检索功能与学科分类体系结合在一起。

（2）数字信息资源组织的特点

针对数字信息资源具有数量增长迅速，质量良莠不齐；信息源不规范，难以客观著录；内容丰富斑斓，难以准确标引；内容新颖，时效性强等特点，则数字信息资源组织的特点如下：

①采用自动化的信息组织手段。现在网络上提供的大量实时信息、全文信息、多媒体信息等时效性信息不允许有过多的中间加工环节，因此要求实现信息组织的自动化，如自动分类、自动标引、自动编制分类表和词表以及目录、索引、文摘等编制和管理的自动化。

②对非结构化信息的加工组织。信息的种类繁多，数据库成分复杂化，过去主要适用于文本信息的信息组织方法已不复使用。数字信息资源中，除文本信息以外，还包含大量的非文本信息，如图形、图像、声音信息等，全文信息的比重也在逐渐增大。这些非结构化数字信息，不像书目信息那样格式化、规范化。如何对其进行加工和组织，如何揭示和描述其内容特征，如何实现非文本信息数据库的规模生产和低成本化等，这些都必然会对以往的做法提出挑战。

③数字信息组织透明化、易用化。在数字环境下，用户成分逐渐多样化、复杂化，不同年龄、行业和文化层次的人都可以通过计算机终端直接利用网络上的各种数字信息资源。由于大多数用户未经过专门训练，缺乏计算机数据处理知识和必要的信息检索技能，所以要求数字信息组织方式简便实用，使普通用户能用自己熟悉的语言与计算机交互，或提供不同的界面满足不同水平用户的多样化、个性化需求。在这方面，传统的高度专业化、规范化的出版信息组织方式是不符合其发展要求的。

④信息组织标准化、兼容化。数字环境中信息网络是对信息资源进行存储、加工和利用的协作系统，系统间的交流及资源间的共享要求各方面的整体配合。因此，数字信息网络化服务的前提条件就是在网络建设、信息处理等方面采用一系列标准，使信息组织、加工与管理实现标准化、兼容化，以实现信息资源的共建共享。

(3) 数字信息资源组织的基本内容

数字信息组织是为了方便人们检索，而将零散、无序的数字信息资源予以系统化和有序化的过程，从广义上讲，数字信息组织的内容包括数字信息的优化选择、分析、描述与揭示、整理与存储。其中选择与分析是信息组织的基础准备工作，描述与揭示以及序化是信息组织的中心内容，而对前几个环节形成的有序信息集合的存储，则代表信息组织过程的基本完成。

①数字信息的优化选择。优化选择是数字信息组织的第一步，是在浩瀚的信息海洋里发现并确认具有组织、整理和保存价值的信息。数字信息浩如烟海、优劣杂糅、真伪混同。由于数字信息易于生成、复制与传播，在信息生成阶段，又缺乏像传统文献信息生成所具有的那样一个完善的选择、评价制度，故数字信息的质量与价值参差不齐，若不进行有效的评价和筛选，质量高的、有价值的信息难以被有效组织。因此，对数字信息资源进行整理，提高信息资源质量，就必须进行优化选择。

②数字信息的分析。数字信息资源分析是按照一定的逻辑关系，从语义、语用和语法上对选择过的数字信息进行细化、挖掘、加工整理，通过计算、分析、比较研究，以便创造出更为系统、更能揭示信息本质内容的信息活动。它是信息描述与揭示的前提和基础，是数字信息不可或缺的重要环节之一，直接影响着数字信息组织的质量。信息资源的分析研究是数字信息更具有使用价值和实践指导意义。

③数字信息的描述与揭示。信息描述与揭示是指根据信息组织和信息检索的需要，对信息的主题内容、形式特征、载体形态等进行分析、选择、记录的活动。信息描述与揭示是信息组织的重要内容，在信息组织中起着至关重要的作用。将信息描述和信息揭示的

内容按照一定的标准和格式（元数据体系）加以描述并记录下来的活动称为信息著录。信息著录是建立信息检索系统的基础，原始信息经过著录生成元数据（metadata），成为二次信息资源。

④数字信息的整理与存储。信息存储是将经过加工整理序化后的信息按照一定的格式与顺序存储在特定载体中的一种信息活动。信息存储的目的是为了信息管理者和信息用户快速、准确地识别、定位和检索信息，各种光盘检索系统、网络信息检索工具都是出版信息存储的方式。信息存储于各种检索工具中意味着信息组织工作的终结，也意味着信息检索和信息服务活动的开始。

4.1.2 数字出版信息资源的分类组织

数字出版是人类文化的数字化传承，它是建立在计算机技术、通信技术、网络技术、流媒体技术、存储技术、显示技术等高新技术基础上，融合并超越了传统出版内容而发展起来的新兴出版产业。数字化出版是在出版的整个过程中，将所有的信息都以统一的二进制代码的数字化形式存储于光盘、磁盘等介质中，信息的处理与接收则借助计算机或终端设备进行。它强调内容的数字化、生产模式和运作流程的数字化、传播载体的数字化和阅读消费、学习形态的数字化。数字出版在我国虽然起步较晚，但是发展很快，目前已经形成网络图书、网络期刊等新业态。

数字出版的定义是：只要使用二进制技术手段对出版的整个环节进行操作，都属于数字出版的范畴，其中包括原创作品的数字化、编辑加工的数字化、印刷复制的数字化、发行销售的数字化和阅读消费的数字化等。也就是说，数字出版涉及版权、发行、支付平台和最后具体的服务模式，它不仅仅指直接在网上编辑出版内容，也不仅仅指把传统印刷版的东西数字化，又或者把传统的东西扫描到网上就叫作数字出版，真正的数字出版是依托传统的资源，用数字化这样一个工具进行立体化传播的方式，进而形成完整的数字出版产业链条。

种类繁多的数字信息资源从令人眼花缭乱的光盘到局域网和互联网，它们如同汹涌澎湃的浪潮向我们袭来时，如何在混沌无序的数字环境下整理和组织各种信息资源，创建规范有序的信息空间，实现信息资源效用的最佳和最大化，已经成为数字出版信息面临的重大课题。

在长期以来分类和编目工作实践的基础上，人们对分类和编目的传统组织方法的研究积累了不少经验。

与传统信息资源组织相比较，数字出版信息资源的组织方法有继承和保留的一面，更有创新和发展的一面。讲到网络信息资源的组织及数字信息资源的组织等概念，离不开分类组织法。

所谓“分类组织法”，它是一种按照事先规定好的学科或体系范畴，依照一定的属性将信息分门别类组织成系统以便于查检的方法。按照学科范畴组织信息具有很好的层次性与系统性。这种组织文献资源的方法符合人类认识事物的逻辑思维方式，长期以来在揭示文献内容、聚集相同文献、区分不同文献方面有着十分广泛的应用基础。在信息网络的国际环境下，我们不难从现有的各种联机数据库、光盘检索系统与网络查询工具的结构与功能中看出，分类法采用划分范围的树状结构组织与揭示信息，提供按学科专业或范畴领域检索信息资源的途径，具有很好的稳定性与系统性。它不仅适用于文本信息而且能解决非文本信息、超文本信息等的组织与揭示问题。所以说分类法仍然是组织与揭示数字信息资源的重要方法。

(1) 分类组织法的作用原理

作为一种信息检索语言，分类法将各种知识领域的类目按知识分类原理进行系统排列，并以表示类目的数字、字母符号（即分类号）作为文献的主题标识，直接体现了知识分类的概念标识系统。在网络环境下，分类法已由传统的利用目录、文摘、索引等工具对印刷型文献进行一般特征的描述，发展到了利用数据库、信息库、搜索引擎等工具对二进制电子数据的知识单元和信息单元的描述。

人们制定分类法的主要目的，并不只是为了检索的方便，也是为了从宏观的角度了解信息资源的知识内涵，为用户提供一张“知识地图”；用户沿着这张“网上地图”可以逐步浏览，直至定位到所需的文献信息，并俯瞰网上的相关信息，由此触发边缘信息。这是解决目前网络信息组织混乱的图像和空间对象等非文献型信息在网络信息资源中的比重越来越大，分类法独有的类聚功能和代码标识，为组织和揭示网络信息资源提供了一条行之有效的途径。还有，分类法限定了信息资源的范围，可以提高检准率；其等级分类结构又起到了提供上下文检索词的效果。

因此可见，分类法在很大程度上满足了网络信息资源组织以及数字出版信息资源组织的需要。因此，在数字环境下分类法仍有其旺盛的生命力，具有其他信息资源组织方法不可替代的作用。所不同的是，分类法对数字信息资源的组织在立类与列类、分类标引、分类标记等方面有了新的内容。

（2）分类组织法的应用

①立类与列类。目前，分类对于数字信息资源的组织类目大多在 14~18 个，分类标准也没有按严格意义上的学科分类，而多以事物和问题为中心进行划分。分类体系采用超文本技术在相关类目之间做了很好的参照，将传统文献分类法中的一维空间扩展为网络信息分类的二维空间。分类体系改变了一些传统分类法中具有上下位隶属关系的类目，各类下面的内容也有较大的变化。

②立类标引。在利用分类法对信息资源进行组织的过程中，分类标引并不像传统的分类法那样只有《中图法》作为唯一的依据，而是还有一个有一定自学习功能的控制词表。此控制词表的词语总是属于分类法中的某一类目，直接用受控词汇加以标引；且控制词表在用户检索的实践中不断吸收新的词汇，又成为一个后控词表。

③分类标记。分类法对于信息资源的组织，都没有使用标记符号，其标记系统的分类条目相当于有两个标记，一是字母数字符号，类似于计算机程序语言中的指针，每个字母数字符号指向一个分类条目；二是类目名称本身。这种分类标记隐含在系统内部，具有高容量和高弹性，满足了网络信息资源动态性的需要。

分类法组织信息资源所显示的机读化、国际通用性、兼容性（即本书后边将要谈及的分类主题一体化）和灵活性，目前已经成为现实。在即将到来的新一轮信息化浪潮中，分类法将会更加显示其组织数字信息资源以及数字出版信息资源的活力。

(3) 分类法在数字出版信息资源组织与揭示上的应用

在数字出版信息资源中，对于一些非文献型信息，如数值、图像、图形、声音和空间对象等非结构化信息的组织与揭示，采用关键词作为信息与揭示为主要手段有些力不从心，这类信息不像书目信息那样格式化、规范化，其内容特征往往难于采用取之于信息本身的关键词描述，因而不适于按主题词来组织。分类法的聚类功能及其代码标识为非文献型信息资源提供了一条可行的途径。

由于按事物与学科范畴分类组织信息资源层次清晰，符合人们利用查询信息的思维习惯，再加上分类法以其分类标识（有号码与词语两种形式）作为检索标识，其等级体系能够反映概念之间的逻辑关系。由于等级体系具有相对的稳定性，不会因所用语种的不同而变化。因此，分类组织法的这些特性使得它在现有的检索语言中最有可能成为国际通用信息检索语言，成为跨世纪网络信息资源组织与揭示的重要工具。

4.1.3　数字出版信息资源的主题组织

主题组织法是数字出版信息组织两大方法之一，是与分类法相辅相成的一种从内容角度标引和存储信息对象的方法。主题组织法按照信息对象所反映的主题特征的异同，用类似自然语言的形式，采用或宽泛或特指的概念语词符号来标识这些特征，形成语词型替代品；同时通过参照系统揭示语词概念之间的关系，并将语词概念符号按照一定顺序排列来组织信息，形成一种便于使用的、面向具体概念的出版信息组织主题系统，进而提供主题检索途径。

主题语言亦称为主题法，它是一种以词语作为检索标识，采用语言揭示和描述信息主题内容，按照主题字顺组织与揭示信息的情报检索语言。主题语言的产生是为了弥补分类法的不足，满足人们对特定事物、特定主题的检索需要而产生的检索工具。一般来说，用主题词（分为受控语言和自然语言）组织与揭示信息具有直接和直观的特点，因此在各种检索工具中主题词语检索系统特别受人青睐，即主题语言用于组织信息不仅具有“直呼其名、依名查检”的直接性，而且其标识基本上是独立完整的事物概念，可以比较准确地满足特定检索的需要而得到发展与完善，所以主题检索系统在网络环境中不但得到发展与完善，主题字顺法组织与揭示网络信息资源的作用是显著的，尤其是关键词（即自然语言）检索，在网络中的应用相当广泛。事实正是如此，人们只要稍稍留意一下，立刻可以发现，有相当一部分网络数字信息资源浏览器与引擎都以主题词为组织与揭示信息的重要途径和方法。

（1）主题组织法的作用原理

作为另一种信息检索语言，主题法以词语为检索标识，按照主题字顺组织与揭示信息。主题语言的产生弥补了分类法在检索特定事物、特定主题方面的不足。在主题词表作为一种检索机制组织网络信息资源后，其最大的优点也充分得以显示，即利用词汇关系链来获取领域知识以提高检索效率，尤其是关键词（自然语言）检索在组织网络信息资源的过程中发挥了十分显著的作用。主题法有其组织网络信息资源的优势。和分类法一样，主题法在网络信息资源的组织过程中也具有不可替代的作用。

主题法作为一种重要的出版信息组织方式，在出版信息组织和检索中起着重要的作用。

①揭示信息内容。在信息组织阶段，首先需要标引人员对各种信息单元进行主题分析，即把信息单元中所包含的内容特征分析出来，明确信息单元主题的概念是什么；然后用主题法规定的词语将这些主题概念标识出来，以表达信息单元的主题内容。如“大学图书馆简史”，经过主题分析，可用叙词表中的“院校图书馆”和“历史”来表达。在主题语言中，除了关键词法，其他方法均使用规范化的词语来表达主题概念，揭示信息内容。

②建立信息检索系统。同分类法一样，采用主题法对信息单元进行标引并排列存储可以形成相应的检索系统。与分类法不同，主题法通常不用于排列信息单元载体，主要是在主题标引的基础上编制检索目录和主题索引工具。在手工系统中，主题目录是以自然语言为检索标识按照字顺排列揭示信息单元内容，可以按照字面成族将语义相近的信息单元放置在一起，简单、直观。在计算机信息系统中，按照主题法规范对每个信息单元产生其替代物，系统按照语

词和信息单元之间的对应关系产生各种索引文件，支持主题途径的检索要求。

（2）主题组织法的类型

主题组织法用词语来表达各种概念，在现代出版信息组织活动中占有十分突出的地位。主题组织法包括标题词法、单元词法、叙词法和关键词法等，它们统称为主题组织法系统，每种组织方法都有其优缺点，主题组织法的质量要通过组织好的信息集合的检索效率来评价，而运用主题组织法组织成的信息检索系统的检索效率主要与词汇控制方式和具体的排序规则有关。

①标题词法是主题法系统中出现最早的一种，属于先组式语言，即复杂的主题标识在编制主题表时已经固定组配好。标题词法中采用的语词标识称为标题词或标题，由直接来自自然语言的单一名词、形容词词组、介词词组、连词词组以及人工加工而成的带有限定词的标题、复分标题和倒置标题等组成。

②单元词法脱胎于标题词法，它是作为对标题词法先组式标识的改革而出现的。单元词法是一种后组式主题语言，即用户标引标识和检索标识在使用之前都是单列的，并未进行任何组配，在使用时才根据需要从词表中找出相关词语进行组配表达复杂专指的概念。单元词法目前已经发展为叙词法，其本身已不复存在。

③叙词法和单元词法关系密切，是对单元词法不断扬弃的结果。叙词法吸取了多种情报检索语言的原理和方法，是一种功能强大、适用广泛的主题语言。叙词法在联机时代的计算机信息检索中发挥了卓越的信息描述和信息标引功能，基于叙词表标引和检索的信息系统具有较高的检全性、检准率。

④关键词法是适应目录检索编制自动化的需要而产生的一种主题组织方法，关键词法与前三种方法的不同在于不对自然语言的词语加以严格规范化处理，或者仅做极少量的规范化处理。目前，基于关键词的信息组织与检索在数字出版信息资源组织中应用广泛。

（3）主题法在网络信息组织中的应用

在网络环境下，信息资源的组织主要使用关键词（即自然语言）来创建数据库；而关键词检索则要靠搜索引擎提供支持。对于关键词来说，其核心问题是关键词的生成及其组织方式。

用户在检索时选择所需的表达方式，经过计算机程序分析，按照一定的策略和匹配方式搜寻索引数据库，最终以统一的形式显示检索结果。

网络技术的应用和发展，使叙词表实现了综合性和专业性，且其参照和标引系统也日臻完善，已经基本上适应了网络信息资源的组织、管理和检索。但是，也存在一些问题。首先，一般叙词表规模庞大、词汇丰富，有限的计算机内存难以将叙词表及其参照系统全部输入；其次，在网络环境下，难以单纯地采用自动规范用词来组织信息资源和自动扩检；再者，网络环境下使用检索语言的人员不再仅仅局限于情报专业技术人员，还包括层次不同的广大终端用户。

鉴于上述原因，对于网络信息资源的组织和揭示，更现实、更实用的方法应该是关键词和叙词的有机结合。具体的做法是：一方面在组织与揭示网络信息资源时，把关键词和叙词同时作为标引词标出，然后建立二者之间的参照关系。另一方面，还可以对每个叙词进行多个关键词解释，使关键词较准确地覆盖叙词。如此有机结合的结果，既利于情报从业人员和用户利用自然语言组织文献，又方便了对网络信息资源进行准确、科学的描述。

（4）主题法在出版信息资源组织与揭示中的应用

①用自然语言（关键词法）组织与揭示自由文本。自然语言（关键词法）组织与揭示自由文本主要用于全文数据库的建造。这些信息是人们创造或采集到的网外全文信息，是输入网络的新资源。对于这类信息资源一般用自然语言（关键词法）深入组织揭示其所含文献知识单元，然后按主题词标识的字顺组织成检索系统，用户则根据主题需要对所查出版文献全文的自然状况直接设置检索点进行查询。

②主页信息的字顺主题组织。目前，各类网络中关于机构、事物名称或个人的信息几乎都毫无例外地采用主题字顺组织方式建设查询系统。该系统能够按照所提供事物的主题名称将有关机构或个人的信息集中在一起，以便于用户对机构或个人信息进行全面

查询。

③创建主题树与指引库技术组织与揭示数字出版信息资源。目前，针对数字出版信息资源的特点，有些专家研究首先应利用指引库技术将数字出版信息资源进行集中、分类、整理，然后再以主题树的形式指引用户查询特定信息。所谓指引库是指所建立的数据库中，从物理上讲该库并不存储各种实际的信息资源，而是把信息资源按照某种事先确定的主题体系分门别类地逐层加以组织，用户通过主题树的浏览方式层层遍历，指引用户到特定的地址获取所需信息。这不仅便于浏览器把某一或某些相关主题的节点进行集中，按主题标识组织起来，而且便于指引用户查询所需信息资源，但如果对其进行访问却可以检索到有关信息的数据库线索（其功能等同于二次文献），指引用户到特定的地址获取所需信息，这就便于浏览器把某一或某些相关主题的节点进行集中，按主题标识组织起来，指引用户查询所需信息资源。

④用关键词法与叙词法相互结合的形式组织与揭示数字出版信息资源。在过去的近20年时间中，叙词法已经得到充分发展，不仅具有综合性与专业性的叙词表，而且词表的参照系统和索引系统也比较完善，适宜于科学地组织和管理文献，也便于数据交换与网络检索。但是，由于一般词表规模庞大，词汇丰富，而计算机内存有限，往往难以将整个词表及参照系统全部输入计算机。因此，在现有网络环境下，难以单纯地采用自动规范用词组织信息资源以及自动扩检。此外，在网络环境中，检索语言的使用不再仅限于专业标识人员与检索人员，而是层次不同的广大终端用户，而且传统的分类语言与主题语言标引难度大，对专业人员要求高的情况下在网络环境中也明显地暴露出来。因此网络环境用户迫切需要采用自然语言，其中最主要的是关键词语言来组织与检索文献，迫切需要自然语言的检索工具——入口词表的研制与应用。针对以上情况，应该采用关键词与叙词法相互结合的双重组织法来揭示数字出版信息资源。这是因为：关键词是直接从网络信息的题名、文摘中选取、提炼出来的具有检索意义的词。由于选词直观，组织揭示网络信息速度快，专指性高，便于用户检索文献，因此在网络中一般采用关键

词来组织文本信息。但是，使用关键词时，由于选词不规范，常给数据交换和网络检索带来困难。所以，比较好的办法是用关键词与叙词相互结合的形式组织与揭示数字出版信息资源。具体做法是：对数字出版信息资源进行组织与揭示时，可同时给出标引词——关键词与叙词，然后建立关键词与叙词之间的参照关系，还可对每个叙词进行多个关键词注解，使关键词较准确地覆盖叙词。这样做既有利于读者利用自然语言组织文献，也有利于对数字出版信息资源的准确描述与科学组织。

4.1.4 出版相关元数据及其标准

早在1994年尼葛洛庞帝就预测说："计算机不再只和计算有关，它将决定我们的生存。"① 现如今，他的预言得到了证实，十多年过去了，比特一路冲锋，数字开始全面攻占人类的生活领域。作为人类文明传承重要力量的出版，在数字化浪潮的冲击下也不可幸免，这也决定了未来出版舞台主角是以高新技术为基石的数字出版。

数字出版颠覆了传统出版信息只可以在看得见介质上传播的历史，使看不见的0和1代码传递信息更快、更多、更方便，其造成的影响远远超出了我们的想象。但是随着数字出版的出现与发展，对数字出版信息资源组织的要求也越来越高，本书在数字出版环境下，对以下相关元数据及其标准进行探讨。

（1）元数据概述

Metadata 这个词本身是随着 Internet 的发展而产生的，最先出现在美国国家航空与航天局（NASA）的 Directory Inter-Change Format（DIF）手册中。目前，对于 Metadata 有两种不同的译法：一是元数据，二是描述数据，本书采用第一种译法。

元数据的英文定义"data about data or information that describes other informantion"，可以理解为"关于数据的数据或描述其他信息

① 尼葛洛庞帝著．数字化生存［M］．胡泳，等译．海口：海南出版社，1996.

的信息”。

元数据的产生为网络环境中出版信息资源的组织提供了重要手段。所谓元数据，是用来标识、描述和定位数字出版信息资源的数据，是面向某种特定应用的机器可识别、可理解的信息，它去掉了MARC格式的烦琐和复杂，以结构化的字段检索弥补搜索引擎的不足，是介于MARC与搜索引擎之间的一种新型的数据格式。

元数据主要有以下特点：

①描述性。这是所有元数据最本质的特征。元数据是描述数据的数据，它通过一种约定俗成的规则来描述对象，从而组织和管理信息资源，只有先描述才会有组织和管理功能的发挥。

②动态性。元数据不是静止不变的，它随着所描述对象的变化而变化。

③多样性。这是指元数据的类型多样。一个描述对象的元数据会有各方面的特征，从不同的角度对其进行划分会产生不同的结果。

④复杂性。这主要表现在两个方面，一方面，元数据既可以是集合概念也可以是个体概念，元数据中还可以包括其他的元数据；另一方面，对不同的描述对象，有些元数据项是必须有的，而有些却不一定强求，即强制性的元数据与选择性的元数据共存。

⑤多层次性。这一方面是由元数据所描述对象的多层次决定的，另一方面是由元数据使用对象的多层次性决定的。

⑥支撑性。从某种程度上来说，元数据相对内容而言，处于次要的地位，但又是必不可少的，起支撑的作用，它有效地维护所描述对象的原始性和完整性。另一方面，元数据的支撑性还表现在它与所描述对象的共存，能保证资源的长期使用，在产生它的人、计算机系统乃至标准停用后，仍可继续使用。

元数据根据其作用的不同可以划分成不同的类型。我国学者张晓林认为元数据主要包括以下4种类型：

①管理型元数据是用来管理与支配信息资源的元数据，比如信息收集、版权与翻版跟踪、排架信息、数字化标准选择、版本控制等。

②描述型元数据是用来描述与识别信息资源的元数据，如对某种信息资源的描述。

③保存型元数据是与信息资源保存管理有关的元数据，如资源的物质条件、数字资源的保存行为（数据更改与迁移）等。

④技术型元数据是与系统怎样运行有关的元数据，如硬件与软件、数字化信息的格式、压缩比率、定标例程、系统响应跟踪、数据验证与安全（如加密键、密码）等。

元数据一词本身就是随着互联网的发展而产生的，它与传统图书馆编目标准的不同之处在于它除了具有描述功能外，还具有控制、管理信息资源的能力。元数据是适用于描述任何数字资源、促进数字信息资源组织和获取的数据。

（2）都柏林核心元数据

目前，对网络信息资源组织的一种重要的方式—— 搜索引擎（Search Engine），它们通过一些网络机器人按照一定的规律和方式对网络上 WWW 站点进行自动搜索并将搜索到的 WWW 页面信息存入搜索引擎的临时数据库，然后对这些页面信息进行整理形成规范的页面索引，建立相应的索引数据库，以供检索使用。但是，搜索引擎查找到的结果往往很多，实际相关有用的信息却甚少，查准率比较低，仍然不尽如人意；同时检索结果一般是不加选择的，以致用户必须花费大量时间识别有价值的可靠的信息。面对这种困境，广大用户希望 OCLC 从用户的角度出发，创建一种新的网络资源描述标准或格式，因此，DC 元数据就应运而生。

1995 年 3 月，由 OCLC（Online Computer Library Center）和 NCSA（National Center for Super-computing Applications）联合在都柏林召开的第一届元数据研讨会上，产生了一个精简的元数据集——都柏林元数据核心元素集（Dublin Metadata Core Element Set），简称为都柏林核心（DC）。由于其简练、易于理解、可扩展及能与其他元数据形式桥接等特性，它成为一个良好的网络信息资源描述元数据集。这次会议之后又召开了五次元数据研讨会，每次会议都对 DC 进行了一定的补充和修订，使 DC 在结构和功能上逐渐完善起来，DC 能较好地解决网络资源的发现、控制和管理问题。

DC 元数据的功能包括如下：

查找：DC 的设计主要是为了支持电子资源的发现或查找，其元素意在成为用户查找电子资源的最重要的依据。DC 元素有：题名、主题、创建者、其他贡献者均可作为检索点，此外，这些元素的内容可以优化，对其采用受控词汇和规范控制，则能更好地发挥查找的功能。

识别：无可否认，识别被检索的特定信息资源和区别相似信息资源不是 DC 明显的目标之一。然而，DC 中也存在一些与信息资源的识别相关的元素：日期、类型、格式和识别符，如“日期”能提供识别版本的信息，但是这对支持用户的需要而言是不充分的。

选择：DC 的意图不是为用户在多个检索结果中做出选择提供必要的信息，例如，元素“描述”可能对资源的相关性评估更有用。虽然在一定程度上，用户可以将任何一个元素作为选择的依据，但是 DC 元数据目的不是成为资源的完全代替品，只是在某种程度上，它的确代表资源，可以用来支持资源的选择。

获取：DC 的目的之一是支持资源的检索，在网络环境下，元素“识别符”中的准确地址可全面支持资源的获取，超越时间和空间的限制。

都柏林核心集定义了 15 个基本字段来描述数字资源，因为其目标是定位于一个简单有扩展性、非专业人员也可轻易了解和使用的数据描述格式，所以这 15 个基本字段只规范了在大多数情况下必须提及的数据特性。15 个基本字段如下：

①主题或关键词（subject）：资源的主题和关键词。

②题名（title）：信息资源的名称。

③著者（creator）：信息资源的创作者或组织。

④描述（description）：信息资源的摘要或影像资源的内容叙述。

⑤出版者（publisher）：负责发行信息资源的组织。

⑥其他参与者（contributor）：除了著者外，对资源创作有贡献的其他相关人士或组织（如书中插图的制作者）。

⑦出版日期（date）：数字信息公开发表的日期。

⑧资源类型（type）：数字信息的类型或所属的抽象范围，例如网页、小说、诗、技术报告、字典等。

⑨数据格式（format）：主要用途是告知检索者在使用此作品时，所需的计算机软件和硬设备。

⑩资源识别符（identifier）：字符串或号码可用来唯一标识此数字资源，例如 URN、URL、ISSN、ISBN 等。

⑪关联（relation）：与其他信息（不同内容范畴）的关联或所属的系列。

⑫来源（source）：资源的其他衍生来源。

⑬语言（language）：数字信息本身所使用的语言。

⑭内容范围（coverage）：信息资源所涵盖的时期和地理区域。

⑮版权规范（rights）：数字信息版权声明和使用范围。

都柏林核心集的 15 个元素全面地描述了数字信息资源的内容特征和外部特征，由于它具有简洁和通用的优点，因此得到了广泛的关注。都柏林核心元素集从传统的图书馆界、档案界、人文学界和地理学到计算机、医学等领域都有应用，目前已经制定出图书馆领域的 DC-Library、教育领域的 DC-Education 和政府领域的 DC-Government 等具体应用的都柏林核心元素集。

（3）MARC

机器目录 MARC 式图书馆描述、存储、交换、处理以及检索信息的基础。MARC 是以代码形式和特定结构记录在计算机存储载体上的、用计算机识别与阅读的目录。MARC 可一次输入，多次使用，是信息技术发展和资源共享要求的产物。作为一种计算机技术发展早期形成的元数据格式，这一格式在定义时比较充分地照顾到图书馆书目数据在文献形式描述、内容描述、检索等方面的需要，表现为：字段数量多；著录详尽；可检索字段多；定长与不定长字段结合，灵活实用；保留主要款目及传统编目的特点；扩充修改功能强；并能在实践中不断发展完善。经过不断发展已被图书馆用来描述和存取电子信息资源，例如扩展 MARC 格式的“数字位置及提取方式字段”（即 856 字段）可利用 MARC 记录描述网络化数字资源（包括网页、电子期刊、telnet 系统、FTP 站点等）的特征、连接方式和提取要求。最近，国内外有关机构还开展了 MARC 与都柏林核心等元数据格式互操作的实验。此外，开始使用 XML 的 DTD 定义的 MARC DTD 来解决 MARC 的类型字段及字段标识问题，从而实现 MARC 数据的 XML 结构化，进而实现 MARC 书目数据库与其他数字信息资源的集成。

MARC 最初是由美国国会图书馆（Library of Congress）以阿弗拉姆夫人为首的一个小组于 1965 年开始试验计划，其目的是探索以机读形式产生目录数据的可行性，后来称为 LCMARC。但是当时为了编制程序的方便，与传统的编目形式差别很大，因而未能得到推广使用。1968 年美国国会图书馆重新考虑设计了 MARC 格式，即 MARC Ⅱ。1969 年开始向全美和一些其他国家的书目中心每月发行一次英文图书的 MARC Ⅱ 磁带，这一格式保留了传统著录的各个项目，使手检目录能与机读目录共存，因而受到肯定并被广泛应用和推广。其他国家由于不同的需要，在 MARC Ⅱ 基础上研制出了自己的 MARC。为了防止失控并且方便国际交换，国际图联于 1977 年研制出通用机读目录格式，即 UN MARC。1991 年我国有关部门在 UNMARC 的基础上，结合我国的实际加上特定字段，编制出 CNMARC，此后历经多次修订，形成现在的 CNMARC 格式。

（4）ONIX

ONIX 是 Online Information Exchange 的缩写，意即：在线信息交换。它是一种以电子形式获取、传输出版物产品信息的国际标准，是一种描述、传递和交换丰富出版物元数据的国际标准，是用于图书、连续出版物以及各种媒体电子出版物信息的基础标准和贸易标准。采用 ONIX，不仅可以用来构建成功的、有竞争力的电子图书市场，还能够定位和使用电子书的数字内容。

ONIX Product Information Standards（以下简称 ONIX）是由国际组织 EDItERU、美国的 AAP（Association of American Publishers）、BISG（Book Industry Study Group）、英国的 BIC（Book Industry Communication）联合开发的国际标准，由设在英国伦敦的 EDItERU 维护。它是在美国的 ONIX、英国的 BIC Basic 以及 EDItERU 的 EPICS 等标准的基础上发展起来的，2000 年 5 月其 1.0 实验版面

世，经过 ONIX1.1 版、ONIX1.2 版，到 2001 年 7 月的 ONIX 2.0 版。本书就是以 2.0 版本为蓝本进行介绍的。

ONIX 可供出版商向批发商、e-tail（全球电子购物市场）和零售商、其他出版商，以及其他涉及图书销售的任何人传递图书等电子信息。ONIX 针对产品形式的不同特点，开发了面向不同类型出版物信息交换标准，分别为《图书在线信息交换标准》（ONIX For Books）、《连续出版物在线信息交换标准》（ONIX For Serials）、《出版物许可条件在线交换标准》（ONIX For Licensing Terms）、《出版物数字化对象标识注册格式在线信息交换标准》（ONIX DOI Registration Formats）。

根据 ONIX 2.0 版的描述，ONIX 的目标是：① 覆盖电子图书领域并逐步覆盖其他类型的媒体（所有的知识产品）；②满足电子商务领域现实的信息需求，特别是（但不仅仅是）出版商和联机销售商的信息需求；③提供结构化的数据以反映商品的国内和国际知识产权、销售情况、价格及可获得性；④非常重要的一点是与各国已经制定的国家研究项目如英国的 BIC Basic 和美国 AAP 的 ONIX 在核心内容上取得一致；⑤尽可能利用 EDItERU 的 EPICS（EDItERU Product Information Communication Standards）和欧盟投资的 INDECS（Interoperability of Data in E-Commerce Systems）计划的成果构建一个能用于未来电子环境的元数据模型。

ONIX 是一种能传递丰富元数据的国际标准，为书刊信息数据库提供传输模式。其描述内容丰富而详细，不仅包括复杂的书目细节，还包括有关知识产权的信息，包括书刊等各种媒体信息在不同市场上的价格、它的可获得性信息，甚至包括产品的促销、广告与折价信息等。ONIX 提供的信息由文本信息（著录信息、书评、作者介绍、摘要）、图像信息（图书护封图、缩略图、作者照片）以及音像资料的网址链接等组成。由于网络图书和网络出版市场的不断扩大，对精确传输数据的需求也越来越大。ONIX 标准通过特殊的专业标记、统一的代码来设定细节，它有 XML 的 DTD（文献类型定义），能够对相对于选择字段的属性、特征进行描述，并界定记录项的值。这样就可以使任何标准的 XML 软件能够识别、分析

(对计算机语言的语法分析) 、访问 ONIX 记录的内容。ONIX 程序用 XML 标记语言编写，因此执行 ONIX 程序需要使用 ONIX XML DTD 定义。使用 ONIX XML DTD 的有关术语和条件，可以从 http：//www. editeur. org/ 网站上的 ONIX 文本或资料中找到。

一个 ONIX 的 message 是一系列的用标签定义的数据元素，这些标签是通过 XML 语言定义的 DTD 确定的。在 DTD 中规定了数据元素的序列及其相互关系。创立一个 ONIX 的 message 需要做两项工作：首先，将有关图书的数据用 ONIX 的特定字段组织并存入数据库中；然后，利用 XML 应用软件和 ONIX DTD 标记这些数据。即使是一个简单的 ONIX 的 message 也能包括多项图书的数据。这样我们就可以通过网络和 Internet 采用与其他数据一样的传递方式传递 ONIX 的 message，如 E-mail 附件或 ftp 方式。一旦一条 ONIX 的 message 被电子出版物的零售商接收到，它就要使用相同的工具即 XML 的应用软件和 ONIX 的 DTD，来验证数据的完整性。基于此，零售商将数据在 Web 网页上“翻译”给了他的客户，至于数据的显示形式就由零售商来决定了。

ONIX 标准定义了一系列关于电子图书的数据项，定义了如何使用 ONIX 的 message 来传递这些数据。ONIX 定义了超过 200 个数据元素，采用 ONIX，不仅可以用来构建成功的、有竞争力的电子图书市场，还能够定位和使用电子图书的数字内容，对网络销售、图书馆、信息提供中心、出版界无疑具有划时代的重要意义。就读者而言，电子图书消费者处于数据接收末端，会接收来自不同渠道不同来源的多种信息，ONIX 能够让消费者自由地在各种数据间按一定方式进行筛选，从而满足自己的购买、阅读需求。美国 AAP 总裁兼首席执行官派特·施罗德（Pat Schroeder）说过一句精辟的话：“ONIX 是建立在发展电子图书基础上的。这些标准让读者更容易找到书，也让作者和出版商更容易进入市场。”这正是 ONIX 的意义所在。

（5）MPEG-7

随着信息爆炸时代的到来，在海量信息中，对基于视听内容的信息检索是非常困难的。继 MPEG-4 之后，要解决的矛盾就是对日渐庞大的图像、声音信息的管理和迅速的搜索。针对这个矛盾，MPEG 提出了解决方案 MPEG-7，力求能够快速且有效的搜索出用户所需的不同类型的多媒体资料。该项工作于 1998 年 10 月提出，计划于 2001 年完成并公布。

这个 MPEG 家族的新成员被称为“多媒体内容描述接口”（Multimedia Content Description Interface），简称为 MPEG-7。其目标就是产生一种描述多媒体内容数据的标准，满足实时、非实时以及推-拉应用的需求。MPEG 并不对应用标准化，但可利用应用来理解需求并评价技术，它不针对特定的应用领域，而是支持尽可能广泛的应用领域。

MPEG-7 将扩展现有标识内容的专用方案及有限的能力，包含更多的多媒体数据类型。换句话说，它将规范一组“描述子”，用于描述各种多媒体信息，也将对定义其他描述子以及结构（称为“描述模式”）的方法进行标准化。这些“描述”——元数据（包括描述子和描述模式）与其内容关联，允许快速有效地搜索用户感兴趣的资料。MPEG-7 将标准化一种语言来说明描述模式，即“描述定义语言”。带有 MPEG-7 数据的 AV 资料可以包含静止图像、图形、3D 模型、音频、语音、视频，以及这些元素如何在多媒体表现中组合的信息。这些通用数据类型的特例可以包含面部表情和个人化特性。

（6）DITA 与 DocBook

DITA 是“Darwin Information Typing Architecture”（达尔文信息类型化体系结构）的缩写，它是 IBM 公司为 OASIS 所支持的团体贡献的发明。OASIS 的全称为“Organization for the Advancement of Structured Information Standards”（结构信息标准化促进组织）。

DITA 是一套基于 XML 的面向主题的数字内容结构化写作与发布方案。具体地讲，DITA 为数字内容的创作定义出一套 DTD 或 Schema，即为文档撰写定义了开放标准的适合数字出版物的文档格式，在此基础上为数字内容生产到发布流程提供一套完整的解决方案。2000 年，IBM 根据技术文档内容的描述要求，提出利用 XML 对技术文档进行描述与编码，进而提出 DITA 架构；2004 年 3

月，IBM 将 DITA 捐赠给 OASIS 标准化组织，现由 OASIS 的 DITA 技术委员会管理；2005 年 4 月 OASIS 批准了 DITA 规范的 1.0 版本；2007 年 8 月 13 日 OASIS 发布 DITA 规范的 1.1 版本。DITA 最早由 IT 类公司为解决技术文档的写作与管理问题而提出来的，但是 DITA 的应用不仅仅局限于技术文档写作，还可以扩展到主题内容的知识库建设领域。作为一种新兴的信息组织技术，其包含的面向主题的结构化组织思路对扩充现有数字资源组织的方法体系具有借鉴和促进作用。

DITA 的基本原则是面向主题的，这里的主题（Topic）是具体的一个信息单元（Unit of Information）。所谓具体是指主题划分的粒度在于能够解决单一的实际问题或说明一个独立的主题。DITA 规范中定义了三种基本主题类型：概念（concept）、任务（task）和参考（reference）。概念主题回答“是什么”的问题，介绍产品或服务的相关背景和概览，为用户使用之前提供一些必要信息。任务主题回答“如何做”的问题，通过明确定义的结构来描述完成一个特定目标所需的方法和步骤。任务主题包括情境、前提条件、实际步骤、预期结果、举例和下一步行动等。参考主题提供对相关事实的快速访问。对于技术信息而言，参考主题常用于编程语言的命令提示。主题结构方面，任何类型的主题都包含四个基本元素<title>、<description>、<prolog>和<body>。DITA 中的每个信息单元作为独立的可重用的主题，脱离上下文环境而存储在主题仓库中。

DITA 的架构分为四层：

①公共结构。由于 DITA 建立在 XML 技术规范之上，为实现重用与共享，底层的公共结构定义了可用于不同 DTD 或 Schema 的一组元数据。OASIS 的 CALS 模型对表格内容提供了语义化表示。

②跨信息类型的领域专业词表。在 DTD 或 Schema 定义中，允许加入特定领域已经存在的为大家所认可的专业词表，主题类型之间可以共享这些词汇。

③类型化主题结构。DITA 主题的结构化定义，包括三种基本主题类型，此外，DITA 允许在基本主题类型之上扩展新的专门

类型。

④交付上下文。DITA 采用内容与表示分离方式，实现了单源维护、多元发布机制。通过样式模板的 XSLT 转换机制，自动输出不同格式类型的知识产品（交付物）。输出格式类型多种多样，如 PDF、HTML 、CHM、RTF 等。

DITA 的整体流程大致划分为四个阶段（见图 4-1）：

①结构化内容写作。首先对内容进行主题分析，将内容解构成合适粒度的内容块（chunk），定义主题类型，即形成主题的过程。在此基础上按照主题类型结构进行内容写作。

②主题仓储。内容按照所定义的主题类型集中存储起来，每一个主题是一个独立的存储单元，最终形成一个主题仓库。

③ DITA 映射。DITA 映射图（Map）是内容产品的建造蓝图，好比图书的目录，其作用是为满足具体信息需求，从内容仓库中调取相关的主题进行“组装”，输出特定的内容产品。DITA 的映射实质是一个信息构建的过程，将相关主题组织和连接在一起。另外，DITA 映射图也是建立主题导航的基础。

④样式转换与输出。按照预先设定的样式模板，选择输出类型，通过 XSLT 转换得到最终产品。

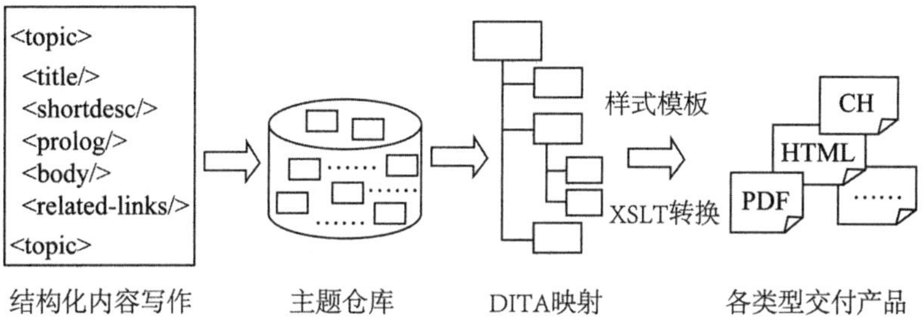

图 4-1　DITA 流程图

目前 DITA 在国内外 IT 技术类企业中应用较为广泛，具体应用领域包括技术文档编写、数字出版，企业信息化（知识管理、内容管理、文档管理）等。国际上已经存在一些成熟的应用和相应的解决方案，如 PTC 公司的 Arbortext 、Adobe 公司的 FrameMaker、JustSystems 公司的 XMetal 等。除了商业解决方案之外，也存在一些支持 DITA 的开源工具，如 DITAOpen Toolkit 是一款基于 JAVA 技术的开源引擎，为 DITA 文档解析与转换提供技术支持。虽然 DITA 具有面向主题、模块化复用、灵活输出等诸多优点，但结构化写作的技术模式对传统内容创作而言，是一种写作范式上的巨大转变。人们已经习惯于在文字处理软件撰写文档，虽然商业解决方案都力图在用户体验界面上简化和方便用户的使用，但 DITA 本身仍然具有较高的技术门槛，因此没有被广泛接受。

数字内容存储形式多种多样，从图书馆数字内容组织和管理的观点来看，使用 DITA 对庞大的数字资源进行描述和转化的想法是不现实的，因此界定 DI2TA 的应用范围非常重要。企业知识管理实践中从内容生产的源头处介入，应用 DITA 方案是一条行之有效的内容管理途径。在数字图书馆知识库建设中，对于是否考虑采用 DITA 进行数字内容的结构化写作和发布，以下几点可供决策参考：

①内容交换的需要。XML 是目前内容交换的一种优选格式。使用 DITA 制作的 XML 内容文件，可以方便地进行共享与交换，并为机器可读可理解的自动化处理机制打下基础。

②内容结构与重用。考查内容的逻辑结构，像文学体裁之类的创造性写作，本身不具有严谨成型的结构模式，而且文学内容基本没有重用性的考虑，这就不适合采用 DITA 方法。DITA 方法的一个核心理念是主题的重用（Reuse），内容重用意味着主题内容本身具有一定的参考和利用价值，因此 DITA 处理的内容应该是选择那些高价值的知识或情报内容。

③大规模内容生产与管理。需要处理的内容数量较大时，可以考虑采用 DITA 的结构化处理机制。为内容预先设定结构模式，DITA 使整个内容生产流程系统工程化和自动化，提高了内容管理的质量和效率。如果数字内容数量较少，则没有必要特意设计内容结构，否则采用 DITA 方法的投入会超过内容结构化处理所带来的好处，起不到事半功倍的效果。

④协同写作与内容风格。多位作者同时为一个文档项目编制内

容，DITA 的结构化预设、内容与表现分离的处理方式，使得作者们在同一套结构化文档规则下，集中精力进行内容的写作和维护，保证了内容风格的一致性。排版和表现方面则由样式模板的 XSLT 转换机制进行统一化管理，这样能够有效提高内容写作上的协同质量。

⑤服务要求复杂与个性化定制需求。对于复杂的用户需求，DITA 流程可以实现内容“组装”到各类样式输出的快速响应，提供个性化定制的知识产品。

DITA 提供了一种数字内容结构化写作与发布的新思路，适用于特定领域和范围内的数字内容创作与发布。对 DITA 方法的借鉴与应用，除了解其本身的优点和局限之外，对实际应用的环境和需求要有一个清晰的认识和界定。大型图书馆的服务指南应用 DI2TA 方法进行改造的思路将服务指南的编制不单单视为一种文字撰写工作，而是作为支撑图书馆服务的知识库建设的一部分，这一点值得进一步探索与实践。

DITA 在某些方面类似于 DocBook，后者是多年前创建的，用作基于 XML 的技术手册发布的基础（特别是对于计算机硬件和软件文档）。

Docbook 是一种文件规范，将文件内容与文件样式信息分开处理（如字体、颜色）。它是使用 SGML/XML 为文档撰写而定义的一套文档类型定义（DTD），即为文档撰写定义了一套开放标准的文档格式，是一种适合技术文档的 SGMLI XML 方言。Docbook 文档的浏览和显示需要借助样式表。Docbook 是完全面向结构的文档，不包含任何带有表现语义的标签。

Docbook 在解决一些公司在文档开发和管理方面存在的问题时具有一定的优势。

①文档的开发。在传统文档开发中，一方面文档内容和格式混在一起做，缺点是文档编写人员在编写文档的同时需要对文档格式进行整理，对于较大的文档，容易造成风格不统一，并且降低文档的开发效率。另一方面，将两者混在一起不利于文档发布为其他多种格式。若内容和格式分开做，则文档编写人员可以仅仅考虑文档

的内容而无须考虑文档的格式，同时可以通过定义一些样式单(stylesheo 文件，将一种格式的文档转换为多种格式的文档，修改文档时，只需修改一种基本格式文档即可同步更新其他格式的文档。

②文档的管理。对文档的版本化管理一直是个难题，特别是对于中文文档或者其他非文本格式的文档而言。Docbook 可以将文档的内容和格式分离开，使文档内容以 Docbook 格式保存为文本文件进行版本化管理，而文本格式通过编写 XSL 文件对 Docbook 源文件进行统一的格式转换。只要为不同的排版要求或格式要求制定不同的 XSL 文件，就可以将同种内容的文档转换为不同的格式，而且制定格式的 XSL 文件可以应用于不同内容的文档。一次编写，多处运用，从而提高了生产率。

一个文档可能需要以不同的格式输出，以便使更多的用户能够阅读所提供的电子文档，但这在很大程度上增加了文档维护的困难，因此，单一源（single-sourcing）文件维护就成了迫切的需要。Docbook 文档采用 SGML/ XML 格式。开放的数据格式配合丰富的工具软件，使单一源文件的维护成为可能。

目前几乎所有的版本控制系统、代码比较程序只能对纯文本进行完美的、增量的版本控制。Word、PDF 等格式的文档是以二进制的形式存在的，难以实现各个副本之间的比较。而 Docbook 文档是纯文本格式的文档，可以像代码管理一样进行文档的版本控制，由此使多人参与撰写和维护成为可能。积极地参与一方面提高了文档的更新频率，另一方面提高了员工的参与意识，培养了知识管理方面良好的习惯。由以上分析可以看出，在文档处理方面，基于 Docbook 的文档工具具有一定的可行性。

4.2 数字出版信息资源的存储

4.2.1 数字出版信息资源存储的介质

随着信息技术的迅速发展，电子出版已蓬勃兴起，如光盘出版、网络出版等，并开始承担跨媒体出版的重任。大量的多媒体信息使电子出版系统数据的处理量和存储量大大提高，从而对存储介质的容量质量和速度都提出了更高的要求。今天，各种数字存储技术由磁性存储技术发展到包括磁性存储技术、光盘存储技术和固态存储技术的多种存储技术，其产品也由磁带、软磁盘、硬盘发展到现在的光盘、磁光盘、闪存卡等。在电子出版系统中，针对不同的工作环境，不同的客户要求，正确地选择合适的存储介质与电子出版工作的进程与质量紧密相连。

（1）磁盘存储

细数数字出版信息资源存储介质的发展史，不可否认软盘在很长的一段时间内成为无可替代的移动存储介质，但进入 20 世纪 90 年代，软盘相对较小的容量已经无法满足日益庞大的数据存储需求，人们也开始寻找一种可以取代软盘的移动存储方案。

从 1956 年最早出现磁存储设备到 2000 年，硬盘存储能力已经从每平方厘米5 000个字节增长到每平方厘米 50 亿个字节，近 50 年的时间进步了近 100 万倍。到 2008 年，硬盘已经发展到以 T 为单位。

最早，软盘以其易于携带而被广为应用，但其 1.44MB 的容量使信息社会的用户大受限制，于是扩大容量和提高传输速率便成为当务之急。在大容量软盘驱动器中，ZIP 是较常见的，100M 的高容量能够以传统软驱 14 倍的速度进行读写；另外由 Imation（前 3M 公司）数据记录部与康柏合作开发的 LS-120 也是大容量软驱的不错选择。传统的磁电技术硬盘在十年前每兆的价格为 11.52 美元，1997 年的价格为每兆 10 美分，4.3G 硬盘已经成为标准配置。比之软驱，硬盘的容量和速度是无可比拟的，单位价格也可以接受，但其缺点在于流动性差，扩展受限制。对于出版也来说，数据量已经向 TB 级发展，对如此大规模的数据存储成本就嫌偏高了。下面对磁盘进行具体介绍：

①磁盘存储介质。磁存储技术在当今信息时代的应用越来越广泛，利用它可对多种图像、声音、数码等信息转换、记录、存储和处理。例如，人们最常用的电脑硬盘、移动硬盘都应用了磁存储技术的原理。

磁性存储介质是将磁性材料以薄层状沉积在基体上，并以相对于磁头运动的方式来存取信息的信息存储介质。在移动信息处理领域，主要应用有数据存储带、软磁盘、可移动硬盘等。在电子出版系统，主要使用大容量的软磁盘，如 ZIP 软盘、JAZ 软盘。

②磁盘存储分类。

a. MAID（Massive Array of Idle Disks，大规模非活动磁盘阵列）MAID 最初的理论依据来自“80/20”定律，具体来说就是 80%的访问活动围绕着 20%的物理存储进行。至少对于备份/恢复应用，这一概念基本成立，于是设计者很自然地想到，那些暂时没有数据被访问的磁盘驱动器，完全可以进入能耗相对较低的待机状态，甚至完全关闭，需要访问时再“唤醒”也来得及，从而达到节能的效果。MAID 的原理是暂时不用就休眠，对生产系统而言显然不合适，特别是那些交易型应用——中高端存储系统恨不得把所有的磁盘驱动器都 24 小时连轴转还嫌不够，怎么能允许有一部分休眠呢？所以只能另想办法。

传统的 SAN 存储设备，需要预先为应用分配（Provisioning）存储空间，通常会大于实际所能用到的空间，从而造成浪费。自动精简配置（Thin Provisioning）则通过在写入时才分配相应空间的做法避免了这种现象，减少了所需要购买的存储容量，使用的磁盘驱动器数量也随之下降，由此达到节能的效果。

b. 磁盘阵列。磁盘阵列采用先进的 FC 通道的硬盘技术，通常利用 RAID5 技术，能更多、更快地满足数据高速存储备份的需要，极大提高了工作人员的工作效率和安全性。

自动精简配置能够减少闲置的存储空间，可是却对冗余数据——另一种浪费存储空间的现象无能为力。日复一日地备份操作会产生大量的冗余数据，而重复数据删除（Data De-duplication）技术只为相同的数据保留一份副本，其他都替换为指向该副本的指针，可以大幅度地节省存储空间，进行重复数据删除前后所使用的存储空间比例甚至会高达数十比一。

实现重复数据删除的方式主要有两种：第一种在数据写入磁盘之前进行判断，发现重复数据便以指针代替，称为实时处理（inline)，优点是所需磁盘空间较少，缺点是对 CPU 处理能力要求高；第二种在数据写入磁盘之后才启动去重过程，即所谓的后处理(post-processing)，优点是对 CPU 处理能力要求不是很高，缺点是必须保留较大的磁盘空间作为临时工作区。

(2) 光盘存储

由于计算机用的磁介质存在着不能长期保存、存储容量有限，跟不上日益增长的海量存储要求的固有弱点，因此 1996 年首次提出光存储器概念，用光学方式写读信息的光学存储介质圆盘可称为光盘。光盘存储技术是 20 世纪 70 年代以来发展起来的利用激光和计算机存储信息资源的新型存储技术。它主要利用聚焦成直径在 1μm 以下的激光束，在光盘表面的低熔点金属膜上逐点打微孔，以实现信息的高密度存储。

下面是对光盘的具体介绍。

①光盘的类型。

a. 只读光盘。只读光盘是指其内容在出厂前有生产公司预先存储，出场后用户只能读取光盘中的信息，不能更改或存储信息。只读光盘的产品类型有很多，主要有 CD-ROM（只读光盘，Compact Disc-Read Only Memory），CD（音像光盘，Compact Disc），CDV（影视光盘，Compact Disc Video），CD-I（内联式只读光盘，Compact Disc Interactive），CD-ROM/XA（扩展只读光盘，Compact Disc Read Only Memory Extended Architecture），DVI（数据影视内联式只读光盘，Digital Video Interactive）。

b. 一写多读光盘。一写多读光盘（Write Once Read Many Optical Disc，WORM）是供用户自己存储信息的光盘，WORM 比 CD-ROM 多一项功能：一次写入信息，所以该类型光盘还可供人们自建数据库。WORM 只需配备计算机、驱动器、打印机即可组成光盘检索系统，人们可以联机检索系统数据库的内容重新组织存储到 WORM 上。WORM 还可以弥补 CD-ROM 不能反映最新信息的缺点，定期将新的信息存储到 WORM 上，供用户检索。

c. 可擦重写光盘。日本夏普公司在 1978 年率先推出了 5.25 英寸（1 英寸=2.54 厘米）可擦重写光盘，是光盘的第三代产品，它采用相变技术、磁光技术和染色聚合物技术，实现光盘可擦写万次以上的功能。

②光盘主要有以下特点：

a. 存储密度高，容量大。光盘不仅可以用来存储计算机中的数字和文字信息，而且可以广泛用于声音和图像信息的存储。

b. 价格低廉，便于复制。

c. 坚固耐用，存储寿命比较长。

缺点是误码率比较高，核对误码需占20%~30%的光盘空间。

③光盘的原理。光盘安装在一个精密转轴支承、转速精密控制的转台上。输入的信息以数字化编码或逐点式波形输入调制器，调制从激光器发出的激光。然后通过光学系统聚集成接近衍射的小光点。小光点系统装在一个滑动架上，由电机驱动使其在光盘上做径向移动。小光点照射在高速旋转的光盘上，照射部位出现烧孔或者发生磁化方向反转、结晶状态变化、形貌变化，信息便写入光盘中。读出时，可用与记录时相同的光学系统，但不需要调制器。强度减弱未经调制的激光束经光学系统、跟踪反射镜和聚焦透镜照射到光盘记录层的信息点上，记录介质层和反射层反射回的光信号经光学系统被光检出器接收，将光信号转换成电信号，经解码即读出光盘上的信息。

④光盘存储的发展方向。

a. 高密、高效、高速的母盘的刻度密度。采用短波激光和大数值孔径的物镜，可使道间距减小，比特长度减小，从而提高光盘的刻录密度；采用脉宽雕制，可显著提高记录效率。

b. DVD单面盘的精度注塑及双盘的封装技术。将DVD母盘、模板生产线挑选出的合格模板，用精密注塑机注塑成型，得到DVD半成品经适当冷却，送入溅射室，根据不同要求，分别溅射金或铅，然后进行黏合剂旋涂、封装、紫外光固化、在线监测、商标印刷等，支撑DVD只读光盘。

c. 光盘记录介质。DVD-RAM光盘是否稳定可靠，记录介质是关键，而材料设计能否满足高速存储的要求，又取决于记录介质能否在两个稳态之间实现快速可逆相变。国内外传统相变介质材料设计都是基于激光的热效应，信息写入用液相快淬实现；信息的擦除用晶核形成、晶粒长大来完成。由于热效应是能量积累的过程，写入一个比特只需要较短的时间（几十 ns），而介质在经历几十万次的写/擦循环后会出现信噪比下降的热疲劳。

当记录激光采用短波长时，激光的热效应就逐渐减弱，而激光光子的激发作用就尤为突出，所以新的材料设计基于激光的光效应。对半导体类型介质而言，写入一个比特只需要几十皮秒，使记录速率获得数量级的提高。这种基于非线性光学的双稳态变化效应的记录介质，被称为光双稳态记录介质，它可以是有机材料或无机复合材料。

（3）磁带存储

磁带存储是所有存储媒体中单位存储信息成本最低、容量最大、标准化程度最高的常用存储介质之一。它互换性好、易于保存，近年来由于采用了具有高纠错能力的编码技术和即写即读的通道技术，大大提高了磁带存储的可靠性和读写速度。根据读写磁带的工作原理可分为螺旋扫描技术、线性记录（数据流）技术、DLT 技术以及比较先进的 LTO 技术。下面对磁带进行具体介绍。

①磁带存储技术。

a. 螺旋扫描读写技术。以螺旋扫描方式读写磁带上数据的磁带读写技术与录像机基本相似，磁带缠绕磁鼓的大部分，并水平低速前进，而磁鼓在磁带读写过程中反向高速旋转，安装在磁鼓表面的磁头在旋转过程中完成数据的存取读写工作。其磁头在读写过程中与磁带保持 15°倾角，磁道在磁带上以 75°倾角平行排列。采用这种读写技术在同样磁带面积上可以获得更多的数据通道，充分利用了磁带的有效存储空间，因而拥有较高的数据存取密度。

b. 线性记录读写技术。以线性记录方式读写磁带上数据的磁带读写技术与录音机基本相同，平行于磁头的高速运动磁带掠过静止的磁头，进行数据记录或读出操作。这种技术可使驱动系统设计简单，读写速度较低，但由于数据在磁带上的记录轨迹与磁带两边平行，数据存储利用率较低。为了有效提高磁带的利用率和读写速度，人们研制出了多磁头平行读写方式，提高了磁带的记录密度和传输速率，但驱动器的设计变得极为复杂，成本也随之增加。

c. DLT 技术（Digital Linear Tape Technology，数字线性磁带技术）。DLT 是一种先进的存储技术标准，包括 1/2 寸磁带、线性记录方式、专利磁带导入装置和特殊磁带盒等关键技术。利用 DLT 技术的磁带机，在带长为1 828米、带宽为 1/2 寸的磁带上具有 128 个磁道，使单磁带未压缩容量可高达 20GB，压缩后容量可增加一倍。

d. LTO 技术（Linear Tape-Open Technology，线性开放式磁带技术）。这是由 IBM、HP、Seagate 三大存储设备制造公司共同支持的高新磁带处理技术，它可以极大地提高磁带备份数据量。LTO 磁带可将磁带的容量提高到 100GB，如果经过压缩可达到 200GB。LTO 技术不仅可以增加磁带的信道密度，还能在磁头和伺服结构方面进行全面改进，LTO 技术采用了先进的磁道伺服跟踪系统来有效地监视和控制磁头的精确定位，防止相邻磁道的误写问题，达到提高磁道密度的目的。

②磁带的种类。磁带根据读写磁带的工作原理，可以分为六种规格。其中两种采用螺旋扫描读写方式的是面向工作组级的 DAT（4mm）磁带机和面向部门级的 8mm 磁带机，另外四种则是选用数据流存储技术设计的设备，它们分别是采用单磁头读写方式、磁带宽度为 1/4 英寸、面向低端应用的 Travan 和 DC 系列，以及采用多磁头读写方式、磁带宽度均为 1/2 英寸、面向高端应用的 DLT 和 IBM 的 3480/3490/3590 系列等。

a. QIC（Quarter Inch Cartridge，1/4 英寸带卷）磁带：这是一种带宽为 1/4 英寸，配有带盒的盒式磁带，也叫 1/4 英寸磁带。它有两种规格，即 DC6000 和 DC2000。其中 DC6000 磁带的驱动器是 5. 25 英寸，已淘汰。而 DC2000 磁带的驱动器只有 3. 5 英寸，驱动器价格低，标准化程度高，生产厂家多相互兼容，一盒 DC2000 磁带的存储容量一般为 400MB，是目前应用较多的磁带之一。

b. DAT（Digital Audio Tape，数字音频磁带）磁带：磁带宽为 0. 15 英寸（4mm），又叫 4mm 磁带。由于该磁带存储系统采用了螺旋扫描技术，使得该磁带具有很高的存储容量。DAT 磁带系统一般都采用了即写即读和压缩技术，既提高了系统的可靠性和数据传输率，又提高了存储容量。目前一盒 DAT 磁带的存储容量可达到 12GB，同时 DAT 磁带和驱动器的生产厂商较多，是一种很有前途的数据备份产品。

c. 8mm 磁带：是一种仅由 Exabyte 公司开发、适合于大中型网络和多用户系统的大容量磁带。8mm 磁带及其驱动器也采用了螺旋扫描技术，而且磁带较宽，因而存储容量极高，一盒磁带的最高容量可达 14GB。但品牌单一，种类较少。

d. 1/2 英寸磁带：该类磁带又分为 DLT（数字线性磁带）磁带和 IBM3480/3490/3590 系列磁带两类。由于 DLT 磁带技术发展较快，已成为网络备份磁带机和磁带库系统的重要标准，又因为容量大、速度高和独一无二的发展潜力，使其在中高备份系统中独占鳌头。DLT 磁带每盒容量高达 35GB，单位容量成本较低；IBM3480/3490/3590 系列磁带是由 IBM 公司生产，每盒磁带的存储容量可达 10GB，所对应的驱动系统实际上是一个磁带库，可以存放多盒磁带，其机械手可自动选择其中任意一盒磁带到驱动器上。

磁带始终是最成熟可靠的数据保护手段，是在人为错误以及病毒破坏时数据恢复最好的安全策略，而且价格低、容量大、扩展能力强。

4.2.2 数字出版信息资源存储的方式

（1）本地存储

本地存储是指安装于同一台计算机主板上，不可随意插拔、移动的磁盘（硬盘），一般包括计算机操作系统所在分区及其他分区。本地磁盘区别于通过网络连线访问的共享磁盘（如服务器磁盘或网络上其他计算机的共享磁盘）或通过本计算机外部连线连接但可随意插拔的移动磁盘（硬盘）。同一台计算机内部安装的数块磁盘均可称作该计算机的本地磁盘。

最早数字出版信息资源的存储都是本地存储，但是这样的存储方式不够灵活，无法达到及时更新，因此，在科技发展的今天，数字出版信息资源逐渐受重视的情况下，网络存储越来越受大家的欢迎。

(2) 网络存储

网络存储技术主要提供网络信息系统中的信息存储和共享服务，对于出版信息资源体系庞大，内容烦冗的特点，此种存储方法非常理想，其主要特点是：超大存储容量、大数据传输率以及高系统可用性。目前使用较多的网络存储技术是直接附加存储（Direct Attached Storage，DAS）、附网存储（Network Attached Storage，NAS）、存储区域网络（Storage Area Network，SAN）。

①直接连接存储。直接附加存储 DAS，是传统的数字出版资源存储系统进行数据共享的存储方案，是以文件服务器为中心的（比如校园网和办公环境）。存储器通过一个通用服务器连接在网络上，存储器与服务器之间通过传统的 I/O 总线通信。客户机如需要访问存储器的数据，首先必须给文件服务器发送一个请求，文件服务器解析这个请求并给存储器发送访问消息，存储器访问数据并发送至文件服务器的内存，最终由服务器把数据传给客户机。这种结构的最大缺点是：客户及访问的所有数据都需要通过通用文件服务器存储转发，严重占用了服务器的内存、CPU 和 I/O 总线等资源，并产生严重的 I/O 瓶颈。扩展容量只能通过增加服务器和磁盘存储量，管理开销和成本投入随之增大。

②附网存储。附网存储 NAS，是“以数据为中心”的实现资源共享智能化网络服务器方案，是一种在存储设备端提供基于现有的局域网、以太网之类的网络访问的文件级服务的网络存储技术。支持多种协议：TCP/ IP、IPX/ SPX 等；支持多种操作系统：WindowsNT / 2000、NetWare、Unix、IBMAIX 及 Linux 等。NAS 服务器内置独立的优化存储操作系统保存在闪存中，可及时准确地保护、恢复数据及进行无服务器备份，十分有利于系统的安全与升级。即使网络服务器崩溃时，用户仍然可以从 NAS 中读取数据。又其物理位置灵活，系统的维护也非常简便，NAS 产品独立于应用服务器，保证了系统的安全性和可行性；NAS 存储设备容易安装，添加或设置存储设备可以不间断网络运行。它具有 RAID 功能和完全的文件服务器功能，只向客户端提供文件存取服务，减轻了

网络主机的负担，显然这对海量的数字出版信息资源的数据存取而言是最佳的选择。NAS 在扩充性及易管理性方面则明显优于 RAID。但是随着千兆局域网的普及发展，NAS 设备而又有磁盘阵列无法比拟的优势。

③存储区域网络。存储区域网络 SAN，是面向数据块的，更易支持数据库的存储区域网络。

1998 年年底，存储区域网络（SAN）作为网络存储的另外一种选择出现在市场上，这一全新的解决方案有望突破目前 NAS 所受的诸多限制。SAN 是一种数据存储设备及服务器间通信的专用网，能够提供几乎所有无限制的信息交换能力。存储区域网上的服务器可以通过 SAN 直接访问存储设备，而无须通过局域网。SAN 是一种几乎拥有无限存储空间的分布式网络，非常适合作为企业存储系统的核心。SAN 基于一个极为简单的原则：任何一个服务器可以与任何存储设备直接进行数据交换，而不受 NAS 体系结构的限制。SAN 不仅可以容纳 Web 服务器、Extranet 及 Internet 上的所有信息，而且可以在一个中心节点上完成对所有数据的管理。作为一个离散的网络，一个完整的 SAN 包含存储设备（服务器和磁盘列阵甚至磁带库）、一个高速宽带网络通道（一般由光纤通道构成）、用于通道连接的共享式或交换式集线器、用于设备或服务器交换的路由器以及将这一切连接起来的应用软件。

由于存储设备直接连入 SAN 并且建立了一个可以使每台服务器都能够获得数据的存储池，SAN 上的所有数据都可以进行集中管理，而集中管理意味着简化企业级的数据管理工作和较低的管理成本。这一分布式的网络通常由连接服务器和存储设备的光纤通道构成，通过多个环通道，用户可以建立冗余、容错的拓扑结构。两台服务器可以通过两个通道访问同一台服务器存储设备，即使其中一台服务器发生故障，使用者仍然可以通过另外一台服务器继续完成数据的访问工作。

从 SAN 的使用环境看，SAN 技术是直接连接存储模式的演变，也就是说它同样适合于需要直接连接存储的应用，这包括利用原始分区的数据库和其他一些局限于利用直接连接存储的应用。具体包括下列情况：

a. 服务器之间的距离很近，有条件使用SAN。这样的距离可能会是几公里，但同城服务器或主机都位于一间普通的机房内。

b. 希望得到集中化的存储和较低管理成本。管理SAN的软件工具应该具有能力支持所需数量的服务器，这一点是由提供存储系统的厂商提供的SAN软件和操作系统自身的限制或工具所决定。例如，基于UNIX的SAN在操作系统中就有相应的工具，所以能比NT支持更多的主机。

c. 目前的SAN通常更适合于这样的软件环境——文件共享的需求不那么迫切，而更希望实现存储资源的合并。目前，能够在SAN环境中很好地实现文件共享的软件很少，而对某些特定应用类型（如视频应用）的SAN软件则相对成熟一些。

4.2.3 数字出版信息资源存储的策略

（1）分级存储

在数字出版信息资源存储的过程中有时会用到分级存储，是指数据客体存放在不同级别的存储设备（磁盘、磁盘阵列、光盘库、磁带库）中，通过分级存储管理软件实现数据客体在存储设备之间的自动迁移。数据迁移的规则是可以人为控制的，通常是根据数据的访问频率、保留时间、容量、性能要求等因素确定的最佳存储策略。在分级数据存储结构中，磁带库等成本较低的存储资源用来存放访问频率较低的信息，而磁盘或磁盘阵列等成本高、速度快的设备，用来存储经常访问的重要信息。

数字出版信息资源分级存储的工作原理是基于数据访问的局部性，通过将不经常访问的数据出版信息资源数据自动移到存储层次中较低的层次，释放出较高成本的存储空间给更频繁访问的数据，可以获得更好的总体性价比。这样，一方面可大大减少非重要性数据在一级本地磁盘所占用的空间，还可加快整个系统的存储性能。数据分级存储之所以重要，是因为它既能最大限度地满足用户需求，又可使存储成本最小化。数字出版信息资源分级存储的优点具体表现在：

①减少总体存储成本。不经常访问的数据驻留在较低成本的存储器中，可综合发挥磁盘驱动器的性能优势与磁带的成本优势。

②性能优化。分级存储可使不同性价比的存储设备发挥最大的综合效益。

③改善数据可用性。分级存储把很少使用的历史数据迁移到辅助存储器中，或归档到离线存储池中，这样就无须反复保存，减少了存储的时间；同时提高了在线数据的可用性，使磁盘的可用空间维持在系统要求的水平上。

④数据迁移对应用透明。进行分级存储后，数据移动到另外的存储器时，应用程序不需要改变，使数据迁移对应用透明。信息量的急剧增长，也使存储管理复杂性增加，数据分级存储也可大大简化存储管理。通过设定优化的数据迁移规则，能使重要数据和常用数据在最短的时间内访问到，使极少使用的数据备份在廉价的海量存储器中。

（2）备份和恢复

数字出版信息资源备份是为了保证其数据的一致性和完整性，是系统发生数据丢失后数据恢复的重要的前提，一个完整的数字图书馆数据备份系统，应包括备份硬件（介质）、备份软件和备份制度三部分。

①备份硬件（介质）。在数字信息备份安全策略中，备份介质是完成备份任务的基础。按照图书馆自动化数据量计算，考虑到系统的安全备份、数据的日增长（更新）量以及备份介质等因素，要求至少保存两套完整的备份数据。在选择备份硬件时应综合考虑选择合适的备份介质：

a. 磁带产品。磁带始终是最成熟可靠的数据保护手段，是人为错误以及病毒破坏时数据恢复的最好的安全策略，而且价格低、容量大、扩展能力极强。

b. 磁盘阵列。磁盘列阵采用先进的 FC 通道的硬盘技术，通常利用 RAID5 技术，能更多、更快地满足数据存储备份的需要，极大提高了工作人员的工作效率和安全性。

②备份软件。备份管理软件同样是不可少的，它关系到能否将

备份硬件的优良特性充分发挥。磁盘阵列公司一般都自带有备份软件，功能、性能都比较完善。CA 公司在其 Brightstor 智能存储管理解决方案中，集成了病毒扫描、清除引擎，并提供全面的跨平台备份恢复、灾难恢复、数据复制、故障切换等诸多功能，最大限度实现数据存储安全和业务目标实现的统一。

③备份制度。完善的备份制度是数据备份工作的重要保证。

a. 要将备份计划制度化，对备份系统环境与配置、安装过程、作业设置、灾难恢复计划、异地备份都制定出详细的计划。

b. 确保有专人负责备份工作的日常监督，维护硬件和保护设备。

c. 定期检查备份介质是否正常工作，按介质循环周期定期清除备份介质，以及更换损坏介质；定时对其备份数据，进行恢复测试，验证备份的可靠和有效性。

（3）长期保存

数字出版工作中的长期保存工作主要是对电子出版物、科学数据和多媒体资料的保存。

①电子出版物。对电子出版物长期保存的研究，内容比较广泛，从保存的系统框架、技术选择到资源获取、法律问题、图书馆与出版社的合作问题等都是研究的主题。

电子出版物保存的一般性问题涉及收藏资源的选择方法、获取过程、存储技术和访问方法等。这方面的例子有：芬兰创立了保存互联网上在芬兰出版的电子文档项目 EVA，加拿大国家图书馆发起了电子出版物保存项目 EPPP，美国俄亥俄州历史学会、俄亥俄州图书馆等共同发起的合作项目 JERRI 项目。

对我国主要出版社的问卷调查中，我们得知出版社建立的电子文件的长期保存制度和措施主要有：光盘盒数据库存储并举、请专人负责，排版文件及 PDF 文件定期管理，集中存放服务器、每月新书电子文件统一上传至共享空间，有技术编辑室、总编室、网络中心对出版流程把关，验收后统一存储。有部分出版社如湖南人民出版社有限责任公司，已建成数字资源 E 库，并做到可随时调取，任意调取。可见出版社对长期保存制度和措施都有一定的规范，但规范并不统一，出版社建立的电子文件的长期保存制度和措施还有待进一步完善。

电子出版物长期保存中的合作包括两个方面：一方面是图书馆与图书馆或其他组织的合作，合作的目的是通过不同图书馆或组织的参与在电子出版物长期保存的不同方面进行合作和分工，在分工的基础上再合作；另一方面是图书馆与出版商的合作，以期解决保存中的知识产权问题。在合作项目中，不同的合作者会对不同的研究点进行研究和实践，最为突出的就是 Andrew W. Mellon 基金电子期刊保存项目，该项目由美国 7 个图书馆参加，每一所大学研究的内容和侧重点有所不同。康奈尔大学图书馆研究基于主题的电子出版物的仓储框架的设计，哈佛大学图书馆设计电子期刊的保存框架，MIT 大学图书馆建立动态的电子期刊保存，纽约公共图书馆侧重于电子艺术品的保存，宾夕法尼亚大学图书馆主要保存学术期刊，斯坦福大学图书馆设计分布式数字资源保存框架和系统，耶鲁大学图书馆主要侧重数字资源保存及出版商的合作。

欧洲图书馆项目 WPI 的目的是在出版商和欧洲图书馆间建立良好关系，以实现数字出版物的保存。WPI 对出版商进行了调查，调查领域包括保存时间、访问、元数据、价格和数字出版物保存的优点与不足等内容。

②科学数据。科学研究中产生的数字化数据越来越多，海量数据的生成和积累意味着社会知识财富的增加，但也意味着这些宝贵的科学记录和文档面临着因技术过时和载体变质而引起损失的危险。因此，各国对科学数据的长期保存和共享都非常重视，相关的实践包括 JISC 的 DCC、SDS 项目，ERPANET/CODATA 论坛，荷兰 ARNO 项目等。

英国的 JISC（Jiont Information Systems Committee）和学术团体对数字资源长期保存问题进行了研究并提出了解决办法。它建立了由专家组成的数字保存中心（Digital Curation Centre，DCC）。DCC 的任务是帮助英国的研究所保存、管理和存储数据并保证其稳定性和长期使用。数据保存包括数据存档的数字保存以及行为管理、学术和科学主题整个生命循环的数据的评估等。DCC 的最终目标是保证不断提高数据存档和数字保存的质量。DCC 本身并不是一个数字仓储，它也不会将一个研究所的保存政策和实践强加于其他研究所，DCC 希望能够提供统一的交流平台，各种研究机构间能够分享数据和数据保存经验。

2000 年，佛尼基亚大学人文科学高级技术研究所和佛尼基亚大学图书馆的数字图书馆研究与发展组共同合作，在 Andlew W. Mellon 基金的支持下，开始数字学术 SDS（Supporting Digital Scholarship）项目。该项目的目标是为图书馆和相关的技术中心提供指南和方法以支持数字学术资源的创建和持久保存。该项目主要关注数字资源结构化以保证研究者可以将其作为主要资源，图书馆研究原生数字学术资源的技术和政策问题，研究者、出版社和图书馆合作创建数字资源等问题。

2003 年 12 月，在 Biblioteca National Lisbon 召开了 ERPANET/CODATA 讨论会，会议的主题是数字科学数据的选择、评价和保存。ERPANET 对相关的会议论文进行了分析，并根据分析为科学数据的保存实践提供指南。

荷兰 ARNO 项目（荷兰在线学术研究，Academic Research in the Netherlands Online）致力于建立大学文档服务器，从而可以利用参与单位的科学成果。ARNO 项目由 IWI（Innovation in Scientific Information Supply）资助，参与者为荷兰的大学。项目的目标是在荷兰国家信息框架和国际分布式数字存档之间建立关联，建立的框架支持建立良好的科学出版过程、组织内的同行评议基础、科学家独立的实践等活动，大学的科学成果可以无缝整合到该信息框架中。

③多媒体资源。多媒体资源存储要求高，技术复杂。根据媒体类型的不同，我们将研究项目分为音频资源、视频资源和可变媒体资源的保存。

音频资源指与声音有关的数字化资源。DIAMM（Digital IMAGE Archive of Medieval Music）项目是英国牛津大学和 Royal Holloway 大学的合作项目，该项目建立了欧洲中世纪复调音乐的持久电子档案——中世纪音乐档案，该项目同时提供艺术和人文数据服务，还强调数字图像的持久保存。

视频资源包括电影、video 等资源。Prestospace 是欧盟基金自助的项目，其目的是建立 audio visual 资料的数字保存框架。该项目建立了一个保存仓储，为图书馆或博物馆等机构提供易管理、低成本、标准化过程和访问数字 audio visual 资产的技术框架。PRESTO 项目是欧洲联合信息技术协会（European Union Information Society Technology）的创始项目，该项目研究资源保存相关的问题和资源的保存的经济需求，研究的资源类型主要为电影、audio 和video。项目的参与者是欧洲几个公共广播档案馆和商业研究机构。项目的目的是评价音视频资料保存的状况，建立资源选择标准，研究保存过程中的质量控制、元数据管理、第三方的评价和测试方法等。

可变媒体资源的载体是可以变化的。可变媒体创始（Variable Media Initiative）由 Guggenheim 博物馆发起，鼓励艺术家定义独立于媒体的他们自己的作品格式，提供如何将其他作品转换为新的格式的指南。

PANIC（Preservation and Archival New Media and Interactive Collections）保存和存档新媒体和交互式收藏项目由 MAENAD（Multimedia Access Across Enterprises，Networks and Domains）发起，其目的主要包括实例研究、比较不同的多媒体保存方法、研究保持数字对象寿命的最佳方法、确定最优化媒体格式、建立指南和元数据（schemas）。

4.2.4 数字出版信息资源存储系统

（1）数据库

目前数据库管理在社会各行各业被广泛地使用，许多数据都被输入了数据库进行统一管理，在需要的时候随时从数据库中提取相关数据，进行加工分析等。它不但提高了管理水平还能提高工作效率，以及大大提高企业的决策应变能力。数字出版数据库正是基于这样的思想与目的而决定编写制作的。

以下是我们在 2012 年进行的关于数字出版的一项调查的结果：

①数字出版信息资源管理的专门机构（或部门）的设置与储存数字出版信息资源的数据库的建立（见表4-1）。

表4-1 **关于数字出版的调查表**

类型	是否设置了数字出版信息资源管理的专门机构（或部门）	贵单位是否专门建立了储存数字出版信息资源的数据库
是	28	24
百分比	53.85%	46.15%

调查结果显示，有28家出版社已经设置了数字出版信息资源管理的专门机构（或部门），占总调查数据的53.85%。是否专门设置数字信息资源管理机构，反映出出版社对数字信息资源开发的重视程度。我国一大半的出版社已经建立专门机构，可见数字信息资源的开发已经受到我国出版社的普遍重视。

衡量出版企业对数字信息资源开发是否重视的另一标准是，数字出版信息资源的数据库的建设情况及已储存的数字化信息情况。因为数字信息资源的开发利用要以收集储存的数字信息为基础，而数据库是储存数字信息的基本条件。通过此次调查，我们了解到，目前我国出版业数字信息资源数据库的建设还处于较为落后的状况。调查显示，仅46.15%的出版社建立了储存数字出版信息资源的数据库，不足出版社总数的一半，不过，这些出版社表示它们已经开始规划数字出版信息资源的数据库，并且少数出版社比如湖南文艺出版社、中国劳动社会保障出版社，已开始着手建立相关数据库。

②目前构建数字出版信息资源数据库的主要困难或问题。

对于没有建设或正在建设数字出版信息资源数据库的出版社，在建设中遇到的主要困难有：技术困难、资金困难和技术管理人员的困难。具体困难有数据库系统化不够、缺乏专业人才，未成立专门部门，部分出版社对建立数据库的需求和应用目标不太明确，导致建设数据库的发挥效能不明显，云平台的搭建与维护还不够完善等问题。还有少数出版社公司，比如湖南文艺出版社有限责任公司，正在使用合作伙伴建立的数字出版信息资源数据库，故社方暂不用单独建设数据库。

③出版集团在建的数据库目前共收集的数字化出版信息量（见表4-2）。

表4-2 **出版集团在建数据库收集的数字化出版信息量**

数量	10 000以上	1 000以上	1000以下
出版社家数	11	3	2
所占比例	68.75%	18.75%	12.5%

在已启用数据库的24家出版社中，有部分出版社为保护商业机密，不愿透露其目前共收集的数字化出版信息条数，经最后统计，共有16家出版社告诉了我们其出版社收集的数字化出版信息量。有68.75%的出版社共收集了万条以上的数字化出版信息，其中收集数字信息最多的是上海新华传媒集团，其所建的数据库共收集了出版信息5万余条，其余大多数只收集了1万多条信息。有18.75%的出版社收集了上千条出版信息，有12.5%的出版社收集的出版信息不足1千条，可以说是刚刚启用数据库。数字化出版信息浩如烟海，收集储存不达到一定的量，就会影响数据库开发利用的效果，我国出版社有必要加大收集数字化出版信息的数量。

④数据库在数字出版中的另一重要作用是校对稿件。

校对稿件管理数据库改变了校对稿件的手动管理的方法，代之以全面的计算机管理，并能对各种校对费用进行计算机分析结算。它提高了工作效率，是出版社稿件校对管理方面的一大创新。

最早数据库应用于出版社进行数据管理时，一部分出版社工作人员选择Microsoft Access数据库软件和Microsoft Excel制表软件，因为此软件科学合理、简捷高效，并且可以免费使用，Microsoft Access的数据能导入Microsoft Excel进行进一步的分析、加减乘除，做成各种不同类型的报表等。还能导入Microsoft Word写成文本形式的报告。因此，Microsoft Access 数据库软件和 Microsoft Excel 制表软件组合运用给校对稿件管理数据库的制作和数据分析带来极大的方便。

例如，有出版社工作人员表明："在出版社校对稿件管理数据库及其数据的提取分析中，我决定使用 Access 和 Excel 来进行校对科稿件管理。在这个过程中主要是用 Microsoft Access 数据库软件生成的数据库进行有关校对稿件管理中日常数据的存储和简单管理，然后使用上述方法把数据导入 Microsoft Excel 制表软件进行数据的进一步分析利用。就是利用 Microsoft Excel 制表软件的自动计算功能和制图表功能，把校对科中年月报表计算整理出来，如个人或全科的年月工作总量的计算，每年月的超额奖金的结算工作等。这样一来完全使出版社校对稿件管理实现了自动化。"

通常情况下出版社校对稿件管理数据库中三个基本结构表的内容如下。

第一是设计明细表的基本结构：它的设计视图包括字段、关键字、数据的存储格式，它所包括的字段有书名、丛书名、全书页码、每面字数、全书总字数、印刷厂、稿件类型、版面设计员、责任编辑、编辑室、版面备注、书稿进入校对科日期、书稿离开校对科日期。根据每个字段所需要输入的数据类型，规定不同的字段采用相应的数据类型，如书名、丛书名、全书页码、印刷厂、稿件类型、版面设计员、责任编辑、编辑室，采用文本格式来进行数据的录入，因为这些数据多是以文本形式出现的。

在对我国主要的出版社进行问卷调查后得知，出版社在其数据库中储存的主要内容包括：数据检索信息、图书排版文档、作者授权信息、版权的有效证明、产品出版的基本信息、图书条目库，图片库，文档库，视频库，题库，本社选题信息，本社销售信息，相关的 XML 信息，销售渠道和结算，读者需求信息，行业状况信息，对手情况以及市场发行的相关信息。

问卷调查还显示，出版社建立的数字出版信息资源数据库应具备的主要功能主要有：内容分类存储及索引功能，版权管理功能、中国市场出书目录及具体信息、作者信息等，检索信息、查询信息、对比信息、记录信息，更新用户需求快捷查询数据库并能完成格式之间的转换、读本情况，作者情况，同类书情况等信息存储与查询功能。调查得知，出版社收录的数字出版信息类型主要有：文字、图片、音像、文本、XML、音视频、多媒体课件、排版文档、作者授权信息、市场信息、选题信息、过程文档、用户信息、数字化纸质图书资源、国内外出版资源信息、行业资讯、调研报告、行业预期、具体的产品操作实践信息等。

第二是校对员接稿明细记录的基本结构：它的设计视图包括字段、关键字、数据的存储格式。制作校对员接稿明细记录表的目的是为了对校对人员的接稿份数进行记录，同时还为了解校对人员工作的质量是否合格和校对人员的工作基本进度情况等信息进行的简单统计。因此校对员接稿明细记录表所包括的字段有：校对员、校样名称、校次、差错总数、质疑数字、质疑单、差错百分比、发样日期、要求完成日期、实际完成日期、备注。

第三是校样名称明细表的基本结构：它的设计视图包括字段、关键字、数据的存储格式。设计明细表和校对员接稿明细记录是对书稿的基本信息和校对员的基本工作情况等信息进行的数据记录。因此，接下来要记录的就是有关校样方面的数据。制作校样名称明细表的目的就是为了对每次发出的校样的各种数据进行详细记录和管理的办法。是对校对科校样管理的重要组成部分。因此校样名称明细表所包括的字段有：书名、校样名称、校样页码、校样字数、校样最终字数、增加字数原因。这些字段足够用来记录每个出版社的各种校样的基本数据，如果有不同的要求可在本表的基础上进行一些字段的增减删改。

在现今信息时代高速发展的今天，除了 Access 数据库之外，其他数据库软件应用于数字出版业也越来越多。校对稿件管理数据库的建立与发展，有利于出版工作者随时随地掌握市场信息和出版社内部经营信息，以便出版社做出更适合于市场发展变化的高效决策，故具有十分重要的意义。

⑤以数据库的建立为开端，能为未来图书出版发行的全过程建立全面综合的计算机管理打下坚实的基础。

例如，一本书的出版全过程，从原稿开始一直到编辑校对、到印刷厂印刷装订、进入图书库存的存放位置再到发行销售的网点地址等，从出版发行到销售的全过程都能毫无遗漏地全部记录进数据库中，从而大大地方便了产品的生产销售等方面的信息收集和管理，提高了工作效率，并且为企业的领导决策等方面都能提供强大的信息支持。同其他行业一样，出版业管理的完全自动化以及图书校对工作的部分自动化的一天将很快到来。尤其是在出版业图书出版工作管理方面完全实行计算机化，不但能节省大量的人力物力，而且为出版业面向未来的发展打下坚实的理论基础。

目前，国外比较成功的出版社及数据库值得我们学习和借鉴，知名的出版社数据库有如表 4-3 所示。

表 4-3　　**知名出版社的数据库**

出版社名称	数据库	数据库内容
Thorogood 出版社	Thorogood 电子图书数据库	收录了 1997 年以来的 128 种图书、报告和简报，有一半出版于 2005 年及以后，包括 2008 年的最新出版物。每年新增出版物约 25 种
American Management Association	American Management Association 电子图书数据库	IGP 收录的 AMA 电子图书数据库是目前该出版社电子图书中最全面的。目前书目已达到 388 种，并且以每年 50 种的速度新增
J. ROSS 出版社	J. ROSS 电子图书数据库	收录 2002—2007 年出版的 70 种图书，每年新增约 15 种
SciTech 出版社	SciTech 电子图书数据库	收录出版物 67 种，每年约新增 15 种
BSI 出版社	BSI 电子图书数据库	BSI 电子图书数据库收录了 2002—2008 年出版的 83 种手册（Handbook），总量超过11 000页

续表

出版社名称	数据库	数据库内容
IEC 出版社	IEC 电子图书数据库	涉及电子电工、信息工业和相关学科，包含出版至 2007 年的超过 131 种出版物，总计超过70 000页纸本内容
SIAM 出版社	SIAM 电子图书数据库	收录 20 世纪七八十年代到 2007 年的 SIAM 出版物共 389 种，分 14 个主题
Multi-Science Publishing 出版社	Multi-Science Publishing 电子图书数据库	Multi-Science 电子图书数据库收录了 49 种图书，每年新增 6 种出版物
Artech House 出版社	Artech House 电子图书数据库	Artech House 电子图书数据库收录了该出版社 132 册图书，每年新增 120 种
Industrial Press 出版社	Industrial Press 电子图书数据库	Industrial Press 电子图书数据库收录了该出版社 57 种特色图书，每年新增 25 种
J. J. Keller & Associates 出版社	J. J. Keller & Associates 电子图书数据库	J. J. Keller & Associates 电子图书数据库收录了该出版社 46 种特色图书，每年新增约 10 种
Royal Institute of British Architects (RIBA) 出版社	Royal Institute of British Architects (RIBA) 电子图书数据库	Royal Institute of British Architects (RIBA) 电子图书数据库收录了该出版社 54 种特色图书，每年新增 50 种
Cambridge International Science Publishing 出版社	Cambridge International Science Publishing 电子图书数据库	Cambridge International Science Publishing 电子图书数据库收录了该出版社 49 种特色图书及 10 种期刊，每年新增 15 种

续表

出版社名称	数据库	数据库内容
Dorling Kindersley 出版社	Dorling Kindersley 电子图书数据库	收录了 DK 出版社的 624 种出版物，包含 2009 年的新书，每年新增 200 种
Anmol Publications 出版社	印度 Anmol Publications 电子图书数据库	收录了 Anmol 出版社的1 080种出版物，每年新增 250 种
荷兰阿姆斯特丹大学出版社	荷兰阿姆斯特丹大学出版社电子图书数据库	AUP 电子图书数据库收录了该出版社 1994—2009 年出版的 262 种英文图书，每年新增约 50 种
Princeton University Press 普林斯顿大学出版社	Princeton University Press 普林斯顿大学出版社电子图书数据库	Princeton University Press 电子图书数据库收录了该出版社 168 种特色图书，每年新增 50 种
芝加哥大学出版社	芝加哥大学出版社电子图书数据库	收录了 1905—2009 年出版的 757 种图书，每年新增 220 种
Institute of Southeast Asian Studies (ISEAS) 出版社	Institute of Southeast Asian Studies（ISEAS）电子图书数据库	ISEAS 电子图书数据库收录了该出版社 215 种图书，每年新增 20 种
Morgan & Claypool 出版社	Morgan & Claypool 出版社的 Synthesis 数据库	Synthesis 文集包含 2005—2007 年出版的 101 篇报告

续表

出版社名称	数据库	数据库内容
Global Professional Publishing 出版社	Global Professional Publishing 电子图书数据库	Global Professional Publishing 电子图书数据库收录了该出版社 1998 年以来的 100 种商务出版物，包含 2009 年的新书，此后每年新增出版物约 25 种
哥伦比亚大学出版社	哥伦比亚大学出版社电子图书数据库	收录从 20 世纪 30 年代至 2008 年出版的 1 300多种图书、百科全书等，包括一些成为出版业界标杆的作品，如格兰杰诗歌大全

（2）内容管理系统

所谓内容管理系统（Content Management System ，CMS）是一个集素材采集、存储以及管理和应用的资源共享的管理系统。不仅是数字信息存储管理的工具，而且正逐渐演变为互联网时代出版系统的核心。在没有内容管理系统时，对于出版社而言，其开发的内容资源是以图书、音像、电子和网络产品的形态，以不同类型的文件格式，分散于出版社内部各个部门。内容管理系统则通过统一的技术要求，按照科学的分类，把分散在出版社内部各个部门的内容资源数字化后放到一个系统进行统一管理，这样同一内容资源可以为图书出版、按需出版、网络出版、电子版、学科网站等反复利用，以达到资源利用的最大化，从而做到资源的充分共享和多次重用。内容管理出版信息的检索、挖掘、交易都可以在此系统中实现，使出版信息的生存周期得到有效延长。出版信息的 XML 结构化处理、XML 数据的存储与检索，以及基于 XML 的出版信息的跨媒体发布构成了内容管理系统的技术核心。

出版社内容管理系统的优势，有以下几个方面。

①工作模式的先进性。根据数字化内容管理和编辑加工要求重建图书生产流程，建设新的内容发布引擎，使其直接与有关信息化平台接口，搭建一个作者和编辑协同工作的网络平台，就成为必

然。在平台的虚拟工作区中，作者、编辑、审稿、设计和校对人员等可以进行各自的工作并互相沟通，这意味着将基于信息化技术来重组、优化生产流程。各项工作基于同一平台开展，也便于实现全流程各环节的质量统一管理和实时控制。在一部书稿发布到印刷环节时，它也同时发布到网络课程、电子读物等立体化教材呈现环节，即纸质书只是内容管理平台上数字化产品发布的形式之一，而不再像以往那样，纸质书的完成是进行内容数字化的前提条件。如果在发布之后要进行修改，则只需修改它的内容源头，即可实现各个产品相关内容的修改，增强了内容的一致性和精确性，便于做到实时同步更新。基于数字化内容管理平台的新型出版流程，将会显著减少内容创建与内容维护的时间和成本。

②加工操作的便利性。在数字化内容管理系统中，编辑通过系统提供的编辑器和流程管理系统，对稿件进行编辑处理。这包括对原稿的编辑加工，也包括对排好版式的清样文件进行通读和修改。每一流程执行完毕，自动进入下一流程。每位编辑均可直接在稿件上进行修改，系统会通过不同颜色的设置来标识不同的审稿级别，并自动记录稿件加工痕迹与操作者信息。系统为各环节操作人员设置了具体的级别权限，如一审、二审、三审等。编辑终审完毕后，可进入到发排、数据库生成、网上发布等程序。加工书稿时，为了保证稿件内容的科学规范，编辑可利用内容管理平台的巨大信息资源库，对文稿中的资料数据等关键性内容进行查询和确认。此外，数字化操作所特有的格式自动检查、统查、统改、编号顺改、跟踪操作等功能，将使加工工作的效率和准确性大大提高。数字化加工后的书稿可以按照传统的模式做成纸介质出版物；与此同时，它的内容可以被重新拆分、集成和再创造，从而实现资源的多次利用和多种媒体形式发布。

③避免批改错漏。在传统书稿加工时，原稿掺杂各审次的加工痕迹，也存在一些批改错漏，编辑往往到清样环节还要从档案室调出原稿，进行对比、纠正和修改。用计算机进行线上操作即可免除这样的麻烦。每个环节的编辑、设计人员，隐藏批改标记后，即可随时检验编辑、设计的效果，如果发现批改不妥，立即改正。

我国在内容管理系统方面做得好的出版社有高等教育出版社。目前高教社的"内容管理系统建设工程"，对传统内容资源进行数字化以及分类入库。建设了课程的词汇表，重建基于内容管理系统的图书生产流程，建设了内容发布引擎，与有关的信息化平台有对接接口。随着"内容管理系统建设工程"的建设使用，它必将改变传统的出版流程，提高高教社的生产水平及效率，同时也将提高高教社提供集成服务的能力和水平。这也证实了出版业会从传统的产品经济业态逐步变成服务经济业态。高教出版社的重心也随之从以产品为主转变为以产品和服务为主。图4-2即为高等教育出版社使用内容管理系统进行书稿加工流程。

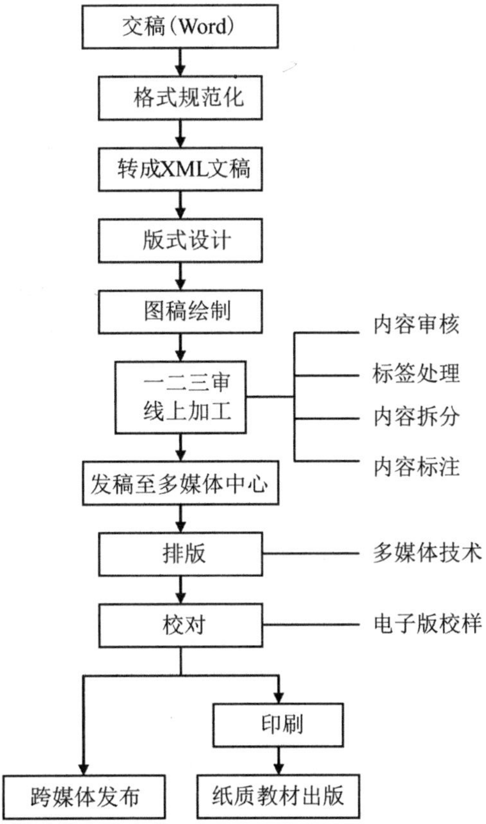

图4-2 数字化加工流程

（3）基于内容管理系统的编辑加工流程

在基于内容管理系统的编辑加工流程中，作者交来的稿件要先经多媒体部门完成初步的格式、体例的规范，然后转成可以在内容管理系统上加工的 XML 文稿，直接在线上对其进行版式设计。设计好的 XML 文稿，发至编辑加工环节，由责任编辑及二审、三审进行逐级加工。编辑要在线上审读书稿内容的基础上，运用标签进行内容和格式的修改。在完成一个审读段落后，对有价值的内容进行内容拆分和标注，存入媒体素材库中，为其他载体的组合发布做准备。展开标签后的 XML 编辑器工作界面如图 4-3 所示。

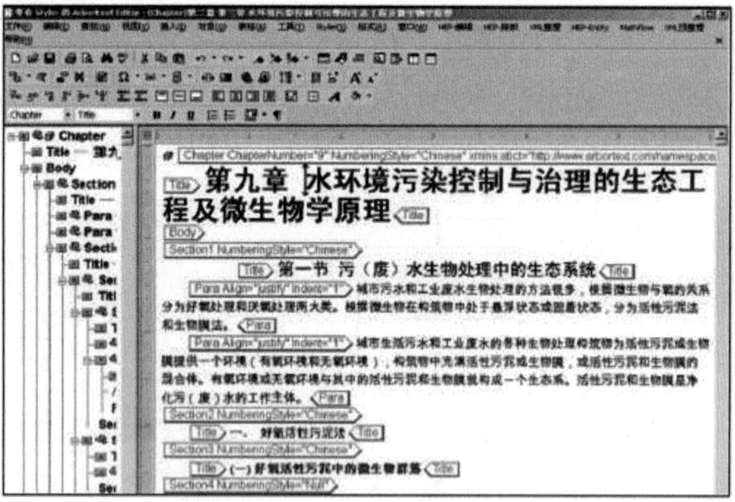

图 4-3 XML 编辑器工作界面举例

系统会清晰地记录各审次的加工时间及加工痕迹，每完成一个环节，文稿对上一环节操作者自动锁定，由“写入权”改为“只读权”；而处于当前工作环节中的操作者获得“写入权”；各审次编辑可随时调出文稿，检查加工进度。当稿件三审加工完成，已达到发稿要求时，即可从编辑加工环节发布至排版环节。XML 文稿利用新型多媒体技术进行排版（如 3B2 等）。排版后发布为 PDF 版电子校样，作者阅读清样、校对人员逐字校核、编辑誊红及通读工作样等，都在电子校样上完成。其中校对人员的工作变化较大，由原来的以折校为主，改为现在的PDF文件（校样）对照XML文件（原稿）校对。经过数字化的编辑加工后，作者交来的Word原稿就变成了一套立体化教学资源。印刷出版只是它的整体发布形式之一，通过素材拆分、整合变换等，同步生产出的还有跨媒体、多载体产品。

5 数字出版信息资源评价

交通工具的更新换代，延伸了我们的手足。科技与网络的普及亦是如此，延伸了信息的触角，加速了信息的传播。我们处在“信息大爆炸”的时代：一方面，信息呈几何级数增长。2009 年，全世界所产生的新信息量大约有 40 个 exabytes（百万万亿），这已经超过人类过去五千年信息量的总和。通信技术的发展使得信息迈过地域的藩篱，漂洋过海，并以多元化的表现形式与载体呈现在我们面前。另一方面，庞杂的信息提升了信息处理的难度。面对海量的信息，如何加以取舍与利用需要我们审慎考量。对数字出版信息资源评价的研究是数字出版信息资源开发与利用众多研究中的一个重要方面，可以引导使用者选择合适的信息源，为信息的生产者和传播者提供指导意见。本章将从数字出版信息资源的主要类型、特点以及信息资源评价的功能、意义和原则等方面展开讨论，以期为数字出版信息资源的开发利用提供参考。

5.1 数字出版信息资源评价的功能、意义与原则

评价是一种特殊的认识活动，在本质上属于认识，具有认识的一般特性，但评价又是认识的一种特殊形式，具有一般认识所不具备的特点，是一种价值认知活动①。科学评价是准确、全面、系统地认识事物的有效方法，它是在事实认识和科学认识的基础上对评价对象进行价值判断的活动（即价值评价、评估或评定），本质上

① 袁贵仁著．价值学引论［M］．北京：北京师范大学出版社，1991：212-216.

是一个价值判断过程。科学评价是在事实认识和价值认识的基础上对评价对象于评价主体的价值和意义所做的合理判断，即了解、认识、确定和判断评价对象对评价主体有无价值及价值量的大小①。

5.1.1 评价的功能

从本质上而言，评价是一个判断的处理过程。它是人类思考和认知过程的等级结构模型中最基本的因素。概括地说，评价是对一定的想法（ideas）、方法（methods）和材料（material）等做出的价值判断的过程，也是一个运用标准（criteria）对事物的准确性、实效性、经济型以及满意度等方面进行评估的过程。通过评价标准进行量化和非量化的测量过程最终得出一个可靠的结论。合理的科学评价能够为科学研究、科学奖励和科学管理提供依据，对于出版从业人员而言，则可以使其客观地了解自身的水平和出版信息资源的价值与影响，并使管理决策部门作出正确地评价，客观评估出版资源的价值和重要性。在人类的生产生活中，一切行为都围绕创造价值、实现价值和享用价值所展开。合理的科学评价能够为科学研究、科学奖励和科学管理提供依据，对于出版从业人员而言，则可以使其客观地了解自身的水平和出版信息资源的价值与影响，并使管理决策部门作出正确地评价，客观评估出版资源的价值和重要性。在科学研究行为中，使用科学评价是发现行为的意义与价值，解释其价值内涵的一种根本方法与手段。

因此，基于服务于人类、依托于人类活动的特性，科学评价应具有以下基本功能②：①判断功能，表现为具有预测与指导功能的事前评价、承上启下的事中评价与总结性的事后评价，应用于数字出版信息资源评价中，则表现为其指标和评判标准能够对数字出版活动的展开提供借鉴意义和判断依据。即在数字出版信息资源的前

---

① 邱均平，文庭孝著．评价学：价值·方法·实践［M］．北京：科学出版社，2010：61.

② 文庭孝，邱均平．对科学评价作用与价值的再认识［J］．科技管理研究，2007（9）：44.

期搜集整理、出版流程中的信息分析和出版流程中的信息利用作为判断依据。②选择功能，为决策和管理者提供直观的优选依据，基于对被评价者过往综合能力和取得成就的考察，对其未来的发展潜力做出评估，为决策者和管理者的决议提供参考。③导向功能，科学合理的评价指标、评价体系和评价方案能够为被评者指引改进和超越的目标方向，有利于促进其健康发展，少走弯路，优化资源配置。如在实际施用中，编辑可以依据当前市场上的关注热点，发现优秀的选题，并借由一系列的评价标准，对相关选题的出版物的市场反响、生命周期、用户需求获得较为直观的了解，借助发达的互联网，对资源进行有效整合和遴选，从而实现出版信息资源的优化配置，产出社会效益与经济效益俱佳的优质选题。④交流功能，科学评价活动需要多方参与评价，包括专家学者、管理机构、公众、被评价方代表等，有利于评价者和被评者之间沟通反馈。与学术期刊筛选稿件过程类似，期刊中某一篇论文的刊发，需要交由专家或同行进行严密的审议、评定，并在其交流讨论后决策是否采用刊发。数字出版信息资源从收集、整理、筛选、过滤、编辑、加工再到形成选题，每个环节都离不开交流沟通，意见往来之间，自然起到了联通信息，互通信息的作用。比之于网络信息的庞杂无章，建立数字出版信息资源评价能够变被动接受为主动交流沟通，向积极导向型迈进。⑤鉴定与诊断功能①，包括管理和决策部门对被评者的鉴定、赏优罚劣，以及被评者自我检查自我诊断。众所周知，科学研究、科学奖励政策的制定以及科学管理都离不开科学的评价。在现代科学迅速发展的今天，实现对数字出版信息资源研究的高效化、奖励的合理化和管理的科学化，则必须以科学评价成果为依据展开②。客观、科学、合理、公正是保障系统有效运行并促使其迅速发展的重要条件。⑥学习功能。科学评价过程包括信息搜集、信

① 周黎明．信息管理与科学评价关系论［J］．评价与管理，2005（3）：49-52.

② 陈冠初．我国科技期刊的评价问题［J］．编辑学报，2004，16（4）：240-242.

息组织、信息计量、信息分析预测以及对科学评价结论的应用。每一环节的展开都需要有充分的专业背景知识的人员，这不仅对专业素养提出要求，也要求高效有序的团体协同合作。而这些都推动相关人员自我学习，步履不停。⑦监督功能，构建科学评价体系，明确资源的流向和利用情况，优化资源优化配置，提高资金的使用效率。⑧激励与促进功能。

5.1.2 数字出版信息资源评价的意义

信息资源是人类通过创造、收集、加工、传播等一系列环节所形成的有价值的社会性知识资源，是信息、信息技术、信息工作者和信息用户的有机集合。它是各种载体形式所承载的知识资源的总汇。出版信息资源涵盖信息内容本身以及相关的技术设施、人员、网络、机构等。以“载体是否数字化”为界，出版信息资源被划分成数字出版信息资源与传统出版信息资源①。对数字出版信息资源进行评价，不仅可以反映信息资源建设的不足，为数字出版信息的生产者、传播者提供指导性意见，也将引导出版信息资源使用者选择合适的信息源。

（1）于出版企业而言，科学评价数字出版信息资源是优化出版资源配置，提高出版质量的关键手段

信息资源是重要的生产工具和企业资产，一方面，从资源的合理利用来看，出版资源的各种用途中，是否将其最有价值的用途开发成出版产品，以及各类出版资源的开发利用是否协调，是衡量出版资源配置好坏的重要标志。通过建立科学的评价体系，设定合理的评价指标，采用公允的评价过程，对数字出版信息资源进行科学评价有助于出版企业从繁杂的数字信息中挖掘社会效益好、质量水准高的，代表时代风貌和民族精神的出版信息资源，并借助网络平台广泛传播，节省宝贵的人力资源和时间成本。

另一方面，从数字信息资源的特点来看，出版资源的质量直接

① 吴亮芳，罗紫初．论出版信息资源的概念、类型及特点［J］．出版科学，2012（2）：44-47.

影响出版物的质量，从浩若烟海的数字信息资源中去伪存真，沉淀出具有价值的出版资源需要借助评价指标和评价体系。目前，数字信息呈指数增长，信息过载，而由于对信息的组织所采用的组织体系与结构各不相同，“信息资源处于高度分散及无序的状态”①，影响用户对信息的有效获取和资源的高度共享。与传统信息资源相比较，数字信息资源从产生到传递、交流，受空间和时间的制约较小，改变了传统的信息发布和信息传播的固有模式，数字出版信息资源具有强烈的时效性，更新速度快，传播速度亦快，传统出版中严格的审稿制度在此环境下难以施行，而编辑加工这一关键性的信息发布质量控制环节被削弱，甚至被省略。数字信息资源包罗万象而又分散无序，形式多样而又变化多端，每时每刻都有着大量新的信息站点产生、改变、停滞甚至消亡，信息发布的随意性扩大，几乎任何人都可以随时连接网络，自由发布和获取信息，少了权限限制在为广大使用者带来便利和互动体验的同时也带来真假难辨的无奈。数字信息资源的特点和现有数字信息资源组织方式的不足决定了对数字信息资源科学评价的必要性。有效的信息是竞争取胜的关键因素，作为社会文化的传播者和内容质量把关者，出版社企业需要借助数字出版信息资源评价来加以过滤和筛选，以促进出版物质量的提高，使之在当今充满竞争的市场环境中保持优势。

（2）于读者而言，对数字出版信息资源进行科学评价能够提高数字信息资源的使用效率，优化导航，提高用户的满意程度

读者是市场消费者，出版企业从表面上来看，是编辑择定什么选题，出版什么书，决定着读者购买阅读什么书，没有出版物的生产就没有读者的消费。但从长远来看，是读者的需求决定了图书的出版。读者的需求具有广泛性、复杂性、间接性、不确定性和自主性等特点，这些特点决定了编辑人员在大到题材的选定上，小到页码的位置都需要充分考虑目标人群的偏好。通过图书市场调研等方式，能够对读者因素（包括读者构成、购买动机、满意度等）市

① 崔瑞琴，孟连生．数字信息资源整合问题研究［J］．图书情报工作，2007（7）：35-37.

场基本情况有较为深入和全面的了解，但受限于调查开展的环境和使用的工具，考察样本的选取、数据分析的截取、人、财、物投入等方面的因素会对评估结果造成影响，因此需要借助数字出版信息资源评价系统所做出的更加客观的评测结果。

网络、电视、报纸、杂志装载着五花八门的信息气势汹汹地扑来，信息—行动比例失衡。在电报时代之前，信息—行动比基本是平衡的，所以大多数人有一种能够控制他们生活中突发事件的感觉，人们了解的信息具有影响行动的价值①。但在这之后，人们获得的消息开始以远远大于人们“需要回答任何问题”或“展开行动”的反应时间铺天盖地而来，我们收获信息，但并没有产生相应的行动，或者说，这些信息不再对我们的行动产生必然的影响。借用路易斯·芒福德的话来说就是，它带给我们的是支离破碎的时间和被割裂的注意力。放在当下的语境依然很有道理。新闻屏幕下方的滚动字幕不间断地传来耸动的消息，微博上不断更新的微话题，生活的节奏加快，可利用的时间却越来越零散。通过关键词和搜索引擎，读者可以对海量信息进行筛选查找，然而想要进行“慢阅读”，品读更具深意的值得反复咀嚼赏鉴的作品，仅靠数字信息资源的开放性和通信工具的便捷性来实现，还是与读者的预期存在一定差距的。然则，通过将读者的意见和诉求充分考量，纳入评测，对数字出版信息资源进行科学评价，合理分类，形成检索条目，对读者需求信息、书目信息、选题信息等都做出科学而精简的分类概括，就能起到网络信息导航的作用。读者在选择读物的时候可以依据评价体系给出的分数或推荐意向，对出版物的分布情况、质量水平、相关程度等加以判断，从而提高资源的使用率，节省时间，提高检索的效率，提高用户的满意度。同时出版单位可以借助统计软件，对浏览量、页面停留时长、重复点击量等做出统计，深入挖掘市场需求和空间，出版更加贴合用户需求，和激发读者潜在需求的出版物，促进出版事业的市场细分和出版物的多元化。

---

① ［美］尼尔·波茨曼著．娱乐至死［M］．章艳，吴燕莛，译．广西：广西师范大学出版社，2009.

(3) 于行业而言，对数字出版信息资源的科学评价有利于提升从业人员的媒体素养

信息时代的“素质”除了传统意义上的听、说、读、写，以及德、智、体、美、劳外，还应包括人们对网络、电视、电影、广告、杂志、报纸等各种信息的认知、反馈、取舍、质疑和提问的能力，对世界及周边发生的事情的感知能力，对行业相关信息的敏感以及在媒介产品制作、推广、回收或反刍的悟性与执行力。媒体不仅是传播各种文化信息的工具，其本身也是现代文化的一部分。

麦克卢汉的名言“媒介即信息”反映的正是这样一个现状：媒介信息是通过各媒体特定的语言组织形式和美学形式表达出来的，其包含的语法、逻辑、画面感和艺术感或随着信息传递，或在传递的过程中消散，唯有懂得媒体特有的语言、语法、句法和修辞体系者才能了解和体味其中丰富的层次感和知识信息内容，捕捉到这些稍纵即逝的微妙。也唯有如此，才能反过来进一步提高受众对媒体传播内容的鉴赏能力和取舍能力。

构建和使用科学的数字出版信息资源评价体系，都离不开出版从业人员的参与。提升出版从业人员的媒体素养，旨在增强从业者理解和欣赏媒体作品的能力，亦可以概括为旨在增强从业人员对挖掘数字信息资源，并将之转化为出版资源的敏感度和操作能力。使其了解数字化环境设定下，媒体如何传输信息、媒体自身如何运作、媒体如何架构现实，以及从业者如何培养利用数字出版信息资源创作媒体作品的能力，无论是出于自愿的积极主动学习还是被动的“不学新就淘汰”的现实法则所迫。

(4) 于国家和社会而言，构建数字出版信息资源的科学评价系统有利于加强信息系统平台的构建和管理，对于更加公平、开放的竞争机制的建立大有裨益，并能够为政府和有关部门制定宏观科学政策提供参考

信息资源具有不可替代性，是国家创新体系中的重要战略资源。信息系统平台为国家的宏观发展提供客观公正的数据以供回溯，并依其科学的预测系统对未来的发展做出评估。从理论意义上看，建立数字出版信息资源评价系统能够帮助提高数字出版信息资源的利

用率，提升出版业的标准化和竞争力。在科学评价活动中，通过深入研究投入产出指标、影响因子、被引频次等因素，以科学指标评价系统为依据的评价体制便于科研机构、管理部门直观地发现自身存在的不足和优势，从而有的放矢，巩固长处，弥补不足，找出问题产生的原因，采取改进措施。从实践意义而上来看，由于数字信息资源具有无序性、广泛性、开放性、时效性等特点，更多的人得以借由网络等数字化工具参与中。这带来的影响具有两面性：一方面前所未有的自由度使数字信息资源的加工、生产、传播过程不同于一般的印刷书籍，更新速度和传播速度都快于以往，资源的共建和共享变得潜力无穷；另一方面，纷繁的信息内容和多样的参与路径加剧了数字信息资源的无序，海量的信息和快捷的传播途径更是将数字信息资源的缺乏加工组织以及缺乏系统的特征放大。因此，需要对数字信息资源进行科学评价，构建科学合理的评价系统。

从国家的宏观角度来看，科学合理的数字信息资源评价系统可以为国家在一定时期内的科研政策的制定、科学研究资源配置等提供参考。它可以使管理决策中多元价值得到重视，使政府和相关机构能够有效识别优先发展领域，提高文化方面相关活动的效率，加强对未来环境和影响因素变化的预测能力，从而进一步提升我国的文化竞争力。

5.1.3 数字出版信息资源评价的原则

科学评价的基本原则体现了评价主体在实施科学评价过程中的基本思想和理念精神，是评价的指导思想。所遵循的指导原则不一，侧重点自然不同，得到的评价结果也不尽相同。数字出版信息资源的科学评价需遵循以下原则：

(1) 客观性原则

评价的客观性是指评价的过程中立，实事求是，不以个人好恶为转移；评价结果必须以大量事实为依据，做到真实、准确、可靠。对数字出版信息资源进行评价，意在为使用者做出决策时提供参考意见和判定标准，因此，评价的质量将直接影响决策以及决策的正确性。要保证评价的客观性，就必须评价资料的全面性、可靠性和真实性，坚持公平公正公开，对于不涉及保密内容的评价标准、评价方法、评价过程等都应尽量公开，接受监督，保持评价主体的独立性的同时尽量避免评价者的个人倾向性。

（2）整体性原则

整体性原则，也称为系统性原则，是指要采用系统的观点，将评价的对象看作由各个要素按一定方式构成的有机整体，从整体上来评价对象的各个方面，通过对整体的研究达到对被评价对象的讨论研究的目的，而非评价其局部或某一点。需要强调的是，整体性并不简单等于各要素的功能及其属性的简单相加或集合，而是其集聚在一起协同发挥出的整合效应。在实际的评价过程中，需要切实考虑数字信息的产生背景、发展条件、影响因素等，以全面、联系、发展的眼光看问题，综合考量时代背景、社会经济体制、文化传统、价值观念、国家政策以及法律规章等因素对数字出版信息资源带来的影响。

（3）定性评价与定量评价相结合原则

定性评价是指按照一定的评价标准，从主观的角度对数字出版信息资源做出概括性评价，重在通过定性描述对众多的复杂而模糊的影响因素采取逻辑判断和属性归结划分，强调数字出版信息资源的“质”。常用的定性评价方法包括：①同行评议法，在具体实践操作中类似的有同行评价法、同行判断法、同行审查法、专家鉴定等，我国《国家自然科学基金项目管理规定（试行）》对同行评议的定义是：同行评议是指同行评议专家对申请项目的创新性、研究价值、研究目标、研究方案等做出独立的判断和评价，一般采取通信评议方式。②德尔菲法，亦称特尔菲法（Delphi），是一种采用匿名发表意见的方式，针对特定问题征询某一领域或一些特定领域专家意见的调研方法。实施过程中，参评专家不得相互讨论、沟通，不得与调查人员交换意见，经过反复征询、反馈、修改和归纳，最后汇总成为专家基本一致的看法，作为专家调查的结果。③标杆分析法，即标杆法、基准管理法、定点超越法。由美国施乐公司首创，是一个系统的、持续性的评估过程，通过不断地将企业流程与世界上居领先地位的企业相比较，以获得帮助企业改善经营绩效的信息①。④调查研究法。这是科学评价最常用的方法，要求针对某一社会现象或社会事件，对数据资料进行搜集、整理、分析研究，以阐释需要了解的情况和问题，或预测其发展变化趋势，或提出有针对性的具体方案和建议。此外，在构建数字出版信息资源评价体系中还可能用到数字出版信息资源质量控制法，是指通过考察数字出版信息资源质量控制手段和措施的优劣来评价数字出版信息资源质量高低的一种方法。

定量评价是指评价者按照数量分析方法对数字出版信息资源进行具体精细的评价。通过把复杂现象简化为被引频次、下载次数、影响因子等相关量化指标或相关数据，反映数字出版信息资源的价值和质量，强调数字出版信息资源的"量"。常见的定量评价方法包括：①文献计量法，主要是以出版物和出版物的引文（用论文被引频次和被引率等反映科学价值、社会价值和影响）、专利（授予权数）和专利的引文为计量对象，考察计量对象在国家、地区、机构、时间、语种、文献类型的不同属性上量的分布特征和规律②，并以此为依据来评价出版物的质量或各科研主体的科研水平、科研能力和科研实力，作为科研管理和决策、科研资源分配的基础。在具体的评价过程中，可借助引文分析法、下载影响因子法、链接分析法、期刊载文量法等诸多方法对数字出版信息资源进行评价。②经济计量法，其基础是一整套建立在数理统计理论上的计量方法，其主要目的主要为理论检验和预测应用。

定性与定量相结合的原则意即结合定性评价的全面性、成熟性的优点，以及定量评价的精准性、科学性、客观性的优点，以弥补单独采用定性分析法的主观性和单独使用定量分析法的不稳定性，从而对数字出版信息资源做出准确的评价。常见的综合评价法有：①层次分析法，它是一种定性和定量分析相结合的系统分析方法，将问题分解成若干组成因素，按照支配关系形成层次结构，确定各指标的权重，然后通过判断矩阵计算各层次相对于系统总目标的合

① 查先进．信息分析与预测［M］．武汉：武汉大学出版社，2000.
② 周吉林．管理现代化方法介绍［J］．管理现代化，2006（4）：47.

成权重，进行层次总排序。②多指标综合评价法，是根据所给的条件，采用一定的方法给每个评价对象赋予一个评价指数，再据此择优或排序，需要给出被评价对象的综合价值。其评价对象系统往往包括经济、社会、教育、环境、管理等一些复杂系统。③第三方评价法，有中立的第三方根据特定目的和需求，建立科学评价体系，按照一定的程序或步骤，对数字出版信息资源展开评价的方法。

（4）科学合理性原则

科学评价数字出版信息资源的基本目标是促进数字出版信息的合理利用，优化出版资源配置，促进科学性原则要求在进行数字出版信息资源评价时必须设置严谨的评价指标体系，运用科学的评价手段，采取有科学依据的评价方法。一方面，在指标体系中，评价指标的选择、分值和权重的确定、数据的选取与计算，都必须以公认的科学理论为依据。另一方面，必须全面准确地分析数字出版信息资源，综合考虑其内容、特点、功能等多个方面，是指标体系充分满足数字出版信息资源评价的各项要求。还应对数字出版信息资源的解释和标引及各方面的相互关系做出准确、全面的分析和描述，综合考虑数字出版信息资源的内容、设计等诸多方面，是指标体系既满足数字出版信息资源的全面性和相关性要求，又能避免指标间的重叠。

（5）适应性原则

此处所指的适应性主要包括两个方面的要求：一方面，适应性原则要求在评价的过程中，评价者与受评对象可能存在着职业、价值取向、地域职业等的差距，即使是采用同行评议，各参与评价的同行、学者在相关领域的研究方向、专攻领域也不尽相同。因此在评价的过程中，评价者应尽量地缩小与被评价对象的距离空间努力适应评价对象，通过双向建构，做出正确判断。另一方面，在强调评价方法科学性的同时，还要十分注重评价方法、评价内容和评价指标的适应性，并应根据现实需要及时将实时的环境因素纳入考虑范畴，修改和更新评价指标，审时度势地适度修改指标以及权重，更新数据资料，并注重数据资料的积累、管理和分析。

5.2　数字出版信息资源评价方法

5.2.1　评价学方法

科学方法是人们为获得科学认识所采用的规则和手段系统，可以分为三个层次：全学科方法、多学科方法和单学科方法。相应地，科学评价的方法虽然数量众多，亦可循例分成三个层次：哲学方法、一般方法和具体学科方法①。哲学是关于世界观和方法论的科学，通过哲学方法意即规定在实际的科学研究中以何种指导思想展开研究工作，它决定了研究方法的选择，是对研究对象总体评价的出发点。哲学方法相对较为抽象，但渗透于人们日常生活学习中的方方面面，是各种具体方法的基础。在实际操作中，我们应该坚持用发展的眼光看问题，客观地、全面地对研究对象展开评价，坚持理论联系实践，从实践中获取论证材料，结论要经得起实践考验。不论是研究过程还是研究结果都要做到不偏不倚，实事求是，与时俱进。一般方法，也称多学科方法，是适用于评价学的一般方式、手段和原则。一般方法以相应的哲学思想为指导，在此基础上展开多个学科或实践领域的具体研究或实施方法，简单地说，就是利用其他学科的观点、方法、原理等来思考和分析研究对象——科学评价方法的发展，并从中探索规律。常见的方法包括：逻辑学中的归纳推理与演绎推理，心理学中调查法、观察法，实验心理学中的实验法、数学方法等。单学科方法，即专门科学方法，是各个学科或实践领域在具体研究实施中所采用的具体的特有的方法②。

从总体上来看，科学评价方法可以归结为三类：定性评价方

① 张开．媒体素养教育在信息时代［J］．现代传播，2003（1）：116-118.

② 邱均平，文庭孝．评价学：价值·方法·实践［M］．北京：科学出版社，2010：123.

法、定量评价方法和综合评价方法。定性评价方法是基于同行或专家知识和经验做出的主观判断，常见的代表性方法有：专家评议法、德尔菲法、调查研究法、案例分析法、同行评议法、标杆分析法等。定量评价法以客观的统计数据为基础，主要包括科学计量法、文献计量法、经济计量法等。综合评价法则是定性与定量相结合所产生的评价方法，它以系统模型为基础展开。除此之外，也有国外学者将科学评价方法总结为六类：文献评价法、专利评价法、共词分析、市场评价法、同行评议法（包括内部评价、外部评价和定向评价三类）、对影响的下游分析①。

各种具体的评价方法是科学评价工作展开所倚重的工具，在具体实践过程中，评价对象的差异、评价角度的转变、评价目的的梯度都造成了评价内容各有千秋。按照科学评价的主体构成，可以将科学评价划分为个人评价、组织评价、政府评价、公众评价和社会评价②。在选择具体的评价方法时不同的评价主体将会依照不同的评价环境选择适合的评价方法，其中可能牵涉经济、法律、财务、社会、技术等诸多评价维度，而评价的内容也往往包含风险、价值、可行性、效益、效率等。因此，评价者需要针对不同属性的评价对象，结合多评价维度和评价内容选择切实可行的评价方法，并力求做到公平公正公开，如此才能从多方面全方位地评估受评对象，深而广地了解评估对象，从而为决策者提供有价值的参考意见。

5.2.2 常见科学评价方法的比较

科学评价活动富于系统性、实践性，在选择科学评价方法时，应该选择能够正确反映评价对象和评价目的的评价方法，首先在公认的，有着完备性、系统性的评价方法中加以甄选。另外，评价方

① ［美］埃利泽·盖斯勒著．科学评价理论与方法［M］．周萍，黄军英，刘娅，等译．北京：科学技术文献出版社，2004.

② 丁福虎．科研绩效评估的理论与方法［J］．科技管理研究，2000(3)：48.

法并非是排他的，在实际操作中可以根据受评对象的属性和实际操作环境不断修正和改进，综合运用多种评价方法，以获得客观公正可信度高且具有指导借鉴意义的评价结果。在表5-1、表5-2和表5-3中，罗列出了常见的主要评价方法，并对其适用范围和主要特征、优缺点进行比较，在选择评价方法时需对各方法有充分的了解，综合分析对比，选择出最适合的评价方法。

表5-1　　　　**常见定性评价方法对比**

方法 / 属性	同行评议法 Peer Review	德尔菲法① Delphi Technique	案例分析法 Case Analysis Method	调查研究法 Survey Research	标杆分析法 Benchmarketing
方法性质	定性评价	定性评价	定性评价	定性评价	定性评价
主要特征	由同行业内可接受的、受人尊敬的、专业相关领域的人员担任鉴定人；允许本学科、专业的同事们交流想法、建议和反馈信息	匿名状态下的征询专家意见的调研方法，专家之间不发生任何接触，以保证评价的客观性，并消除评价专家成员间的相互影响	把实际工作中出现的问题作为案例，研究分析，从而提升评价对象的分析能力、判断能力、解决问题及执行业务能力	采用各种方法和手段搜集和统计资料与数据，并通过所获得的信息对某一现象、问题或事件做出整理、分析、研究，并进行评价，提供参考意义	谓之标杆，意即设定比较的标准或是参照物。源于企业管理和市场竞争

① 翟雪梅，李长玲．德尔菲法及其在创建知识共享性企业中的应用［J］．现代情报，2006（9）：21-25.

续表

方法 / 属性	同行评议法 Peer Review	德尔菲法① Delphi Technique	案例分析法 Case Analysis Method	调查研究法 Survey Research	标杆分析法 Benchmarketing
适用范围	科研项目的申请；科学出版物评审；科研成果评定；学位与职称评定；研究机构运作评议②	起源于技术预测领域，后被广泛应用与多种预测咨询中，特别适用于周期较长的大型评价项目	单个项目，情况特殊（如缺少前例参考等），也适合于各类项目的事后评估和跟踪评估	适用范围广，几乎见于各种类型的科学评价活动中	各类应用研究和技术开发评价
优点	结果相对具有说服力，较有深度；评价过程中交流较为充分	集思广益，取各家之长	针对性强，有的放矢	易获得第一手资料，较为直观、真实，形式多样，包括观察、访谈、问卷、抽样，有条件的还可以通过情报信息部门、统计部门等获取，信息来源渠道广泛	重视实际经验，强调具体环节，是一种渐进式的方法，是一种有目的有目标且指向明确的评价方法

① 翟雪梅，李长玲．德尔菲法及其在创建知识共享性企业中的应用［J］．现代情报，2006（9）：21-25.

② 肖利．发达国家的科技评估方法及启示［J］．科学对社会的影响，2001（4）：18-21.

续表

方法 属性	同行评议法 Peer Review	德尔菲法① Delphi Technique	案例分析法 Case Analysis Method	调查研究法 Survey Research	标杆分析法 Benchmarketing
缺点	较为主观；客观公正原则对评议过程中提出保密性要求，但难免与“为充分了解评价对象信息而产生的沟通交流行为”要求产生冲突②	时间周期长，环节较多，过程比较复杂，涉及调查表的设计、发放、回收和统计	成本高，耗时较长	因调查手段和地域限制，选择的样本可能存在分布不均等问题，不能从大范围内客观反映情况	标杆设立不当，或是信息收集不够精确甚至错误，会对评价结果造成影响，产生差缪
备注	同义词包括：专家鉴定（refereeing）、价值评议（merit review）、同行评价（peer evaluation）、同行审查（peer censorship）等				也称作杠杆法、定标比超法、水平对比法等

① 翟雪梅，李长玲．德尔菲法及其在创建知识共享性企业中的应用［J］．现代情报，2006（9）：21-25.

② 刘学毅．德尔菲法在交叉学科研究评价中的运用［J］．西南交通大学学报，2007（4）.

如表5-1可见，定性评价方法虽然手段众多，但存在较多的主观因素，其共同特点便是基于同行或专家过去的知识和经验对评价对象做出主观判断。相比较于同行评议法，德尔菲法克服了一般的专家评价中存在的盲从和屈服于全为的缺陷，它有效地保证了匿名环境下评价者的思想意见自由和客观性，同时在评价专家中反复征询和反馈可以更好地整合专家意见，综合专家们的智慧，得出较好反应群体性意志的判断结果。而针对德尔菲法的周期较长，评价过程较复杂的问题，现代网络和通信技术的发展对这一问题的解决提供了很好地帮助，从调查函的发放到调查表的回收乃至最后的数据整理分析都得以大大加快。而对于标杆分析法的实际运用而言，现代网络和通信技术的发展还为实时更新标杆的信息，适时调整评价指标而言都有着重要意义。

表5-2　**常见定量评价方法对比**

方法 属性	文献计量法	经济计量法①	可视化方法②
方法性质	定量评价	定量评价	定量评价
主要特征	主要是以出版物和出版物的引文为计量对象，在一定范围内的不同属性上考察计量对象的分布特征和规律，属性包括出版物所在的国家和地区、出版时间、语种、出版机构等，其特征分为书目特征、引文特征、词频和内容特征等	建立在数理统计理论上，有大量的经济理论和计量学概念作支撑	简洁直观，信息量大

① ［美］古亚拉提著．经济计量学精要［M］．张涛，王志勇，译．北京：机械工业出版社，2001：2.

② 刘艳华，等．全球重要信息计量学家的可视化分析——以作者共被引为视角［J］．情报杂志，2012（1）：76-80.

续表

属性＼方法	文献计量法	经济计量法①	可视化方法②
适用范围	适用范围很广，几乎所有类型的文献可以纳入	社会经济过程中提出的理论和实际问题的解决，对经济现象的预测以及对经济政策和各种因素的效果进行分析。较多应用于基础研究领域	适用于各类定量评价领域
优点	数据的易获得性，借助数据库以及各种统计软件，分析和评价在具体实施中难度较小，且表述上较为直观，相对直接	较为契合产业化分工，能够较为合理地评估潜在利益，利用科学的成熟的统计和计量方法，能够很好地解决复杂问题。对科研项目能够提出适当的评价框架	简洁明了，十分直观，所包含的信息丰富，呈现方式多样，技术含量较高，较为复杂

① ［美］古亚拉提著．经济计量学精要［M］．张涛，王志勇，译．北京：机械工业出版社，2001：2.

② 刘艳华，等．全球重要信息计量学家的可视化分析——以作者共被引为视角［J］．情报杂志，2012（1）：76-80.

续表

方法 属性	文献计量法	经济计量法①	可视化方法②
缺点	关注面较为狭窄，只局限于已发表的文章，对于其他渠道上发表的知识产出结果关注较少；文献计量所统计的数据往往存在阶段性，容易忽视各领域的生命周期的不同阶段的影响，从而导致结果较为片面	影响因素过于繁杂，操作难度较大，对评价者的要求高	操作有一定难度，如绘制流程图等
备注		最常用的方法是成本/费用效益分析法	

虽然能够有效避免主观性，定量评价方法仍然存在不少缺点。文献计量法统计出的结果只是客观的数据，在实际评价和决策中需结合其他评价方法综合考虑，此外，文献计量法往往只能“阶段性”反映，或是忽视了领域的不同阶段的影响。而经济计量法在实际使用时由于所牵涉影响因素（诸如文化、政策、市场、地域、语言等）太多，因此在施用时对于指标体系的构建和权重的裁定要求较高，需要专业人士的指点和操作。这对于普通企业而言，在实现上会有一定阻隔。

① ［美］古亚拉提著．经济计量学精要［M］．张涛，王志勇，译．北京：机械工业出版社，2001：2.

② 刘艳华，等．全球重要信息计量学家的可视化分析——以作者共被引为视角［J］．情报杂志，2012（1）：76-80.

表 5-3 **常见综合评价方法对比**

属性	层次分析法	系统综合评价法	知识图谱分析法
方法性质	综合方法	综合方法	综合方法
主要特征	分层次分步骤，将复杂的问题分解成若干因素，然后依其重要性确定指标和权重，逻辑性强	多方面多角度多手段，全面考量。根据评价政策导向、评价目标和评价对象的特点，确定评价准则和原则	可视化，以直观的图形或配合文字显示科学知识的结构关系和演进规律
适用范围	一般与其他方法配合使用	适用范围广泛，并可适用于评价过程的各个阶段	引文分析，期刊评价等
优点	逐层分化，简洁实用，按支配关系形成层次结构，有理有序。既适用于存在不确定性以及主观性较强的评价环境中，还允许以合乎逻辑方式运用经验、洞察力和直觉①	综合了定性评价与定量评价的特点，结合多种方法，构建多层次的评价指标体系与模型	将学科内以及学科之间的联系通过可视化的图形表现出来，直观而简洁
缺点	要求评价者有清晰的逻辑和丰富的经验、洞察力，否则在确定各因素的相对重要性时容易产生偏差，从而影响权重的核定	较为复杂，耗费时间长，成本高	知识图谱的测绘需要借助专业测绘工具，对评价者提出了一定的要求
备注		也被称为多指标综合评价	

① 邱均平. 信息计量学［M］. 武汉：武汉大学出版社，2007.

科学知识图谱分析法和引文分析可视化正在引起越来越多的关注，它使得抽象的信息关系变得直观易懂，值得关注。而综合评价方法则是定性评价和定量评价的有机结合，在实际的评价活动中，还需要根据评价对象的特点加以选择①。须知，评价方法也不是一成不变的，应该根据问题的实际情况、影响因素、评价环境和客观条件做出适当适时的调整，综合运用多种评价方法，尽可能地选择成熟的、认可度高的评价方法，正确认识评价对象，运用经验和实践来正确判断评价对象，从而获得合理的、令人满意的评价结果。

5.2.3 数字出版信息资源评价标准

数字出版信息资源直接关乎出版信息资源的利用状况和出版物的质量，因此要建立数字出版信息资源评价体系，首先应当确定相关标准，从数字出版信息资源内容质量、传播质量和使用质量等方面进行综合考虑。

(1) 数字出版信息资源内容质量评价标准

作为数字出版信息资源，其最基本的要求便是能够迅速及时地传递和推广相关的资料内容与讨论、研究成果，促进信息交流。出于不同的立场和角度考量，评价数字出版信息资源的内容高下并非易事——如时效性强的信息资源更侧重传播范围、传播速度和真实度、反馈、互动效果等，而偏重理论性和研究深度的数字出版信息资源则更强调资源所包含信息内容的独创性、与以往作品和知识信息的相关性、论据和数据的客观性、论证的严密性、结论的准确性、信息在传播过程中的保真度等，抑或需要兼顾两者。

对于数字出版信息资源而言，其内容质量评价标准是数字出版信息资源质量评价最重要的标准，是对这一资源的科学性、创新性、时效性等的真实体现。相较于非数字形态的出版信息资源，数字出版信息资源强调通过网络通信技术手段，实施实时、迅速、跨

① 叶茂林．科技评价理论与方法［M］．北京：社会科学文献出版社，2007：114-122.

地域分布性、多媒体呈现形式等的传达，它与前者的区别不仅仅在于信宿不同，在内容的选择上和更迭上都随着科技手段的进步而日新月异。因此数字出版信息资源的内容质量评价标准主要包括以下几点：①数据的客观性，包括追踪数据的来源、数据是否实时更新、统计结果的来源和权威性；②信息内容的准确性，包括合理误差范围、时效性、是否存在地域限制或季节限制等；③信息表达清楚，简明扼要，同时对细节加以清楚地说明和规定；④信息内容的独创性；⑤方法的可操作性，如对纸张种类的选取，在呈现优质墨色的还要考虑有效控制成本；再比如，如果是电子出版物，是刻盘随书发售还是搭建网络平台供读者在线学习、阅览更高效？成本又该如何分摊？⑥符合出版选题策划的要求；⑦图文等多媒体手段表述的规范化和生动性，比如如何设计交互性，如果是少儿读物的话，版设设计是否够活泼、色彩是否生动鲜艳？对白设计是否符合该出版物的年龄定位？读物中的游戏环节和正文部分如何有机结合？如何高效迅捷地解答儿童在学习过程中遇见的疑惑？⑧启发性，对于开发新产品线的推动作用，在产品线的广度和深度上的拓展影响和启示意义；⑨新颖度等。诚然，内容质量评价标准会因出版物内容、学科范围、出版环境等诸多因素的影响而产生变化，但独创性、准确性、便利性、科学性、全面性、多样性、实时性等都将是在进行数字出版信息资源内容质量评价时需要时刻注意和纳入考量的重要指标。

（2）数字出版信息资源传播质量评价标准

印本文献资料的传播主要通过复印、摘抄和读者的阅读等方式进行传播。例如，读者通过阅读相关的文献资料，整理出自己的读书心得，尔后组织文字，将所见所闻所感所想整理成稿，继而出版。在这一个过程中，相关的文献资料和读者所整理出的自己的读书心得和文稿乃至读者本身都就可以称为广泛意义上的出版信息资源。针对非数字出版信息资源，其传播主要依凭物质载体的转移和扩散，易受地域、时间等因素的局限。数字出版信息资源借助网络科技，不仅在传播速度上有了飞跃式的提升，在传播领域和传播效果上也大大超越传统的出版信息资源，此外，图文声等多媒体组合方式的传播手段能丰富视听，使信息的传递和表达方式多样化，使传播效果达到最大化。建立数字出版信息资源的传播质量评价标准，有助于我们更好地利用网络和外存（如U盘、移动盘等）等设施条件，提高数字出版信息资源的传播效果，更加理性地衡量不同数字媒体组合对数字出版信息资源的传播质量的影响，从而促进信息全面科学地传达和交流。

此外，值得一提的是，数字化时代背景下，社交媒体早已融入我们的工作生活当中。作为连接“上源”（作者）和“后方”（读者）的中枢，编辑是出版环节中至为重要的一环，一方面需要根据作品的特点和自身的选择引导读者，为读者导向；另一方面又根据社会需求为作者导向，从而起着双向疏导作用①。面对着日益细分化的市场和新老交替的充满活力的作者队伍，编者需要充分利用社交网络，与读者和作者建立良好的互动，掌握和维系良好的作者队伍。对社交媒介的有效利用也可以为数字出版信息资源的扩散和分布起到良好的导向作用。

相较于传统的非数字出版信息资源传播途径，数字媒体和一系列令人眼花缭乱的设备都为数字出版信息资源的传递、保存和反馈提供了极好的条件，享受其便捷性、高效性和高存储量的同时也不可忽略它的安全性。物理损伤、遗失、病毒等都可能对信息资源的完好性和安全性构成威胁。因此，有别于传统的非数字出版信息资源，评价数字出版信息资源的主要指标有：数字出版信息资源的传播途径；获取的难易程度；网站或系统的稳定性；网络的安全性；传播的可信任度和可控制度；是否易于进行检索；存储格式的兼容性；传输速率等。

(3) 数字出版信息资源使用质量评价标准

资源即资财之源。从经济学意义上来讲，凡是资源都具有经济意义。资源的经济价值只有在其得到开发与利用时才能体现出来。出版资源包括核心资源（即直接构成出版物使用价值的知识内容的来源，出版界通常称其为选题资源）和其他生产要素资源（这

---

① 吴平．编辑本论［M］．武汉：武汉大学出版社，2005：131.

是形成除产品内容之外出版物其他直接生产要素的资源)。数字出版信息资源不仅包括能够构成出版物选题资源的数字信息资源，亦包括在生产制作产品中所形成直接相关的数字信息资源。对资源的物尽其用对出版物使用价值的形成意义重大，对出版物质量高低也有着决定性的作用，合理使用数字出版信息资源，设定使用质量评价标准可以从以下几个方面展开评估：①数字出版信息资源的可再生性。同一内容，所处的立场不同，着眼点不同，挖掘深度不同，都可以衍生出无限种可能，拓宽其内涵与外延。举个例子，早在几年前，就掀起过一阵大数据之热。众多互联网公司将之奉为未来发展的终极趋势，相关著述大量涌现。今年，网飞公司（Netflix）的成功掀起了新一轮大数据热潮。网飞公司是将其应用最好的、最见功效的，其制作推出的电视剧《纸牌屋》大获成功。Netflix 是一间付费用户已经超过 3 600万的在线影片租赁网站，它的用户每季会用 1 000多种设备收看超过 40 亿小时的节目。而为了满足这 40 亿小时的需求，Netflix 得用上遍布世界的定制视频服务器。当一个用户点下“播放“按钮，Netflix 必须在半秒内计算出哪一台含有这部影片资源的电脑离这位用户最近，然后要筛选上千个视频，直到选出最适合这位用户所用的播放设备的那一个。与此同时，在 Netflix 总部，数学家和设计师团队则负责写出可以计算用户观影口味的算法，通过不断地精准推荐让用户们持续在 Netfilx 上待下去。这种将大数据用到极致的做法也获得了丰厚的回报。自《纸牌屋》今年开播以来，每个工作日夜晚，北美 1/3 的流量会经由网络汇入 Netflix。这个数字多于大名鼎鼎的视频网站 YouTube、Hulu 以及 Amazon. com、HBO Go、BitTorrent 流量的相加之和。汇入 Netflix 的流量通常在每晚 10 点左右登顶。由此，不少出版机构迅速将目光聚集于此，推出相关选题出版物。②开发利用过程和进度。③资源的使用率和浪费程度。④各类资源的开发利用协调程度等。

5.2.4 数字出版信息资源评价方法

诚如前文所介绍的科学评价方法，适用于数字出版信息资源评价的方法有很多，本节内容在参考和借鉴多种方法后，在定性定量相结合的分析方法上展开，向读者介绍。

首先需设定评价指标，一般来说，定量评价比定性评价更具有客观性、精确性和可操作性，而定性评价则更注重差异化、权威性等指标。

（1）定性指标的设定

结合数字出版信息资源的特点，我们主要从时效性、准确性、新颖性、全面性、便利性、权威性六个方面设计。

时效性无疑是数字时代下最为重要的一个标志，它是指数字出版信息资源的信息新旧程度、行情最新动态和进展。整体分析策略方案在一定时间阶段是有效的。在出版的具体时间中而言，出版信息资源的时效性关系着出版决策，而决策的时效性很大程度上制约着决策的客观效果。因此，应紧紧把握其时效性特点，充分发挥其时效性的功能。信息的时效性是指信息的效用依赖于时间并有一定的期限，其价值的大小与提供信息的时间密切相关。实践证明，信息一经形成，所提供的速度越快，时间越早，其实现价值越大。这在市场竞争异常激烈的今天尤为显现，市场信息稍一迟缓，企业采取的对策慢了一步，就可能贻误时机。时效性可以分解为如下的具体指标：①数字出版信息资源的发布日期；②数字出版信息资源的更新情况；③数字出版信息资源的更新速率；④数字出版信息资源的重复率。

准确性主要是指数字出版信息资源的内容、格式、引用来源是否准确。从计量学的角度来看，准确性表征计量结果与被测量真值的接近程度。只有量值，而无准确程度的结果，严格来说不是计量结果。准确的量值才具有社会实用价值。所谓量值统一，说到底是指在一定准确程度上的统一。对于出版实践而言，主要包括以下二级指标：①数字出版信息资源的内容的准确性，是否存在常识性错误、逻辑错误、政治错误等，表述是否清晰、明确；②数字出版信息资源格式的准确性，其表现方式是否适用于特定的载体或平台等；③数字出版信息资源的引用来源是否准确，在利用的过程中能否直接加以利用，是否侵犯数字版权等。

新颖性，不仅包括数字出版信息资源的发布日期是否新颖，更主要的是指其内容是否有原创的观点或独到的视角，其研究手段是否存在新意等。

全面性，是指数字出版信息资源能否全面涵盖重要信息、辅助信息、拓展信息和适用范畴。需要从以下几个方面展开考察：①数字出版信息资源的重要信息是否完整，有没有缺漏；②数字出版信息资源的内容所涉及的深度和广度；③可达成的出版形式的全面性，如制作成为 APP 在非 iOS 的平台上便不能阅读、生成的文件格式是否多样等。

便利性不仅要求满足使用者的实际使用便捷性还需要满足友好性、安全性等多方面的因素，具体包括：①基本功能和拓展功能的完备，如可检索性、内外部链接等，能否以多种格式阅读、编辑、传输等；②所依赖的操作环境的安全性和稳定性，如通过 p2p 的对点方式，资料的传输速率和网络安全程度等。

权威性关乎数字出版信息资源的影响程度，需要对数字出版信息资源、发布平台、发布者的权威性加以考察。

（2）定量指标的设定

日常生活中我们所经常提及的“网站点击量”就是定量指标的一种。具体而言，数字出版信息资源评价的定量指标可以设定如下：①访问次数；②被引频次；③链接数量；④导航条数量；⑤在线人数，包括历史在线人数和当前在线人数等；⑥浏览时间；⑦登录/浏览周期等。

在确定了定性定量指标后，即可通过层次分析法进一步确定各项指标的权重。层次分析法是美国著名的运筹学家托马斯·萨蒂于 20 世纪 70 年代中期提出的定性与定量相结合的半定量方法。这种方法充分利用人的分析、综合判断等能力，建立判断矩阵，通过判断矩阵计算各层次各因素的相对重要性，继而确定评价对象相对重要性的总排序。

层次分析法的施行步骤主要如下：首先需要将问题概念化，找出研究对象所涉及的主要因素；然后明确评价对象的层次结构，分析各因素的关联、隶属关系；在层次内和层次间的各个因素依某一准则进行两两比较，构造判断矩阵。依照各指标的权重对其进行评分，从而用各指标的重要性来进行对数字出版信息资源的评价。

5.3 数字出版信息资源评价体系的构建

第一章我们将数字出版信息资源分为三大类，即数字出版环境信息资源、数字出版内容信息资源以及数字出版产品生产经营信息资源。本部分将分别对以上三类资源的评价体系进行指标构建。

5.3.1 数字出版环境信息资源

数字出版环境信息资源可以分为数字出版政策信息和数字出版行业信息。出版环境信息资源开发利用能为出版组织、出版产业的运行提供把握宏观环境的信息保障。众所周知，出版产品的生产、出版组织的运营、出版产业的发展都是社会活动。出版环境信息资源既有宏观环境信息资源又有产业环境信息资源，前者如政治、经济形势、科学技术的发展动态等，后者则有出版方针政策、法律法规、出版行业态势等。

例如《著作权法》最新修改稿的发布以及我国《出版管理条例》等一系列法律法规对出版活动和出版物进行权利与义务上的规范。因此数字出版环境信息资源必须成为评价数字出版信息资源好坏的一重要条件。

对数字出版环境信息资源方面的评价指标可以从外部性和内部性两方面构建。外部性即数字出版活动是否受国家政治、经济、科技发展等方面的影响；内部性则重点强调数字出版活动是否符合国家出版的相关方针政策与法律法规。

在考虑外部性的时候，我们可以从以下几个问题进行评价：

①该数字出版活动的产生是否是由国家指定开展？

②该数字出版活动时间受国家内政或外交政策影响？

③该数字出版活动的发展是否顺应经济发展趋势？

④该数字出版活动的进行是否有足够的资金支撑？

⑤该数字出版活动运用了哪些先进科学知识与技术？

⑥数字出版活动对先进科技的发展有无反向促进作用？

在考虑内部性的时候，我们可以从以下几个问题进行评价：

①数字出版活动的创建是否符合我国法律法规的要求？

②数字出版活动的实施是否得到了相关法律法规的保护？

③数字出版活动对我国法律法规有无反向促进作用？

④企业从事数字出版活动过程中是否遵守相关法律法规？

⑤我国相关行业动态有无受到数字出版活动的影响？

⑥相关行业组织是如何适应数字出版活动对其带来的影响？采取的措施如何？

5.3.2 数字出版内容信息资源

数字出版内容信息资源包括了数字社会文化资源信息和数字历史文化资源信息。出版内容信息资源是出版核心信息资源，其开发的目的是为了满足读者的各种阅读需求。政治、经济、文化的变迁为出版活动提供了无尽的出版内容素材。

在对数字出版内容信息资源进行评价时，可以从其现实性和历史性两方面来考虑。现实性评价的是数字出版内容社会文化资源信息方面；历史性则评价的是数字出版内容历史文化资源信息方面。

数字出版内容最重要的是其选题。传统出版物的选题是其核心，我们在对传统出版物进行评价时最先考虑的就是该出版物的选题。在数字出版方面选题同样处于不可磨灭的地位，数字出版物内容的好坏决定了该数字出版物在网络中被浏览的速度和数量，只有内容优质的数字出版物才能获得大量读者的反馈，读者甚至愿意为其花更多的钱。因此，在评价数字出版物的内容信息资源时，我们最先需要注意的就是其内容来源。

现实性方面，我们可以用以下几个指标对其进行评价：

①数字出版物的选题是否来源于社会文化？

②该数字出版物的选题有无反映当代社会文化？

③该数字出版物的内容来源对社会文化运用的程度如何？

④该数字出版物的作者知名度如何？

⑤该数字出版物是否受读者青睐，且程度如何？

⑥该数字出版物读者反馈是好还是坏？

⑦该数字出版物的原创性如何？

⑧该数字出版物是否达到国际化传播，其结果又是如何？

历史性方面，我们可以用以下几个指标对其进行评价：

①数字出版物的选题有没有来源于历史文化？

②该数字出版物是否传承了传统文化？

③该数字出版物出版时间多长？

④该数字出版物在其出版期间对社会和读者的影响是否深远？

⑤传统古籍是如何与数字化技术接轨？

5.3.3 数字出版产品生产经营信息资源

数字出版产品生产经营信息资源包含了从事数字出版物生产经营活动中所产生的以及所需要的数字出版信息的集合。我们可以将数字出版产品生产经营信息资源分成数字出版产品载体制作信息、数字出版产品物流信息和数字出版产品市场信息资源。

数字出版产品载体制作信息体现了当今数字出版物的呈现形式与载体，以及制作该数字出版物所需要的技术。书目信息、促销信息、网站建设等方面的信息资源都与数字出版产品的载体和制作有关。

（1）书目信息

目前数字出版中最关注的是数字出版物的元数据信息。元数据是关于数据的数据或者是描述数据的数据，具体来说，它是用来描述 Internet 信息资源、加强对网上信息资源的发现、开发、组织与利用的网络数据集合①。

当前国内外与数字出版物书目信息相关的元数据标准有以下几种较为流行。MARC 机读编目格式标准于 1970 年由美国国会图书

① 李林华．都柏林核心与网络信息资源编目［J］．图书馆杂志，2001（3）：17-19.

馆开发，是图书馆与出版商之间一种较为有效的图书目录信息管理标准，但不适合数字出版物的网络商务交易。ONIX 在线信息交换标准是目前国外出版业最常用的一种元数据标准，它用 XML 传递数据，针对了网上图书销售间的信息描述和交换。以及国际数字出版论坛（IDPF）发布的开放式电子出版物 EPUB 系列标准，国际电工委员会（IEC）发布的 IEC_TS 62229-2006、IEC 62448-2009、IEC 62524-2009 等电子书标准①。

另外，在国际上最具影响力、在数字出版物中运用最广泛的元数据标准是都柏林核心元数据（Dublin Core Metadata），是用来描述电子资源的书目信息，例如书名、作者、出版社、出版时间、页码等。

都柏林元数据所描述的对象是网络资源。其由美国 OCLC 公司最早发起研究，1995 年 3 月在美国俄亥俄州的都柏林（Dublin）镇召开了第一届元数据研讨会，参考图书馆卡片式目录的著录款目，与会者创建了一种用于标识数字资源的简要目录模式，设定了一个包含 13 个元素的元素集——都柏林核心元数据集（DC 元数据）。以后围绕都柏林元数据又进行了一系列的研究和改进，使得该元数据的结构和功能不断完善，从最初的 13 个元素集合发展到 15 个元素，并逐步发展了一整套方法论和扩展规则，包括扩展元素、抽象模型、编码规范、应用指南、相关领域的应用纲要等，建立起包括词表、编码规范、模型、流程、工作文件等一系列文档的标准规范体系②。

都柏林核心的特点有简洁明了、通俗易懂、可扩展性强以及与其他元数据间连接便捷等，因此，该元数据标准成为一个良好的被广泛运用的网络信息资源描述集。都柏林核心定义的 15 项广义的元数据具体内容详见表 5-4。

---

① 卫宇辉. 数字出版的元数据标准概况［J］. 全国新书，2011（9）：37.

② 钟萍. DC 元数据在数字图书馆中的应用［J］. 中华医学图书情报杂志，2006，15（6）：65-66.

表 5-4 都柏林核心元数据具体内容①

元素标识	元素名称	定义	说明
Title	题名	分配给资源的名称	使资源为众所周知的有代表性的正规名称
Creator	创建者	制作资源内容的主要责任实体	创作、制作者包括个人、组织或机构，应该是用于标识创作，制作者实体的具有代表性的名称
Subject	主题	资源内容的主题	用以描述资源主要内容的关键词语或分类号码表示的有代表性的主题词
Description	说明	有关资源内容的说明	该说明可以包括但并不限于：摘要，内容目次，内容图示或内容的文字说明
Publisher	出版者	制作资源有重要作用的责任实体	如包括个人、组织或机构的出版者。应是用于标识出版者实体的有代表性的名称
Contributor	其他责任者	对资源内容负有责任的实体	其他责任者包括个人、组织或机构。应是用于标识贡献者实体的有代表性的名称
Date	日期	与资源使用期限相关的日期、时间	资源产生或有效使用的日期、时间。推荐使用 ISO 8601 [W3CDFT] 定义的编码形式，跟随的是 YYYY-MM-DD 形式

① 沈艺．都柏林核心元数据及其应用 [J]. *Applications of the Computer Systems*，2002（1）：36-37，53.

续表

元素标识	元素名称	定义	说明
Type	类型	资源内容方面的特征或体裁	类型包括种类、功能、体裁或作品集成级别等描述性术语。推荐从可控词表（如 Dublin Core Types [DCT1]）中选用有关术语。对于资源物理或数字化方面表示，采用“格式”项描述
Format	格式	资源物理或数字化的特有表示	格式可包括媒体类型或资源容量。也可用于限定资源显示或操作所需的软件、硬件或其他设备，如容量包括数据所占空间和存在期间
Identifier	标识	依据有关规定分配给资源的标识性信息	推荐使用依据格式化标识系统规定的字符或号码标识资源。如正规标识系统包括统一资源标识（URI）、统一资源地址（URL）、数字对象标识（DOI）以及国际标准书号（ISBN）、国际标准刊号（ISSN）等
Source	来源	可获取现存资源的有关信息	可从原资源整体或部分获得现有资源。建议使用正规标识系统确定的字符或号码标引资源来源信息
Language	语言	资源知识内容使用的语种	推荐使用由 RFC 1766 定义的语种代码，它由两位字符（源自 ISO 639）组成；随后可选用两字符的国家代码（源自 ISO 3166），如“en”表示英语，“fr”表示法语

续表

元素标识	元素名称	定义	说明
Relation	相关资源	对相关资源的参照	推荐用依据正规标识系统确定的字符或号码标引资源参照信息
Coverage	范围	资源内容的领域或范围	范围包括空间定位（地名或地理坐标），时代（年代、日期或日期范围）或权限范围
Rights	版权	持有或拥有该资源权利的信息	版权项包括资源版权管理的说明。版权信息通常包含智力知识内容所有权（IPR），著作权和各种拥有权。如果缺少版权项，就意味着不考虑有关资源的上述版权和其他权利

通过观察以上 15 项元数据，可以看出都柏林核心元数据集简洁、规范、全面地对数字出版物信息资源的主要特征进行了概括，并且根据这 15 项元数据所描述的内容，我们可以将这些元数据分成三个类别，即对资源内容描述类元素、知识产权描述类元素和外部属性描述类元素（见表 5-5）。

表 5-5　**元数据的三个类别①**

资源内容描述类元素	知识产权描述类元素	外部属性描述类元素
题名（Title）	创建者（Creator）	日期（Date）
主题（Subject）	出版者（Publisher）	类型（Type）
描述（Description）	其他责任者（Contributor）	格式（Format）

① 盛昌银．都柏林核心元数据——网络信息资源组织的新标准［J］．现代图书情报技术，2003（1）：44-47.

续表

资源内容描述类元素	知识产权描述类元素	外部属性描述类元素
来源（Source）	版权（Rights）	标识（Identifier）
语言（Language）		
相关资源（Relation）		
范围（Coverage）		

书目信息的评价指标选取和构建需要紧紧围绕与图书信息相关的内容，因为如今比较常用的元数据标准是都柏林核心元数据集（Dublin Core），所以我们在建立评价书目信息指标的时候会根据前文整合出来的“表 5-4 都柏林核心元数据具体内容”的 15 个描述类元素标识，即题名、创建者、主题、说明、出版者、其他责任者、日期、类型、格式、标识、来源、语言、相关资源、范围以及版权。

书目信息呈现的是刨除图书内容外其他图书涵盖的相关信息，书目信息目的是让读者了解图书的详细内容，也让读者通过所涵盖的 15 个描述类元素标识方便快速地搜索出自己想要的图书。

通过将都柏林核心元数据集中 15 个描述类元素分为资源内容描述类元素、知识产权描述类元素和外部属性描述类元素这三大类，再结合每个元素标识的特性与要求，以及都柏林核心元数据集中没有涵盖的但是也比较重要的图书信息条目（例如图书定价），我们给出了几个相关的书目信息评价指标（见图 5-1）：

根据图 5-1 选取出的五项相关书目信息评价指标，分别对每个指标进行了如下具体的构建。

全面性。书目信息全面性是要求出版社给出的相关信息能充分地展示数字出版物的内容。在评价书目信息全面性指标的时候，我们可以考虑以下 8 个问题：

①该数字出版物的重要信息（例如书名、作者、版次、格式、出版商、版权页等）是否完整？

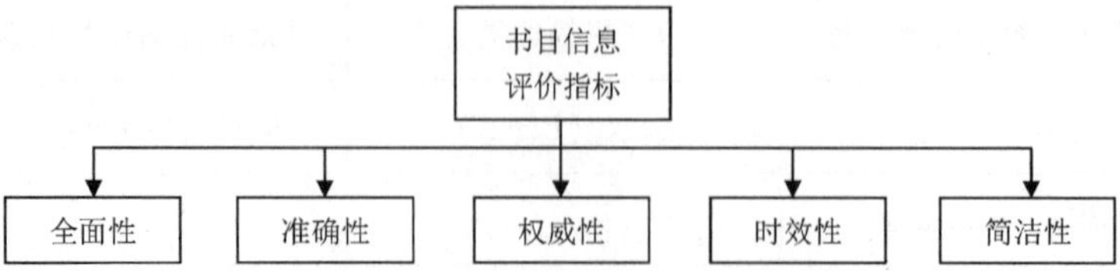

图 5-1 书目信息评价指标的选取

②该数字出版物的摘要、简介是否充分概括了内容？

③该数字出版物的书目信息是否包括相关资源等辅助信息？

④给出的书目信息中，相关资源（例如关键词索引）是否涵盖了该数字出版物所涉及的全部方面？

⑤能扩展搜索的书目信息（例如作者、出版社、出版物类别）有无添加超链接？

⑥与该数字出版物有关的书目信息有无包括相关评价或推荐？

⑦给出的评价或推荐类书目信息是否客观地向读者展示了好坏两个方面？

⑧该数字出版物能否在多种阅读器上浏览？

准确性。只有书目信息描述准确了，才能给读者传达正确的数字出版物内容，才能方便读者快速搜索到自己想要阅读的数字出版物。在评价书目信息准确性指标的时候，我们可以考虑以下 6 个问题：

①描述的书目信息是否与该数字出版物信息相一致？

②该数字出版物的书目信息中有无错别字？语言是否流畅？

③给出的能扩展搜索的书目信息的超链接是否准确？

④书目信息中摘要或内容简介等方面是否明确、清晰？

⑤该数字出版物的书目信息中，有无前后矛盾的地方？

⑥所描写的数字版权保护与真实的保护操作是否相同？

权威性。数字出版物不像传统出版物那样需要经过一系列程序才能和读者见面，网络上数字出版物主题、内容、格式等方面都会有不同，导致数字出版物种类繁多且好坏不一，因此权威性是读者考虑的一个重要因素。在评价书目信息权威性指标的时候，我们可以考虑以下 5 个问题：

①评价或推荐类书目信息是否具有可信度？

②作者简介方面书目信息是否具有可信度？作者在本专业领域是否有权威？

③书目信息参考的内容是否可信且具有权威性？

④该数字出版物的 ISBN 或 DOI 等标识是否由权威机构许可授予？

⑤对于该数字出版物版权保护描述是否权威有效？

时效性。由于网络的便捷性和制作的低成本，数字出版物内容的修改、更新都十分方便，所以可以对其进行快速再版，则书目信息也要和该数字出版物同步更换，因此时效性是必不可少的评价指标。在评价书目信息时效性指标的时候，我们可以考虑以下 3 个问题：

①书目信息中出版日期是否与该数字出版物的一致？

②在一段时间内对该数字出版物的书目信息有无更新或改变？

③数字出版物给出的超链接点击后呈现出的补充内容是否与时俱进？

简洁性。书目信息只是对数字出版物的一个概述，将该数字出版物繁杂的各个信息通过具体条目清晰地提取出来并展现给读者，让读者能方便地浏览并了解。如果书目信息写的内容冗长、不明确的话，那就跟读者直接阅读数字出版物具体内容没有差别了。在评价书目信息简洁性指标的时候，我们可以考虑以下 4 个问题：

①所给出的相关数字出版物书目信息是否清晰？

②用来陈述该数字出版物书目信息具体的内容是否短而精？

③相关书目信息（例如关键词、图书类别等）是否方便查阅？

④书目信息的布局设计是否简洁大方？

（2）促销信息

数字出版物因其载体、存储和操作平台的数字化属性，在传播过程中更加倚重对数字媒介的使用。我们看到随着自出版的到来，出版社与作者以及插画作者的合同将变得定制化与非标准化，作者成熟的社交网站账号和大批量的粉丝将连同作品一起被视为资产。注重对社交网站的利用，加强导航能力的建设对于数字出版物的促销大有裨益。以网络书评和网络图书广告为主导的数字出版物促销方式都离不开数字媒体和网络基础。

网络书评。书评不仅只是读者在阅读后的一点感悟而已，书评与书都是一种媒介，可以传递一种价值观，表达一种精神。国内的网络书评模式大致可分为网络书店的图书评论、媒体书评专栏、读书网站图书微评、专门性书评网站以及以微博、轻博客为代表的其他模式。不管它们在网络书评中所占比重多大，每一种模式都通过发挥其独特的功能，在某种程度上促进和完善了网络书评的传播和发展。

网络书评具有众多无可比拟的优点，如互动性强，在作家写作的时候，网络书评的参与有可能改变作品的走向，导致作品成为作家与网络书评人的共同创作；一般情况下，网络书评的参与者多为阅读过作品的读者，在评价的真实性上有较为广泛的反响；网络书评有话则长、无话则短，且针对单一作品容易产生数量众多的评论，有利于读者参考，也有利于出版商一窥市场反馈情况。但同时，网络书评的不足也十分明显，如书评内容大多较为粗糙、浅显，缺乏完整逻辑表达和语言的严谨性；重复量较大，在海量的网络书评中寻找有养分有质量的书评有如海底捞针。因此，在评价网络书评类的促销信息时，需要重点考虑以下问题：

①信息传达全面性：网络书评是否透露出了产品信息，表述清晰抑或不露痕迹？是软文还是硬广告？

②影响力：参与度如何？参评人数有多少？转载量有多高？点击率情况如何？首页停留时间长度？读者在阅读本页书评后购买概率有多高？购买该书的读者中会参与评论的读者比率是多少？

③时效性：更新速率有多快？网络书店的书评（如当当、卓越等图书信息页面下的书评）的上架时间和首条评论之间的间隔？读书网站图书微评的用户评论更新状况。

④权威性：专门性书评网站（见图 5-2）以及媒体书评专栏（如光明网、凤凰网、新华网等）给出的图书评价，其作者、平台

的公信力和口碑如何？其中所包含的数据、资料是否做到核准和实时更新？

图 5-2　专门性书评网站读写人的首页

网络图书广告。网络广告是网络营销的重要手段之一。影响出版业广告媒体选择的因素主要有以下 6 条：

①媒体特点。包括媒体影响范围，如广播电视强调覆盖面和收听/视率，投放于网络的图书广告则需要强调网站的点击率、注册用户数量、用户活跃度、网站的知名度等情况如何？媒体的表现力，如新浪等门户网站的首页顶部正中常伴随点击进入主页面弹出大幅广告，网易首页的右下角处会在用户点击进入后自动弹出广告视频窗，此外像豆瓣读书等网站会以推页式视窗推荐图书，不同的表现形式对于图书促销信息的展现也不尽相同，需要考虑是否能将图书的内容特质充分妥当地表达？读者对广告的记忆程度如何？

②图书产品的特性。按照图书产品的不同特性选择相应的媒体。对于需要充分展现内容的新颖性或是装帧精美、插图设计美妙

的出版物来说，就需要借助能够吸引眼球的手段，特别是动态手段呈现。

以《银河帝国》为例，2012年暑期，一条名为“本·拉登满血复活，代言畅销小说《银河帝国》”的创意视频在新浪微博上引发大量转发，而这条短短30秒的图书宣传视频花费超过16万元，制作费用创下了国内图书视频广告的纪录。《银河帝国》的作者阿西莫夫被公认为“科幻教父”，而本系列丛书正是其代表作，在美国累计销售五千万册，出版60年来对人类的太空探索、世界局势、前沿经济学理论、好莱坞电影都产生了深远的影响。2005年首度引进中国却销量惨淡，19本书的总销量仅为19 656本。今年是阿西莫夫逝世20周年，国内知名出版机构读客图书重金买下《银河帝国》小说版权，决定重新向中国读者推荐这套“讲述人类未来2万年历史”的经典小说。为了宣传这部小说，读客图书想出了一个奇招——将拉登、阿凡达、星球大战、诺贝尔奖得主克鲁格曼这“四巨头”设计成了《银河帝国》的外封面，以暗示这套书对四位巨头曾产生过重大影响（见图5-3)。而在视频中，《阿凡达》里的纳美人、《星球大战》里的黑武士、诺贝尔奖得主克鲁格曼、本·拉登依次冲破《银河帝国》封面跳出来，特别是本·拉登，甚至端起机关枪一阵扫射，带给读者强烈的视听冲击。在网络广告投放中，读客选择以微博为主，多平台（读客网站首页、视频网站、门户网站等）齐发力的猛烈攻势，迅速引发大量关注、评论、转载。

所以在实际评价操作中，需要明悉出版物的特点，是否适合利用微博平台发布？是否适合用视频方式来展现？

③读者接触媒体的习惯。读者对传播媒体选择往往从个人的职业、兴趣爱好和文化程度等不同出发。例如，学术类出版物在娱乐性强的网络平台上投放效果一定不如在专业期刊上投放好。少儿读物通过网络投放广告，少儿看到的概率没有父母看到的高，是否需要考虑目标读者的年龄层次来推算其具有购买力的读者的偏好？

图 5-3　《银河帝国》外封面

④广告目标要求。图书网络广告发行时总有其特定的目标要求，需要考虑进来，选择有利于实现企业广告目标的媒体。

⑤市场竞争状况。相同品类的书难免撞车，能否挖掘出其特点在有针对性的网络平台上投放？

⑥广告成本。不仅包括广告费用，还包括相关的人力成本等。效果最好的广告通常不一定就是最贵的广告，有限的费用是否用到了“刀刃上”？投入的资金需要多久才能收回成本？图书广告的投放期有多长？收益又能达到什么水平？

（3）网站评价指标

网站为海量的数字出版物提供了一个集中存放、展示的平台，在数字出版中起着不可替代的重要作用，读者必须得通过对相关网页的浏览并且在其中搜索出自己想要阅读的数字出版物。数字出版信息资源能否较好地被读者获取，网站建设的好坏有着一定的影响。

对于网站的评价指标确立，国内外学者提出了多种可供参考的体系标准。美国斯坦福大学的劝说技术实验室（Persuasive Technology Lab）发布了一份可信度方面的调查报告并提出评价网站的主要因素：对于顾客服务咨询的快速回应、信息的完整性、列出作者信息、信息搜索功能、过去曾经访问时友好的印象、列出各种联系方式、明确的个人信息保护声明、网站上的广告与网站内容相关、专业的网站设计等①。

埃莉诺·T. 罗埃克塔(Eleanor T. Loiacono)等从用户角度出发建立了一个网站评价指标体系：WebQual，该指标体系由 12 个一级指标构成，分别是：适合任务的信息(information fit-to-task)、量身定制的信息(tailored information)、可信性(trust)、响应时间(response time)、可理解性(ease of understanding)、操作直观性(intuitive operations)、视觉吸引力(visual appeal)、创新性(innovativeness)、情感诉求(emotional appeal)、形象一致性(consistent image)、上线完整性(on-line completeness)和相对优势(relative advantage)②。

武汉大学李东旻在对网站进行调查评价后总结出 6 个定量指标，包括：流量（Trafic)、每 100 万人当中的点击该网站的访问量(Visit)、网站被其他网站链接的数量（Link)、每个单独的用户在该网站上点击浏览的页面数（Page Views)、速度（Speed）以及网站的更新率（Freshness)③。

另外，还有一些专门针对学术型网站的评价指标体系建立的研究。例如汤姆森公司(Thomson)旗下的科学信息研究所(Institute for Scientific Information，ISI)创办了 Current Web Contents 网站，其主要标准评价指标包括权威性(Authority)、准确性(Accuracy)、通用性(Currency)、导航设计(Navigation and Design)、适用性和内容(Applicability and Content)、范围(Scope)、用户层次(Audience

① 冯建英．调查分析：网站的可信度（1）［EB/OL]. http：//www.sowang. com/zhuanjia/fengyingjiang/yingxiao11. htm，2006-04-03.

② Eleanor T. Loiacono，Richard T. Watson，Dale L. Goodhue. WebQual：An Instrument for Consumer Evaluation of Web Sites[J]. *International Journal of Electronic Commerce*，Spring 2007，Vol. 11，No. 3：51-87.

③ 李东旻．企业信息资源网站的定位、聚类和综合评价模型研究［J]. 情报科学，2005，23（5）：767-772.

Level)、写作质量(Quality of Writing)和评论(Reviews)等①。

美国艾奥瓦州立大学的 Cyber Stacks 给出了与科技相关的学术网站评价指标：来源权威(Authority of the Source)、信息准确(Accuracy of Information)、表达清晰(Clarity of Presentation)、内容独特(Uniqueness within the Context)、新颖及时(Recency/Timeliness)、评论独到(Favorable Reviews)以及社区需要(Community Needs)②。

国内学者同样从不同方面在学术网站方面提出了多种评价指标体系。例如陈斌从信息内容（置信性、准确性、涵盖面、客观性、时效性、精练性、独特性）、信息易用性（传输速率、稳定性、检索功能、网站可持续性、网站可链接性）、编排设计（导航系统、互动性、美感度）、信息安全与道德（网络安全、信息道德）、费用成本等 5 个方面提出了自己的二级评价指标③。

结合上述国内外给出的多样化网站评价指标体系和数字出版信息资源的特性，我们可以提出以下评价数字出版网站的系列指标：

内容指标。内容指标是数字出版网站评价体系中的一级评价指标，主要是从网站所向用户读者呈现的具体内容信息方面评价，包括数字出版物总数、内容描述的真实性、内容呈现的准确性、内容呈现的客观性、内容来源的权威性、内容更新速率、信息的重复率、内容可扩展链接性、数字出版物格式种类、阅读设备的兼容性以及书目信息的完整性，各个方面的详细解释详见表 5-6。

① Current Web Contents Website Selection Criteria [EB/OL]. http://scientific.thomson.com/free/essays/selectionofmaterial/cwc-criteria/, 2007-05-10.

② Cyber Stacks [EB/OL]. http://www2.iastate.edu/~CYBERSTACKS/signif.htm, 2006-07-20.

③ 陈斌. 网站学术资源的评价方法研究 [J]. 情报探索, 2004 (3): 34-36.

表 5-6 **网站评价指标：内容指标及其详细说明**

评价指标	详细说明
数字出版物总数	网站涵盖的数字出版物品种和数量
内容描述的真实性	网站中展现给读者的数字出版物是否真实可信
内容呈现的准确性	网站中描述数字出版物的各种信息是否准确无误
内容呈现的客观性	用户对数字出版物好坏评价是否都显示出来
内容来源的权威性	网站所提供的信息来源对象或渠道是否具有较高的权威
内容更新速率	网站增加新内容的周期
信息的重复率	网站提供的信息内容有没有重复
	相同重复的信息数量
内容可扩展链接性	网站对数字出版物有没有提供可扩展链接
	对该数字出版物提供的可扩展链接数量
数字出版物格式种类	网站的数字出版物格式有哪些，是否给出了明确说明
阅读设备的兼容性	该网站的数字出版物可以在哪些阅读设备上进行浏览
书目信息的完整性	网站给出了多少个与数字出版物相匹配的书目信息

用户指标。用户指标是数字出版网站评价体系中的第二个一级评价指标，主要是从用户使用情况方面来进行评价，包括实际注册用户数量、实际每日用户访问量、用户浏览的数字出版物总量、用户浏览网站的平均时间、用户评论了/参与度、用户偏好选择类别以及用户访问的频率，各个方面的详细解释详见表 5-7。

表 5-7　　网站评价指标：用户指标及其详细说明

评价指标	详细说明
实际注册用户数量	总共有多少注册了并正在使用该网站的用户
实际每日用户访问量	一天之内有多少用户实际深入地浏览了该网站
用户浏览的数字出版物总量	该网站中被读者真正阅读的数字出版物总数
用户浏览网站的平均时间	所有用户在浏览该网站时所用的平均时间
用户评论量/参与度	实际参与网站评论的总人数
	与该数字出版物相关的评论总量
用户偏好选择类别	网站中最受用户好评的数字出版物类别
	浏览次数最多的数字出版物类别
用户访问的频率	同一用户在一段时间内访问该网站的次数

技术性指标。技术性指标是数字出版网站评价体系中的第三个一级评价指标，主要是从网站建设与维护等相关方面来进行评价，包括网站用户信息安全性、内容版权的保护性、浏览器兼容性、网站相应速度、页面设计的美观程度、用户体验好坏程度以及导航搜索的全面性和准确性，各个方面的详细解释详见表 5-8。

表 5-8　　网站评价指标：技术性指标及其详细说明

评价指标	详细说明
网站用户信息安全性	网站对注册用户个人信息的保密措施
	用户在该网站进行操作或交易时的安全性
内容版权的保护性	网站对所有数字出版物相关作者的版权保护措施
	该网站采取的各种相关版权保护方法的实际实施效果

续表

评价指标	详细说明
浏览器兼容性	该网站是否可以通过不同浏览器打开
网站响应速度	该网站打开页面、显示搜索内容所用的时间
页面设计的美观程度	页面布局是否清晰
	页面设置是否符合用户的使用习惯
	内容安排是否合理
	用户是否容易找到自己想要的内容
	页面跳转是否合理且清晰明了
	数字出版物展示页面与网站风格是否相一致
用户体验好坏程度	用户对网站投诉数量
	网站在用户中的口碑情况
导航搜索的全面性和准确性	网站根据用户输入的搜索关键词整合出来的相关结果是否全面和准确

数字出版产品对传统出版物的冲击还有一方面是在其物流仓储方面。数字出版物并不像传统图书那样需要巨大的仓库进行图书存储、进退货以及销售店面之间的物流运输，数字出版物通过互联网快速地流通，并且数据都存储在服务器上，自然而然不需要传统实体物流。这里讲的数字出版产品物流信息主要考虑的是虚拟互联网世界里的物流。

在对数字出版产品物流信息进行评价时，需要考虑以下几条指标：数字出版物的流通速度是否快速？相关网站对数字出版物信息数据处理速度是否迅速？服务器存储量是否庞大且足以支撑海量数据资源？

数字出版产品市场信息资源这方面主要反映出版资金筹措、企业组织管理、人力资源管理等服务要素的信息，如出版人才信息等。现在数字出版活动除了对技术的要求之外，还需要考量企业的资金储备是否雄厚，以及企业在从事数字出版活动时事务管理、业务运转、人力资源管理等方面。

首先在资金储备方面，可以参考相关财务指标，例如偿债能力、经营效率、盈利能力等相关的指标。通过计算速动比率、资产负债率以及其他相关指标来评价时代出版的短期和长期偿债能力；通过计算总资产周转率、存货周转率等资产管理比率来评价时代出版的经营效率；通过计算销售利润率、资产利润率、权益净利率以及主营业务占总业务百分比来评价时代出版的盈利能力（见表5-9）。

表 5-9　　经济效益绩效考核选取的具体指标①

<table>
<tr><td rowspan="15">财务指标</td><td rowspan="4">短期偿债能力</td><td rowspan="3">短期债务与可偿债务资产的存量比较</td><td colspan="2">营运资本</td></tr>
<tr><td rowspan="2">短期债务的存量比率</td><td>流动比率</td></tr>
<tr><td>速动比率</td></tr>
<tr><td>短期债务与现金流量的比较</td><td colspan="2">现金流量比率</td></tr>
<tr><td rowspan="3">长期偿债能力</td><td rowspan="3">总债务存量比率</td><td colspan="2">资产负债率</td></tr>
<tr><td colspan="2">产权比率</td></tr>
<tr><td colspan="2">权益乘数</td></tr>
<tr><td rowspan="4">资产管理</td><td rowspan="2">存货周转率</td><td colspan="2">存货周转次数</td></tr>
<tr><td colspan="2">存货周转天数</td></tr>
<tr><td rowspan="2">总资产周转率</td><td colspan="2">资产周转次数</td></tr>
<tr><td colspan="2">资产周转天数</td></tr>
<tr><td rowspan="4">盈利能力</td><td colspan="3">销售利润率</td></tr>
<tr><td colspan="3">资产利润率</td></tr>
<tr><td colspan="3">权益净利率</td></tr>
<tr><td colspan="3">主营业务收入百分比</td></tr>
</table>

① 参考来源：连勇．中国出版业绩效考核指标体系研究［D］．北京：北京印刷学院传播学，2007.

其次，在企业管理方面，人力资源的绩效考核可以结合目标管理法、关键绩效指标法和平衡计分法，例如以下几条评价指标。

①从事数字出版活动的高级管理人员综合素质如何？

②相关数字出版产品生产人员的技术水平如何？

③员工平均受教育程度多少？

④员工后期培训频率以及培训后的结果如何？

⑤数字出版企业凝聚力和企业文化是否得到了展示？且程度如何？

⑥数字出版企业文化建设和创新投资率为多少？

⑦数字出版企业组织结构和业务流程是否合理？

⑧数字出版企业的合作及拓展能力如何？

5.4 数字出版信息资源评价实证研究

5.4.1 促销信息评价

本章中我们将以新华文轩旗下的文轩网为例，展开具体分析。

四川文轩在线电子商务有限公司（简称“文轩在线”）是新华文轩出版传媒股份有限公司的控股子公司。文轩在线致力于电子商务、数字阅读等领域的发展，分别开通运营了电子商务平台文轩网和数字投送平台九月网①（见图5-4）。

图5-4 文轩网 Logo

文轩网现拥有注册会员四百万余，月独立 IP 访问过千万，月

① 文轩网简介．新华文轩官网［EB/OL］．http：//www.winshare.com.cn/ecommerceabout.html.

均点击率超过10亿次，客户范围遍布全国各地、港澳台地区乃至国外。网站的品牌影响力度逐年上涨，2011年的品牌力指数排名全国第四，成为图书消费者的主要电子商务网站之一。文轩网持续3年年平均销售增长超过150%，远超过其他图书电子商务网站不到100%的年增长速率；2011年全网站电子商务销售突破1亿元，是国内少数几家销售过亿的图书网站；网站还开辟了淘宝、拍拍、新浪等知名网络连锁渠道约250家；随着图书电子商务市场的逐年扩大，文轩网的销售规模预计在2~3年后将占到网络图书零售市场份额的10%。此外，在商品组织配送环节上，与国内超过500家出版社建立了稳定的合作和供应关系，供应品种从2009年的30万种发展至今超过70万种。文轩在线计划逐步在全国各大主要经济区域均开设电子商务物流分库，形成全国性的物流供应网络。这也是选择以文轩网作为分析案例的缘由。

以当下最热播的美剧《冰与火之歌》的小说原著为例（此处选取最新出版的《冰与火之歌卷五：魔龙的狂舞》），结合促销信息评价指标展开具体的实证研究。

（1）全面性基本满足

在全面性方面，产品基本信息相对完善，重要信息标记鲜明，如图5-5，图5-6，图5-7所显示。在首页的动态推荐窗口中有特别推荐内容，搜索框右侧的热搜词中也有关键词出镜。图书照片下方有用户对该书的评价和打分。目前尚无APP或安卓版客户端面世。

（2）影响力方面尚待加强建设

在产品信息页面上，可以看到已售册数、评价人数和收藏人数，如果对此书感兴趣，在收藏之余还可以点击产品信息右侧的“喜欢”按钮。商品资讯（4条）和商品评价（0条）中均是对该书的褒扬，遗憾的是，在这一点上尚欠缺广泛读者基础的文轩没有引进豆瓣或读写网之类的书评网站内容，能为消费者购买决策提供实用价值的信息寥寥。而同一本书在亚马逊上的情况就好得多，自2012年12月份面世以来，已收获27条评论，评分如图5-8所示。其中最早一条书评发布于12月25日，更新频次较高。

图 5-5 文轩网《冰与火之歌卷五：魔龙的狂舞》产品信息页面

图 5-6 文轩网《冰与火之歌卷五：魔龙的狂舞》产品详细信息

图 5-7 文轩网首页《冰与火之歌卷五：魔龙的狂舞》的产品宣传

图 5-8 亚马逊上《冰与火之歌卷五：魔龙的狂舞》的商品评价

（3）时效性较好，更新较为及时

文轩网与新浪微博、腾讯微博、人人网、开心网等社交网站的合作，方便用户及时分享书讯、读书心得或是借助社交网站答疑解惑。为注册用户提供缺货统计等服务，并定时发布最新书讯供读者订阅。最新的促销信息在首页以及各子页面的醒目位置加粗或改变颜色突出。如在点开主页后，会自动弹出窗口，显示最新的促销信息（见图 5-9）。在商品的产品信息页的促销信息一栏中以红色字体标示“该商品参加了订单满省活动，图书、音像全场满 200 减 30！”给读者以提醒。

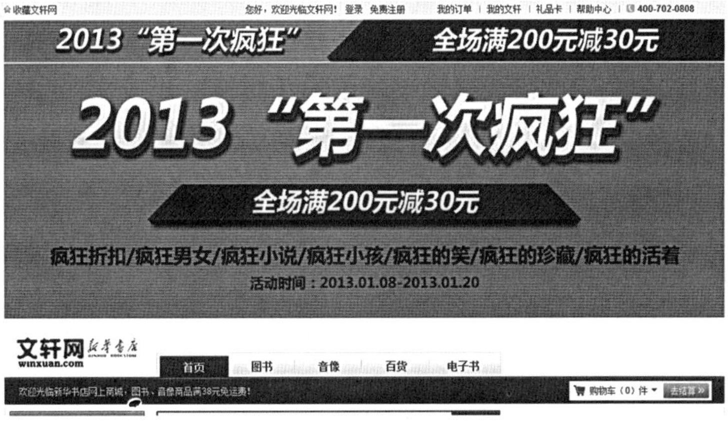

图 5-9 文轩网首页的自动弹出式图书促销广告

(4) 权威性欠缺

文轩网的市场基础和品牌建设有待提高，且尚未与专业性书评网站或媒体建立合作，相信在将来会在这一领域逐渐完善。

(5) 优惠程度尚可

即通常所指的购书折扣，对于大部分消费者来说仍具有很大的诱惑力。同样的书，文轩售价 103.5 元，69 折，亚马逊售价 93.2，62 折。纵览比较当当、京东、文轩和亚马逊后，亚马逊的图书售价普遍与另外三家持平或略低。

5.4.2 书目信息评价

我们通过都柏林核心元数据集中 15 个描述类元素、每个元素标识的特性与要求、该元数据中没有涵盖到但是也比较重要的图书信息条目给出了五个一级书目信息评价指标，分别是全面性、准确性、权威性、时效性和简洁性。下面，通过具体案例来进行数字出版信息资源评价实证方面的研究。

阅读数字出版物可通过多种途径，例如手机、个人电脑、平板电脑、电子书阅读器等。而现在随着科技的发展，智能手机广为流行并且越来越像一台迷你版的平板电脑，通过手机阅读数字出版物的读者越来越多，并且他们的需求也在不断地加大。目前我国最出名的手机数字出版物提供商是 2008 年宣布成立的盛大文学，且已经成为中国移动阅读基地最大的付费内容提供商①。在盛大文学旗下有天方听书网、悦读网、三家图书策划出版公司（华文天下、中智博文、聚石文华）以及六家原创文学网站（起点中文网、红袖添香网、小说阅读网、榕树下、言情小说吧、潇湘书院）。图 5-10和图 5-11 为盛大文学和云中书城的 Logo。

---

① 盛大文学简介．盛大网络官网［EB/OL］．http：//www.snda.com/cn/GOL/SDL.html.

图 5-10 盛大文学官方 Logo

图 5-11 云中书城官方 Logo

云中书城是盛大文学最新上线的运营主体平台，为消费者提供包括数字图书、网络文学、数字报刊等数字商品。截至 2012 年第一季度，云中书城已经与全国 330 家第三方内容商合作，包括盛大旗下的各个网站内容以及众多全国知名出版社、出版公司和作者。云中书城内海量的电子书可以通过云中书城网站、云中书城手机 WAP 站、盛大 Bambook 阅读器、Apple 苹果系列产品（iPhone/iPad）客户端、安卓（Android）客户端、Windows Phone 和 Windows8 客户端、个人 PC 电脑等多种渠道进行随时随地下载云中书城里的数字内容并进行阅读，另外还在争取之后推出 Symbian 客户端、电视客户端等。通过云中书城开放平台，所有出版单位可以自主上传数字图书或报刊并且定价、推广、销售。①

我们选取了云中书城中数字化的传统图书（传统图书畅销榜排名第一的《大漠谣》）与数字化的传统期刊（时事评论类的《三联生活周刊》），再与五个一级书目信息评价指标及他们所包含的二级评价问题相结合来进行具体的实证研究（见表 5-10）。

① 盛大文字云中书城官方网页简介［EB/OL］. http：//www. yuncheng. com/help/about. us.

表 5-10　　书目信息一级评价指标及其二级评价问题

书目信息评价指标	全面性	该数字出版物的重要信息是否完整？
		该数字出版物的摘要、简介是否充分概括了内容？
		该数字出版物的书目信息是否包括相关资源等辅助信息？
		相关资源是否涵盖了该数字出版物所涉及的全部方面？
		能扩展搜索的书目信息有无添加超链接？
		与该数字出版物有关的书目信息有无包括相关评价或推荐？
		给出的评价或推荐类书目信息是否客观地向读者展示了好坏两个方面？
		该数字出版物能否在多种阅读器上浏览？
	准确性	描述的书目信息是否与该数字出版物信息相一致？
		该数字出版物的书目信息中有无错别字？语言是否流畅？
		给出的能扩展搜索的书目信息的超链接是否准确？
		书目信息中摘要或内容简介等方面是否明确、清晰？
		该数字出版物的书目信息中，有无前后矛盾的地方？
		所描写的数字版权保护与真实的保护操作是否相同？
	权威性	评价或推荐类书目信息是否具有可信度？
		作者简介方面书目信息是否具有可信度？作者是否权威？
		书目信息参考的内容是否可信且具有权威性？
		该数字出版物的 ISBN 或 DOI 等标识是否由权威机构许可授予？
		对于该数字出版物版权保护描述是否权威有效？
	时效性	书目信息中出版日期是否与该数字出版物的一致？
		在一段时间内对该数字出版物的书目信息有无更新或改变？
		数字出版物给出的超链接点击后呈现出的补充内容是否与时俱进？
	简洁性	所给出的相关数字出版物书目信息是否清晰？
		用来陈述该数字出版物书目信息具体的内容是否短而精？
		相关书目信息是否方便查阅？
		书目信息的布局设计是否简洁大方？

盛大的云中书城从“全面性”“准确性”“权威性”“时效性”“简洁性”这五项一级书目信息评价指标方面向读者展示了优秀的数字出版物书目信息资源，值得其他出版企业借鉴和学习。

（1）具有全面完整的书目信息

图 5-12 和图 5-13 是云中书城传统图书 TOP100 中排名第一的《大漠谣》数字化成电子书后所展示给读者的页面，我们可以看到：《大漠谣》书名、作者、出版社等重要信息都齐全；通过阅读内容简介我们可以充分了解到《大漠谣》讲的是一段发生在西汉武帝时期的虚构的唯美爱情故事；云中书城将该数字出版物添加了“传统图书”“青春文学”“情感/爱情”等相关辅助标签，读者从这三个方面都可以查找此书；在该书目信息中，作者“桐华”，出版社“湖南文艺出版社”以及内容来源“中南博集天卷”都添加了超链接；云中书城给每本电子书都设置了“用户评分”和“用户评论”并将详细内容展示给读者，而用户对《大漠谣》的打分为 8.4（见图 5-14），有 19%的用户给五颗星，81%的用户给四颗星，并且评论内容都客观地展示了出来；《大漠谣》可以在多种阅读器上浏览（见图 5-15）。

图 5-12 电子书《大漠谣》的书目信息页面

图 5-13 电子书《大漠谣》的书目信息页面（续）

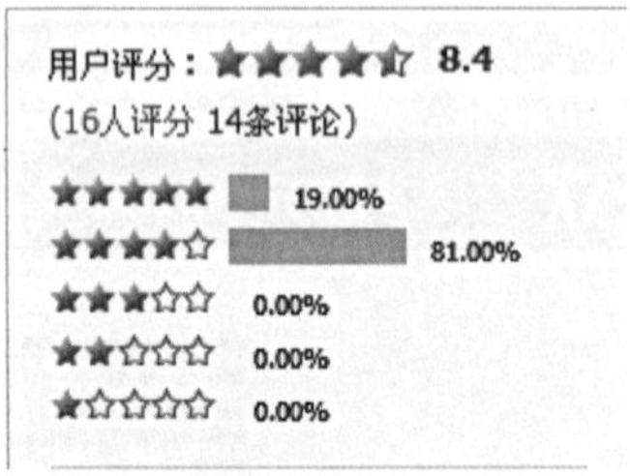

图 5-14 电子书《大漠谣》的用户评分

图 5-15 可阅读电子书《大漠谣》的设备

综上可以看出，该电子书的书目信息均满足了与“全面性”评价指标相关的 8 个二级评价问题，向读者展示出了完整的书目信息。

(2) 具有准确无误的书目信息

通过浏览《大漠谣》的介绍网页，与该电子书相关的书目信息均没有错误并与传统纸质版图书上的信息相一致，给出的所有书目信息不存在前后矛盾的情况。整个页面也没有错别字，图书内容简介明确且清晰，描写内容的语言也十分流畅。设置超链接的三个书目信息元素，即作者“桐华”、出版社“湖南文艺出版社”以及内容来源“中南博集天卷”，通过点击操作后都准确显示了桐华或湖南文艺出版社在云中书城的其他电子书，以及中南博集天卷的官方网站。

另外在版权保护方面，必须在官方网站上下载云中书城客户端，读者通过客户端来阅读和购买数字出版物。在作者收益方面，云中书城并不提供无偿免费阅读，而是采取了 VIP 会员购买制（分为整本购买和按章节字数购买的形式，选择按章节字数购买时又可以选择购买已出章节、分章/分册购买或自动订阅更新），读者可以先点击“免费试读”按钮来阅读免费章节，如果想继续阅读的话就需要点击“立即购买”按钮支付该电子书相应的“云城价”。还是就《大漠谣》这本电子书来说，目录中“免费卷”给出的是《大漠谣》上册的前九章，读者都是可以免费阅读这九章的内容的，但是从第十章开始进入到“vip 卷”，读者要是想继续阅读，就需要支付 9.6 元（见图 5-16）。云中书城将这种数字版权保护方式坚持地执行，已经被读者广泛接受与认可。

(3) 较具权威的书目信息

根据“权威性”书目信息评价指标中提出的相关问题，云中书城并没有相应的展现。比如在《大漠谣》的介绍网页中并没有作者简介或媒体推荐之类的书目信息，而用户评论只是显示了云中书城的账户名称，因此评价用户的真实性有待考查，从而评价的可信度有所降低。而云中书城并没有在页面介绍时向读者展示数字出版物的 ISBN、ISNN、DOI 等确切标识，我们不能否认云中书城为了方便管理内部对其设置了标识，但是由于看不到查不了，不能确定是否有权威机构授予的标识符。

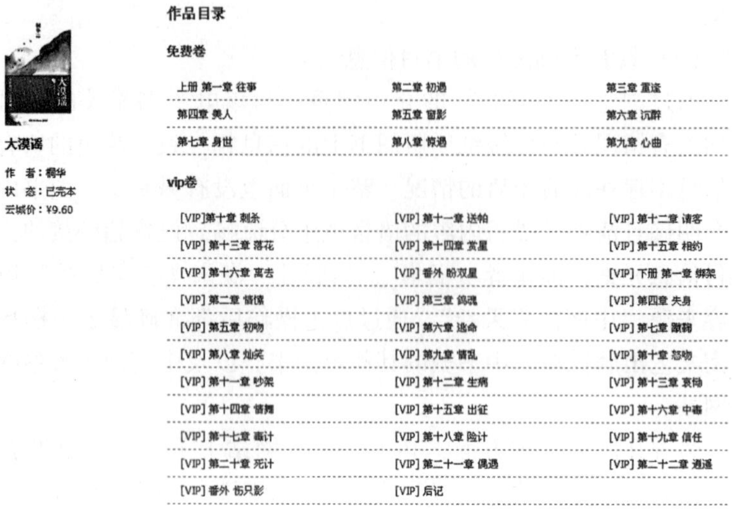

图 5-16 电子书《大漠谣》的购买方式

但是云中书城依靠着盛大网络这个具有知名性的企业，与著名的传统出版社合作，其展现的内容资源是高度可信及具有权威性的，将其数字化的传统图书和传统期刊都是由我国具有权威性的正规出版社、杂志社出版的，因此书目信息录入时参考的内容是真实且可信的。

另外，云中书城采取了 VIP 会员制购买数字出版物和只能用云中书城专门的客户端下载阅读的方法来保护数字出版物的版权，有效地保护了作者的权利，而且一直以来坚持这些方法，再加上良好的运营效果，云中书城渐渐树立起了自己的权威性。

(4) 书目信息更新较为及时

在考虑云中书城书目信息时效性评价指标的时候，由于图书内容已经固定，已经发布后不会很快地进行修改与更新。而期刊则不同，基本每一个月会有新的期刊出版，虽然每一期期刊的书目信息跟图书一样不会再更新，但是可以根据期刊的出版周期来评价书目信息的时效性。

云中书城中将传统期刊转成 PDF 版电子期刊，并对期刊进行了详细的分类。为了更好地评价书目信息的时效性指标，我们选择了时事评论类的《三联生活周刊》杂志，期刊标题是“三联生活周刊2012年11月19日”，但是书目信息中的出版时间写的却是“未知”，需要点击第一页免费阅读才可以通过封面看清楚日期是否相一致（见图5-17）。另外，《三联生活周刊》的出版周期为每周，2012年12月10日在“时事评论”类别中搜索更新时间为“三日内”的杂志，共显示出4种，其中《三联生活周刊》是2012年11月26日，与搜索日期间隔了两周（见图5-18），由于将传统期刊转化为数字期刊需要一段时间，所以其书目信息更新还是比较迅速的。

图5-17　电子期刊《三联生活周刊》的书目信息

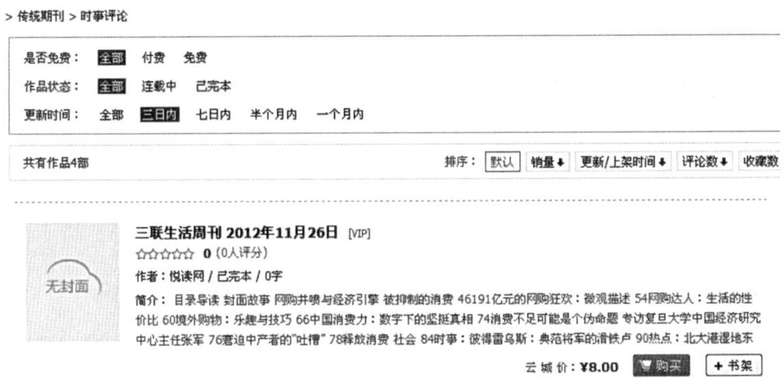

图5-18　时事评论类期刊检索结果

另外，无论是原创作品，还是数字化的传统图书和传统期刊，云中书城对其相关书目信息添加超链接时，点击后都能得到其他相关的最新信息。

（5）书目信息简洁明了

无论是数字化的传统图书《大漠谣》还是数字化的传统期刊《三联生活周刊》，云中书城在对这些数字出版物的书目信息分类都是清晰的，且描述数字出版物书目信息的相关具体内容简单、直接、准确，让读者一目了然。通过书名、作者、出版社、内容来源以及数字出版物所属类别这五条书目信息，读者能够快速便捷地查找到自己想要的书籍。

另外，云中书城给每本数字出版物的专门介绍页面的整体设计风格都是清新明朗、简洁大方的。重点书名给予加大加粗字体凸显出来，整个页面布局明确，大量合适的留白给读者舒适感，且能将书目信息更好地展现出来。

6 数字出版信息资源的使用研究

6.1 数字出版信息资源开发利用的原则、方式与要求

6.1.1 数字出版信息资源开发利用的含义

所谓数字出版信息资源的开发利用，就是出版者从事出版活动时按照既定要求从各种类型的数字出版信息资源中查找到有价值的数字信息，并将其应用到出版活动中，使其价值与出版劳动相结合而为出版过程产生效益的过程。对这一概念内涵，我们可以从以下几个方面来理解。也就是说，上述概念中包含了以下基本要素。

（1）开发利用的主体

数字出版信息资源开发利用的主体是出版者，即从事出版活动的单位与个人及其相关的单位与个人。众所周知，出版活动是一项具有文化属性的经济活动。从经济学角度考察，出版业是一个文化产业，其产品就是向社会提供的各类出版物。出版者是通过其产品的市场交换而获取经济利益的。产品市场交换的能否成功，取决于其能否适应市场消费者的需求。因此，出版者从产品的设计开始，到内容编辑、印制生产，以及产品流通、促销宣传等，都要开发利用数字出版信息资源为其服务。除了这种直接从事出版活动的单位与个人需要开发利用数字出版信息资源之外，与出版活动相关的单位与个人，如出版科研机构及其人员、出版行政管理机构及其人员、大学出版专业的师生等，也都是重要的数字出版信息资源的开发利用者。

（2）开发利用的客体

数字出版信息资源开发利用的客体是各类数字出版信息资源中所蕴含的与出版活动及出版产业发展有关的数字信息。在前面描述数字出版信息资源类型时，我们对按不同标准划分出来的各类数字出版信息进行了简要介绍，其中按信息用途划分出来的三类信息，也即：出版环境信息、出版内容信息资源、出版生产经营信息，是最为直观的数字出版信息资源开发利用的客体，也是出版者开发利用数字出版信息资源的重点。为方便开发利用数字出版信息资源的出版者具体操作，我们将这三类需重点开发利用的数字信息详细开列如下：

①出版环境信息。凡是反映从宏观上影响出版单位、出版产业发展的要素状况的信息都属于出版环境信息。出版环境信息涵盖内容很多，出版者需重点开发利用的是以下几类：a. 反映党和政府政策方针、法规法令方面的信息，如国务院每年颁发的 1 号文件，都是关于“三农”问题的规定，对于从事“三农”图书出版的单位和个人来说，理所当然应在第一时间获得此类数字信息；b. 反映社会政治、经济、科技、文化、教育发展基本状况的信息，如数字化的发展规划、社会发展公报、统计数据等；c. 反映各个行业发展现状与趋势的信息，如数字化的行业进展论文，数字化行业发展白皮书、蓝皮书，各类行业动态，等等。

②出版内容信息。这是构成出版物主题和产品内容的信息，出版界通俗地称为选题信息资源。出版物的知识内容是社会文化的反映，它既来源于社会文化，又要反映社会文化。所以，出版信息选题资源又可称为社会文化资源。凡能反映社会文化存在的数字信息，都可成为出版物选题内容的重要来源。出版选题信息资源是非常丰富的，出版者需要重点关注的是以下几类：a. 反映作者情况的数字信息，如作者的已有成就、写作特长、创作计划等；b. 反映旅游文化的数字信息，如旅游景点介绍、产品特色、游览内容、开发历史；c. 反映历史文化的数字信息，这是指报道、反映由以古籍为主的各类文化遗产以及由此而演绎出来的各类作品所构成的出版物选题信息；d. 反映现实社会文化生活的数字信息，如科研

成果、社会文化生活、风土人情、国家近期所取得的重大建设成就或正在建设中的重大项目，社会热点等；e. 反映世界各国社会文化和国际出版物情况的数字信息，世界各国图书每年仅出版的新书即达近100万种，这些图书真实地反映了世界各国社会文化发展的基本面貌，在我国出版物的生产中，不仅可以直接从国外购买有关图书的版权，而且可以从国外出版物所提供的知识信息中提炼出有价值的选题。

③出版生产经营信息。这是从事出版物生产经营活动中所产生的以及所需要的出版信息的集合。出版物生产经营活动主要由三个环节，即：出版产品载体生产环节、出版产品销售环节和出版产品服务环节组成。这三个环节所产生及所需要的大量数字化信息中，出版者需重点开发利用的是以下几类：a. 反映出版产品印制情况的信息，如印刷市场产能、价格等；b. 反映出版物市场读者需求的信息，如需求类型、倾向等；c. 反映出版物供求状况的信息，如市场行情、结构、竞争状况等；d. 反映出版资金筹措、物流组织、人力资源管理等服务要素的信息，如出版人才信息、物流渠道及成本信息等。

(3) 开发利用的过程

数字出版信息资源开发利用是一个完整的过程，这一过程由两个紧密相连的环节共同构成：一是开发，即从各种类型的数字出版信息资源中查找到有价值的数字信息；二是利用，即将查到的数字信息应用到出版活动中并使其产生效益。开发是利用的基础，利用是开发的目的。两者共同组成一个不可分割的整体概念。

①数字出版信息资源开发的层次。有学者将数字信息资源开发分为可得性开发、可用性开发和高水平可利用性开发三个层次。可得性开发指包括建网与联网以及网上数字信息资源从无到有、从有到优化的开发；可用性开发主要包括免费资源深度与广度的挖掘、镜像资源的开发、收费资源的有效获取，以及将寻到的信息通过一定方式存储起来，使数字信息处于可随时可用的状态；高水平可利用性开发是基于提高数字信息资源利用量与质的内容开发，主要包括对数字出版信息资源内容进行再加工，如重组、浓缩、专题集聚

等，以挖掘其利用深度。

②数字出版信息资源利用的方式。数字出版信息资源利用的方式，主要是解决开发主体怎样利用数字出版信息资源来为出版工作服务的问题。在具体的操作实践中，各种数字出版信息资源的利用方式大体可分为如下三大类：一是产品原料式利用，即将数字信息资源作为出版产品的原材料使用，将资源中的数字信息加工整理，提炼成作为出版产品使用价值的知识内容体系；二是决策依据式利用，即将数字信息作为论证材料，用来消除经营决策中的不确定性；三是思路促成式利用，即将数字信息资源作为反映出版产业与出版活动动向的影响要素，用来促使某些产业发展思路的出版经营思路形成。

（4）开发利用的目的

与任何资源的开发利用都是为了发掘经济价值一样，数字出版信息资源开发利用的直接目的，也是“使其价值与出版劳动相结合而为出版过程产生效益”。从上面提到的数字出版信息资源利用的四种方式看，出版者无论采用何种方式利用数字出版信息资源，都能获取一定的经济利益。这就是近几年来我国出版业界越来越重视数字出版信息资源开发利用的根本原因。

6.1.2 数字出版信息资源开发利用的基本原则

数字出版信息资源的开发利用，就是出版者从事出版活动时按照既定要求从各种类型的数字出版信息资源中查找到有价值的数字信息，并将其应用到出版活动的过程。这一过程由开发与利用这两个不可分割的工作内容组成。就程序而言，出版者所搜集到的数字出版信息资源，有些被直接应用于出版工作之中，或服务于战略规划的制订，或使用于选题的确定，或还用于市场营销与企业管理；有些则被通过一定方式收藏积累起来，有序地储存在出版单位的数据库里，以便日后需要时使用。如果说前一种方式是数字出版信息资源的直接的，或者说首次的开发利用的话，那么，后一种方式就应算是数字出版信息资源的再次，或者说第二次开发利用。就数字出版信息资源开发利用的难度而言，数字出版信息资源的首次开发利用相对较为简单，无非就是按照具体的工作需要，从有关的途径搜集到解决相应问题的数字信息，然后运用这些信息将问题解决掉。而数字出版信息资源的再次开发利用则较为复杂，因为其中包含了一个积累收藏的环节。所以，本节所讨论的数字出版信息资源开发利用的原则，也主要是从数字出版信息资源的收藏积累的角度来说的。

从前面的讨论中我们已经知道，数字出版信息资源数量庞大，类型多样。虽然各类出版信息资源开发利用的方法、途径会有所差别，但其基本思路在本质上是相通的。归结起来，可概括为如下基本原则。

（1）目标原则

即数字出版信息资源的开发利用应有针对性。一方面，这是数字出版信息资源本身的要求，数字信息资源的首要特性就是需求对应性，对一个人或单位很有用的信息资源，也许对另一个人或单位毫无用处，数字信息资源应是有用数字信息的集合。另一方面是效益最大化的需要，数字信息资源的收集、加工、处理、积累是需要投入的，没有针对性的积累收藏只会浪费人力、物力和财力。数字出版信息资源的积累首先必须与出版社的发展战略、业务方向与重点，以及工作的需要相一致，毫无目的、漫无边际的信息收集行为是一种浪费。其次，要确定积累的重点，由于出版活动需要的信息比较多、比较杂，积累不可平均用力。为此，要制定出版信息资源积累的规则，有计划、有步骤地实施。

在具体的数字出版信息资源开发利用实践中贯彻目标原则，要努力实现三个方面的要求：一是要使资源开发与产品生产目标相统一，要根据产品生产的类型、结构、数量、时间、成本等具体要求利用资源，要使出版资源开发利用能够适应出版产品生产发展的需要；二是要使企业目标与社会目标相统一，一方面要考虑企业目标，即讲求经营效益，注意勤俭节约，以尽可能少的资源投入，保证企业经营活动优质、高效地运行，另一方面，又要考虑社会目标，要使经营活动能够对社会的前进与发展产生积极的影响；三是要使短期目标与长远目标相统一，信息资源开发利用既更要重视即时式的出版信息资源的首次开发利用，又要克服短期行为，防止急功近利，要立足于长远发展来精心组织出版资源的收藏积累，使资源开发利用能为出版企业创名牌、出精品打下良好的基础。

（2）质量原则

这是指数字出版信息资源的积累不仅要重数量，还要重质量，包括可靠性、真实性和“含金量”。高质量的信息资源不仅可为资源的利用提供坚实的基础，而且还具有二次甚至多次开发利用的价值，可为出版社可持续发展提供条件。以形成出版物选题的信息资源为例，其积累就特别要注意三个方面的信息资源。一是宏观环境数字信息，包括反映社会政治、经济、文化、科技发展基本情况的信息，这些信息都是构成出版物知识内容的重要信息来源。二是作者资源信息，作者是作品的直接创作者，作者的专业特长与写作特色，已出作品情况及其社会反响，拟出作品创作计划及其进展情况，都是出版者应该关注的。通过各种方式从网上收集积累此方面的信息，会给出版者的选题组稿带来很大方便。三是已出作品信息，包括出版物市场上有生命力的原创性作品信息，出版社拥有著作权的产品信息，以及信息集约化作品如大型的丛书、套书、系列书信息等。这些信息的把握，有利于出版单位确定选题方向，提高出版产品的内容质量。

（3）超前性原则

即出版信息资源的积累应有预见性，应着眼于未来。信息资源积累本身并不是目的，积累是为了应用。信息资源比其他任何资源都更具有时效性，一条及时的信息可能价值连城，一条过时的信息则可能分文不值，甚至产生负效应。超前性是出版信息资料积累必须高度重视的原则。例如，还是在电子出版、网络出版刚刚起步的时候，日本的小学馆就已经开始将一些很有价值的作品，尤其是美术作品，通过信息技术存储在光盘上。因为他们认为，电子出版、网络出版是未来出版的发展方向，尽管当前有诸多技术和操作问题没解决，但一旦时机成熟，现在储存的东西马上就可以利用。日本出版人这种对出版信息资源积累的超前意识很值得我们学习。要在出版信息资源的开发利用中贯彻超前性原则，最重要的是要具有超前性思维。无论是对出版企业而言，还是对每一位出版者来说，最重要的不是我们现在身处于何处，而是我们的想法在哪里，我们的事业方向在哪里，我们宏观的格局在哪里。前瞻意识和思维可以使我们采取最先进的行动，提前把握未来。

(4) 系统性原则

即出版信息资源的开发积累要具备整体性、协调性、连续性。其一，出版活动是一个系统工程，无论是某一种产品的形成，还是某项活动的组织，都不是某一种资源的单独作用，而是需要多种出版资源的共同开发与利用，因此多种资源的开发利用需要围绕出版活动的整体目标相互配合。其二，就一个出版单位而言，需要开发利用的数字信息资源类型众多，各部门对数字信息资源的要求也各不相同，因此，数字信息资源开发利用需要协调，如按照相同的标准统一建设内部数字资源数据库等。其三，出版信息资源的开发利用是一个动态性的连续累积的过程。孤立地看某一个信息要素，其价值有时并不明显，但联系地看、动态地看，其价值就显露出来了。例如，通过销售情况来积累读者对某类图书的需求信息，如果只收集一两个月的情况，其价值可能不大，但若连续收集一年甚至两年的信息，那么其价值就会大不一样了。

总之，在出版信息资源的开发利用中，目标原则是前提，系统性原则是基础，质量原则是核心，超前性原则是关键。

6.1.3 数字出版信息资源开发利用的基本要求

要在各项具体的数字出版信息资源开发利用实践中很好地贯彻以上四项基本原则，则还要为其创造必要的条件。我们将其概括为数字出版信息资源开发利用的基本要求。

(1) 强化数字出版资源意识

长期以来，我国出版业按计划经济模式运行，出版人的信息资源意识非常淡薄。我国出版界根本不存在出版资源的概念，更没有意识到信息也是一种资源；在互联网开通之前，对数字化信息也根本没感觉。在社会正向数字化、网络化方向前进，出版业正步入产业化发展道路的今天，在读者与作者的市场意识与数字信息意识都已明显增强的情况下，如果出版界再不强化数字出版信息资源意识，不重视数字出版信息资源的开发与利用，就会使我国出版业的未来发展陷于十分尴尬的境地。本课题研究中所进行的一项调查表明，从实践中表现出来的出版人数字出版信息资源开发利用意识淡薄的情况，主要有以下几个方面。

一是多数的出版机构至今还没有设置本单位的数字信息资源管理机构。目前我国各类出版企业设置数字信息资源管理机构的情况如表 6-1 所示。

表 6-1　**我国出版企业数字信息资源管理机构设置情况表**

类型	已设置数字信息资源管理专门机构的出版企业	由其他部门（机构）兼管数字信息资源的出版企业总数	由总编室兼管的	由出版部兼管的	由社长办公室兼管的	由综合办公室兼管的	由其他部门或机构兼管的
数量（家）	84	105	72	6	6	9	12
比例（%）	44. 4	55. 6	38. 1	3. 2	3. 2	4. 8	6. 3
备注	接回调查问卷总数 189 份统计	即未设置专门机构的					包括无部门兼管的

是否专门设置了数字信息资源管理机构，能反映出企业对数字信息资源开发的重视程度。从表 6-1 可以看出，在我国的出版企业中，已有 44. 4%的企业专门设置了信息资源管理机构。尤其是出版社，专门设置了数字信息资源管理机构的比例很高。可喜的是，

在这 84 家已设置数字信息资源管理专门机构的出版企业中，除了前面提到的那些业界知名企业之外，还有一些民营企业，如广州天闻角川动漫有限公司等，也名列其中。但十分遗憾的是，在回收的问卷所涉及的多家新华书店中，仅上海新华传媒集团公司一家专门设置了数字信息资源管理机构，其他书店都未设专门机构管理数字信息资源，有的店甚至连兼管数字信息资源的部门也不明确。可见，新华书店系统对数字信息资源的开发利用还不够重视。

二是数字信息资源数据库的建设情况也严重滞后。衡量出版企业对数字信息资源开发是否重视的另一标准是数字信息资源数据库的建设情况。因为数字信息资源的开发利用要以收集储存的数字信息为基础，而数据库又是储存数字信息的基本条件。通过此次调查我们了解到，目前我国出版业数字信息资源数据库的建设还处于一种较为落后的状况。据回收的调查表统计，目前已有 72 家出版单位建立了储存数字出版信息资源的数据库，占受调单位的 38.1%；正在建设中或规划在近 2 年之内建设的出版单位有 18 家，占受调单位的 9.5%；目前未建也无确定建设规划的出版单位有 99 家，占受调单位的 52.4%。作为数字化信息资源应用大户的出版产业，其数据库普及率如此之低，不得不引起广大出版界同仁的深刻反思。

三是已储存的数字化信息量十分有限。目前我国各出版单位数据库收集储存的数字信息量非常有限。在已经启用的 72 家已建立的数据库中，目前已收集数字信息最多的是上海新华传媒连锁公司所建的数据库，已收集数字化出版信息 5 万多条；其余大多数只收集了 1 万多条信息；收集最少的一家目前仅储存了 200 余条信息，可以说是刚刚启用数据库。数字化出版信息浩如烟海，其收集储存不达到一定的量，就要严重影响其开发利用的效果。因此，我们要在这里大声疾呼：是出版企业把数字信息资源数据建设和数字信息的收集储存提到议事日程上来的时候了。

以上三点足以说明，迄今为止，数字出版信息资源的开发利用，还未引起我国出版界的足够重视。因此，强化出版人的数字出版信息资源开发利用意识，就显得十分迫切。各出版单位从领导到普通员工只有都能认识到数字出版信息资源开发利用的重要性，才能自觉地参与到数字出版信息资源开发利用中来。也只有这样，数字出版信息资源才能在出版产业发展中发挥更好的作用。

现阶段，我国出版界强化数字出版信息资源意识，尤其要重视以下几种意识的培养：一是强化数字出版信息资源价值意识，要在出版社全体员工中树立数字信息资源观念，认识数字出版信息资源的重要性，要让全体员工明白数字出版信息资源是出版社财富的源泉，出版活动各个环节的运作，都离不开数字出版信息资源；二是强化数字信息资源积累意识，要动员全体员工，尤其是领导、编辑人员及市场营销人员，积极参与到数字出版信息资源的开发利用中来，主动收集信息，充分利用信息；三是数字出版信息资源保护意识，要学会保护本单位自身的数字信息，出版社内各个部门在实践中形成的各种数字信息，要及时地整理上传到与内部局域网相连接的数据库上，累积成自己的无形资产，并要善于对其进行有计划的开发利用与保护，防止资源的浪费与流失。

(2) 要重点做好几类常用数字信息的系统收集工作

做好几类常用数字信息的系统收集工作，是数字出版信息资源开发利用的基础。各出版单位经营的业务不同，所需开发利用的数字信息的类型也会有所不同。此处所指的常用数字信息，是指各类出版单位都要经常使用的基础性信息。对这些信息进行系统收集，就为数字出版信息资源的开发利用打好了基础。需优先考虑、系统收集的常用数字信息，主要包括如下几类。

①方针政策方面的信息。学习、了解和掌握党和政府在新时期的各项方针、政策和每一阶段工作的重点和主要任务是每一个出版工作者首先必须关注和抓住的信息。因为它直接关系到出版社的方向和发展，所以是我们做好出版工作、制订出版工作计划的最重要的信息。它能使我们的出版工作更好地把握为人民服务，为社会主义服务和为全党、全国工作大局服务的方向，当好党和人民的喉舌。如当前中小学教育的减负和从应试教育向素质教育转轨工作

中，出版界应紧紧抓住这一时机，配合减负和转轨工程的工作，少出或不出应试方面的出版物，多出素质教育的出版物，以有效地配合党和政府的工作。

②企业内部信息。它包括本社人才、选题、出版物、经营管理、广告宣传、会议记录、市场调查、销售渠道、销售统计分析数据与报告、财务分析报告、经营管理文件规章制度、工作计划、工作报告、人才培训、培养规划等。凡与出版社目前工作和未来发展有关的所有档案与信息，这是自己的家底，一定要了如指掌。明白自己的优势和劣势，努力的方向。

③作者的信息。建立作者信息库对出版社来说至关重要。作者是出版社的衣食父母。出版社的选题计划的执行、落实和完成主要是由作者来体现的，对出版社来说极其重要。要随时掌握作者群的教学、科研情况和兴趣爱好，及时了解他们的教学科研的进展。一般可根据作者的学科、专长、发表著作情况，正从事的科研项目等信息来建立档案。而潜在作者群的信息开发对出版社来说可能更为重要和更有意义。

④读者的信息。每一种出版物都有其特定的读者群体。出版社出版物的特色和出版范围形成了其特定的读者群体，对这一群体的关注和了解是出版社搞好信息收集，对其出版物信息反馈收集的重要途径。及时跟踪调查这一群体对其出版物的意见、需求、包括服务方面的意见、建议和要求，是出版社做好编辑、出版、发行、服务等工作十分重要的信息渠道。

有了稳定的、数量可观的读者队伍，出版社的出版物便有了市场，有了市场便会有信息反馈。做好读者的工作，开发好读者的信息资源便是了解市场和开发市场。

⑤国内外同类出版社出版物的信息。无论是国内出版社或是国外出版机构，他们为了宣传自己、推销出版物，往往会派发一些相关的图书目录或图书征订单。如果我们能够有意识地收集这方面的信息，将有关的信息分门别类地输入电脑，建立信息库，积累到一定程度，则对我们策划设计选题，获取启迪不无帮助；亦可在出现

选题重复情况下进行比较和鉴别。

⑥市场信息。出版社要在市场经济中有所作为，就必须了解市场，开拓市场，占有市场。建立市场信息库也就必不可少。

(3) 完善数字出版资源开发利用制度建设

制度建设是数字出版信息资源开发利用的保证。只有建立了可行的数字信息资源开发积累制度，将信息资源的开发积累与岗位职责和考核目标联系起来，以制度化方式收集信息，数字信息资源的开发积累才会有成效。以信息资源内部收集积累为例，就可通过制度，如出差报告制度、定期报表制度、档案制度等，要求各类人员，尤其是营销人员必须将各类信息及时上传到单位的信息系统里。营销人员长期奔走于市场，对市场信息、市场特点、读者需求、产品状况、销售前景等有切身体会，这些信息对出版社非常重要。然而，很多出版社并没有对营销人员提出这种要求，更谈不上考核目标了，错失了许多了解市场的好机会。编辑人员在每个出版项目运作中，就会产生很多的数字信息，为此也要求建立一种项目信息档案上传积累制度，督促编辑人员及时将与出版项目运作有关的各种信息及时上传。一些出版社发展上不了台阶，始终在一个低水平上徘徊，与没有建立信息资源积累机制，导致选题不对路、决策不当有很大关系。

(4) 配备数字出版资源建设专门人才

这是做好数字出版信息资源开发积累的基础之一。有些出版社对信息的收集也比较重视，但收集的信息都是零乱的、分散的，无人负责信息的集成，信息资源不能在出版社内共享。这样的信息其利用效率和价值会大打折扣。在一些管理先进的大型企业内，已经建立首席信息经理制度。根据我国目前的实际情况，一般的出版社目前推行首席信息经理制度的时机可能还不成熟，但至少应建立两级制的数字信息资源建设人员结构：一级是一线的编辑、营销人员和其他人员，他们的经验、在工作过程中收集的信息，以及产生的建议和想法，是出版信息资源的重要组成部分；二级是专门从事数学信息工作的人员，他们主要负责收集、整理、加工、存储与出版社有关的各类数字信息资源，包括社内产生的信息资源，并为这些数字信息资源的开发、利用提供服务，包括负责社内局域网站的日常运行与维护等。目前不少的出版社都建立了自己的网站，但因缺少专职人员而大多处于有名无实的状态，这对数字时代出版社的发展极为不利。

（5）加强出版信息网的建设

加强出版信息网的建设，不仅仅是有利于出版信息资源本身的开发与利用，而且对全部出版资源，尤其是对出版选题文化资源的开发与利用提供帮助。能够使整个出版业实现资源共享，能够有效地提高出版资源的利用效率。

加强出版信息网的建设，目前需要重点做好两件事：一是加速书业资源信息库的建设。1998 年年初，新闻出版署在湖南长沙主持召开了全国新闻出版信息化工作会议，会议就加速本行业信息化建设与计算机应用达成了共识。为适应信息化社会的需要，新闻出版署决定用 5~6 年时间，筹集 3 亿多元资金，启动我国的“金版工程建设”。其中包括建四个大型数据库，即“新闻出版管理数据库”“中国百科术语数据库”“图书在版编目数据库”“国家新闻出版版权数据库”。以此为契机，各个出版发行单位都要积极建设自己的信息库，使各类出版资源都能转化成数字信息入库储存。二是加速信息传输网络化步伐，目前，全国性的出版信息网络建设已经起步，其中两大网络工程的上马最为引人注目：一是新闻出版署直接领导筹建的“全国新闻出版管理信息网络系统”，它将全国书刊出版单位的信息系统连成一体，以储存与检索书目信息为主要功能，通过该系统可随时检索到在版图书状况、出版管理政策法规要求、版权注册保护情况等信息；二是“全国新华书店出版物发行信息网络”，这是由新华书店总店负责筹建，以总店的局域网为中心，以部分发货店（省级店和发行所）为分中心的两级信息网络系统。随着这两大信息系统的建成并正式运行，其他的出版业信息网络还会不断出现，全国的出版发行单位都会自觉或不自觉地加入出版业的行业计算机网络行列，这就会使出版业信息传输网络化的过程大为加快。

以上是对数字出版信息资源的一般性开发利用所作的讨论。下面四节，则分别对数字出版信息资源在出版活动过程各个不同阶段的具体开发利用进行阐述。

6.2 数字出版信息资源在制订战略规划中的开发利用

目前，出版内容信息资源系统的建设在各出版单位方兴未艾，使得各出版单位拥有的电子资源日益丰富，各种形式内容的数字资源层出不穷。出版企业对数字出版信息资源的重视也显示出其越来越重要的地位。出版企业的经营管理活动的开展依循于出版企业战略的指导。没有战略进行指导，出版企业的发展就如同没有指南针的小船，在茫茫夜海中，孤苦航行。而国外的大型出版集团、传媒集团都是站在战略的高度，通过资本、金融、资产等形式运作出版信息资源，从而实现其出版产品的市场份额及利润。据统计，发达国家的企业领导一年中要花大约40%的时间去研究战略，重视程度可见一斑。企业战略是企业根据其外部环境及企业内部资源、能力状况，为求得企业生存和长期稳定的发展，为不断地获得新的竞争优势，对企业发展目标、达成目标的途径和手段的总体谋划。由定义，我们可以知道，进行出版企业战略规划的过程是一个分析出版企业战略环境、明确出版企业战略目标、选择出版企业战略实现途径的过程。而在此过程中积极开发数字出版信息资源，利用数字出版信息资源为出版企业的战略规划提供客观依据，有利于企业对未来发展进行客观测评。

6.2.1 利用数字出版信息资源分析出版企业战略环境

利用数字出版信息资源有助于分析出版企业战略环境。出版企业的生存发展是出版企业内外部环境共同作用的结果，进行环境分析是制定企业战略规划的基础。出版企业战略环境可分为出版企业外部环境和出版企业内部环境，其中外部环境又可分为出版宏观环境和出版行业环境。

(1) 利用数字出版信息资源分析出版企业外部环境

首先，利用数字出版信息资源分析出版企业宏观环境。

任何企业、组织都是社会活动的结果，其发展组成社会活动，其运行必须在社会环境中进行。好的环境能够助力企业、产业的发展，不好的环境则阻碍其发展。出版企业处在复杂的政治、经济、文化等环境中，这些宏观环境能够指导出版产业发展，并间接地影响出版企业活动及战略决策。如“十二五”规划中对文化产业的指导，就成为出版产业政策制定的重要依据。对这些重要的宏观环境信息资源的优先了解和利用能够指导企业制定的战略决策符合大环境的变化。

出版宏观环境主要包括政治环境、法律环境、经济环境、科技环境、社会和文化教育环境。这种宏观环境信息资源主要通过政府有关部门、权威机构研究制定，关于出版宏观环境的数字出版信息资源开发利用的情报源主要是政府有关部门的网站，如文化和旅游部、商务部、新闻出版等部门的网站。同时，这些部门网站的链接网站信息也有助于对宏观环境的把握。目前，国家大力支持出版“走出去”，出版企业对国外的出版宏观环境及语言文化环境也应多加了解。利用数字出版环境信息资源有助于了解出版企业宏观环境如表 6-2。

表 6-2　**利用数字出版环境信息资源有助于了解出版企业宏观环境**

资源	情报源	利用	需要的出版企业
政治环境	中国政府网	了解企业的经营行为、出版行为中都需要注重政治原则，例如对历史事件、国际事件、政治人物等有关的评论，都需要注重政治原则	所有出版企业

续表

资源	情报源	利用	需要的出版企业
经济环境	国家发展计划委员会、商务部、对外经贸经济合作部、中国经济信息网、国务院发展研究中心信息网等	了解关于文化产品进出口贸易的规定在从事对外贸易的出版企业战略制定中至关重要	以经济、管理为主要出版内容，或从事对外贸易的出版企业
法律环境	中国法律网、中国法律资源网、北大法律信息网、中古法律咨询网等	了解出版企业的经营行为相关的法律规范	以法律、教育为主要出版内容的出版企业
科技环境	中国科技网、中国科技信息网等	科技在出版业中的利用推动了传统出版转型、数字出版业发展，了解新科技的发展、应用	以科技、工业等为主要出版内容的出版企业、数字出版企业
社会环境	中国资讯行、青鸟网、中国社会组织网；网上报纸、网上期刊、新闻通讯社、电台、电视台网站；新浪、网易、中华网、搜狐；其他国家社会组织、文化相关网站	我国幅员辽阔，南北方差异巨大，出版物中的内容要注意符合发行地的社会现状。如南方有些城市是不下雪的，而北方大部分城市积雪深厚。在北方，冬天燕子要南飞，而在南方是没有这样的场景	以人文、社科为主要出版内容，或从事对外贸易的出版企业
文化教育环境	文化和旅游部、新闻出版总署、华夏文化传播网、语言文化网站	出版物中的内容要注意符合发行地的风俗习惯、当地文化、文字使用。尤其是涉及少数民族的信仰问题要注意	以人文、教育、社科为主要出版内容，或从事对外贸易的出版企业

其次，利用数字出版信息资源分析行业环境。

出版企业的行业环境主要包括出版产业环境和出版企业市场环境两个方面。出版产业环境，即出版产业现行规范，包括出版方针政策、法律法规、行业规则，和出版行业发展历程及趋势、出版行业动态、出版市场现状等，是企业进入市场必须遵守的规定，蕴含着企业发展所面临的市场机会。出版企业竞争环境，包括出版行业竞争结构、行业内各物种的变化等形成的行业竞争压力，以及出版企业微环境，即出版企业外部价值链环境和竞争对手实力、战略和行为模式等构成的直接竞争压力，和综合出版企业上游供应商和下游销售商（渠道中间商、物流机构、服务机构）、竞争企业、财务机构、消费者、工会、特殊利益团体、股东等构成的出版企业外部价值链环境。他们对出版企业顺利生产经营起到直接影响作用。

出版行业环境直接规范企业经营行为，左右着企业的经营活动与决策。对行业环境的分析是出版企业确认其战略制定行业机会的重要步骤。可以说，利用数字出版环境信息资源了解出版行业环境信息是出版企业开展活动的前提，例如不了解出版行业相关法律法规，就免不了会出现触犯出版法律规章的行为，招致法律惩罚。黑龙江新闻出版局于 2004 年 8 月 20 日针对黑龙江文化音像出版社违规出版内容格调低下、过分渲染低俗性趣味等问题的行为做出行政处罚并要求进行多方面整改决定。再如不了解竞争对手企业的实力和战略，出版企业容易招来竞争对手企业报复性的行为而致自取灭亡。2006 年 7 月，价格战在第三极书局和中关村图书大厦之间拉开序幕，图书折扣打到了 8.0 折以下，最低 4.3 折，长期的价格战导致第三极书局亏损严重，也招致新闻出版总署出面干预。利用数字出版环境信息资源了解出版企业行业环境如表 6-3 所示。

在数字出版行业信息资源中，竞争对手企业的数字出版信息资源是尤为需要注意的。竞争对手的实力，包括潜在进入威胁、替代品威胁、行业内竞争、买方和卖方的讨价还价能力等，战略和行为模式是左右本出版企业战略行为的最重要因素，它决定本企业与竞争对手企业的战略活动是进行仿效、差异还是对抗。利用数字出版

表 6-3　利用数字出版环境信息资源了解出版企业行业环境

<table>
<tr><th>项目</th><th colspan="2">环境内容</th><th>情报源</th><th>利用举例</th></tr>
<tr><td rowspan="2">出版产业环境</td><td colspan="2">出版方针政策、法律法规、行业规则</td><td>新闻出版总署、各地方的新闻出版局和出版行业协会网站</td><td>通过新闻出版总署网站了解相关法律规范，通过当地新闻出版局的网站了解本地出版企业经营活动规章</td></tr>
<tr><td colspan="2">行业发展历程及趋势、动态、出版市场现状</td><td>中国知网、读秀、重庆维普、万方数据、北京文献服务处、中国数字图书馆、中国超星数字图书馆等数据库、行业国际会议、大学的学术会议、相关议题沙龙、展销会</td><td>中国知网中的相关论文，尤其是硕博论文，一般都包括出版行业的发展历程；根据出版产品展销会中各出版企业展台所处位置、面积、会议发言时间长短可以看出相关企业实力对比，而展销产品一般都是该企业的最新产品或主打产品</td></tr>
<tr><td rowspan="3">出版企业竞争环境</td><td colspan="2">出版行业竞争结构、行业内各物种的变化</td><td>新闻出版总署、各地方的新闻出版局和出版行业协会网站</td><td>通过对新闻出版总署网站了解出版企业数量变化，行业结构，其中包括相关出版企业的合法经营范围</td></tr>
<tr><td rowspan="2">出版企业微环境</td><td>出版企业外部价值链环境</td><td>出版行业协会网站、财务机构网站、工会等相关群体的网站、关于价值链群体的新闻报道</td><td>在工会的组织下，企业人员进行的罢工等活动将对企业生产经营活动产生严重影响</td></tr>
<tr><td>竞争对手的实力、战略和行为模式</td><td>出版行业协会网站、竞争企业网站、证监会网站、关于竞争对手的新闻报道、展销会</td><td>通过证监会网站了解上市公司的财务情况</td></tr>
</table>

环境信息资源了解竞争对手企业情况，如表 6-4 所示。

表 6-4　利用数字出版环境信息资源了解竞争对手企业情况

情报源	信息开发利用
政府部门	我国一般各级政府的经委掌握大中型国企资料；外经委掌握外来投资企业、合资企业的资料；各级工商局掌握普通公司的资料。这些资料包括公司的名称、住址、法定代表人、注册资本、分公司名称、营业场所、负责人、经营范围等信息
行业协会	可以了解特定产业部门的信息，虽然协会不一定提供其成员公司的具体信息，但会提供有关产业、发展方向、市场等信息。如果协会由几家大公司主宰，则有关产业的信息主要反映这几家大公司的情况
媒体	报纸、行业杂志是常见的信息源，报纸上的文章通常会有一些分析，带有倾向性，行业杂志里文章的作者对所写公司十分了解，信息往往准确可靠；电视讲话、新闻访谈也是重要的信息源，但常常转瞬即逝，要注意跟踪；广告也是获得竞争对手动向的重要渠道
证券交易所	可以查询上市公司的资料。在上市公司提交的年度报告和中期报告中，可以了解到竞争对手的财务状况、战略规划和营销计划。通过前后几年报告的对比，还可以找出竞争对手的弱点从而利用
商品展销会	提供直接观察竞争对手及同竞争对手员工交谈的机会，获得的信息比较及时、准确

续表

情报源	信息开发利用
商务图书馆	可以从文章或目录索引中发现更多新的信息源，其中工业词典、行业杂志、案例研究和论文、统计资料 、文献索引、计算机检索服务、图书馆综合目录、图书管理员、公司报告，这些资源都可以加以利用
大学	大学举办的国际会议，得到各种商业、技术研究资助，到国外的公司研究所或咨询机构从事研究，建立翻译中心，它已经成为文化、信息交流的中心
互联网	通过互联网的链接功能可以快速地进入几乎所有国家、无数的企业和个人有关的网站，通过互联网论坛等也可以获取一定量的信息，但是其可靠性需要验证

（2）利用数字出版信息资源分析企业内部环境

出版企业内部环境包括企业资源条件和企业战略能力两个方面。出版企业资源条件，如人力资源、物质资源、财务资源、组织资源、技术资源、品牌资源等；包括企业资源采购、生产作业能力、技术研究开发条件和能力、发货能力、人力资源管理能力、营销能力和售后服务能力等企业基础活动中的能力资源。例如通过对企业的员工学历分析企业是否需要引进特殊专业人才、高学历人才，以增强企业员工知识结构的全面性和对企业重大问题的把握控制能力。出版企业战略能力包括财务能力、营销能力、组织能力、企业文化等，对企业的战略能力分析，最重要的是要找出企业的核心能力。由于企业要获得竞争优势最终由其产品或服务为消费者接受的程度决定。因此，企业要想在竞争中取得优势，就必须把自己的经营资源通过各种活动创造为顾客价值。通过对消费者福利贡献的能力、市场和事业的开拓能力、组织竞争者模仿的能力来识别出版企业的核心竞争力。

出版企业战略的实施需要以企业内部环境作为支撑，只有建立在对出版企业内部环境客观评估基础之上的战略才是适合企业自身发展的战略，也才具有可行性。进行出版企业内部环境分析的主要目的是找出企业的核心竞争力。北京大学张维迎教授认为，企业的核心竞争力要满足以下条件：偷不走、买不来、拆不开、带不走、溜不掉，即企业的核心竞争力必须具有企业的独特性。出版企业要在内部环境分析中客观评价企业战略实施的竞争优势和竞争劣势，从竞争优势的可保持性、独特性、延展性及其价值判断出版企业核心竞争力，并就企业核心竞争力与行业特点的匹配度判断本企业是否需要建立新的核心竞争力或者进入相关行业。例如：山西出版集团通过对包括出版社的版权、发行营销渠道、声誉与品牌等隐性资源进行整合，助力集团发展。用一年的时间，实现了选题、作者、渠道、数据库共享，在集团挂牌之后，组建了财务结算中心，成立了山西出版报刊子集团。印业公司、纸张公司和物资公司三家单位，签订了“战略联盟协议书”，山西省新华书店集团与山西省教育厅所属山西育人书店共同投资成立了股份有限责任公司——山西华育图书有限责任公司。立足于把集团做强的目标，山西出版集团的资源整合重在加强内在关联的基础上，形成产业内聚力、集群发展力，实现 1+1>2 的目标。产生了巨大作用，如扩大了市场，提高了效益，有效地降低了成本，减少了内耗，扩大了市场占有份额，并进一步理顺了与有关部门的关系。①

利用数字出版内部环境信息资源分析企业价值，判断企业核心竞争力是建立在企业对自有资源梳理基础之上的，为企业分析内部环境提供了客观依据。企业内部环境信息资源属于企业的商业秘密，目前，各出版企业大多有自己的局域网，关于出版企业内部环境的数字出版信息资源主要来自企业内部各职能部门。利用数字出版环境信息资源分析出版企业内部环境如表 6-5 所示。

① 人民网（北京）. 山西出版集团走出产业发展新路 [EB/OL]. [2009-02-09].

表6-5 利用数字出版环境信息资源分析出版企业内部环境

环境类型	环境内容（利用信息了解的内部环境）	环境内容细分（所获取的数字出版信息）	情报源
出版企业资源条件	人力资源、物质资源、财务资源、组织资源、技术资源、品牌资源等	企业内部在进货后勤、生产作业、发货后勤、市场营销及售后服务等出版企业基础活动	综合管理部门、生产部门、市场部、销售部
		采购、技术研究开发、人力资源管理、企业基础职能管理活动等辅助活动	综合管理部门、研发部、人力资源部
出版企业战略能力	财务能力	纵向和横向的分析企业的收益性、安全性、流动性、成长性、生产性指标	财务部
	营销能力	产品竞争能力、销售活动能力、新产品开发能力、市场决策能力	销售部
	组织能力	职务体系、岗位责任制、管理层次和管理幅度	综合管理部
	企业文化	以前的战略目标实施情况、企业文化的适应性、企业成员的共同信念和价值观	综合管理部、人力资源部
	企业核心能力	对消费者福利贡献的能力、市场和失业的开拓能力、组织竞争者模仿的能力来识别	综合管理部

企业可以通过战略要素评价矩阵法、SWOT 分析法对出版企业的外部环境的机会、威胁，企业内部的优势、劣势进行全面综合分析。

6.2.2 利用数字出版信息资源明确出版企业战略目标

战略目标的作用不仅在于指明企业未来发展的方向、引导企业进行正确资源配置、协调不同部门及个人之间的活动、增强企业凝聚力，同时也与企业的主要利益相关者的期望一致。出版企业战略目标的确定是战略规划的开端，是进行战略规划长征的第一步，只有制定合适企业发展的战略目标，出版企业在发展意图上就不会“走偏”。企业战略目标是指企业在一定时期内沿其经营方向所达到的理想成果。目标体系的建立是将企业使命和愿景转化为具体的业绩目标。战略目标是企业使命的具体化，而企业使命又是企业愿景的具体化。因此，出版企业要确定合适的战略目标包括明确出版企业愿景、使命，和构建出版企业战略目标体系两个重要步骤。对出版企业战略目标的明确是对各种数字出版内容信息资源、数字出版经营信息资源、数字出版环境信息资源综合利用的结果。

(1) 利用数字出版信息资源明确出版企业愿景、使命

出版企业愿景、使命是设计出版企业发展蓝图的，比出版企业战略更加长远和宏观的概念。具有明确出版企业发展方向，协调出版企业内外部矛盾，指导出版企业形成客户导向思想的重要作用。因此，在制定具体的企业战略之前，必须明晰出版企业的愿景、使命，否则所制定的战略将是无效的。事实上，只要不是新设立的企业，那么企业很可能已经存在明确的使命、愿景等出版企业长远规划的内容。因此，大多数出版企业战略规划的第一步应该是对已有的出版企业使命、出版企业愿景进行必要的审视，看其是否符合企业经营管理的现状和发展需要。

首先，利用数字出版信息资源明确出版企业愿景。

企业愿景是根据出版企业使命，在汇集企业每个员工心愿基础上形成的全体员工共同心愿的美好愿景，它能激发出强大的力量，

使每个员工都渴望能够归属于一项重要的任务和事业，它是企业战略的重要组成部分。战略愿景应包含三个要素：一是界定企业当前的业务；二是确定企业的长期战略道路；三是企业战略愿景的沟通。对企业战略愿景的设计应以市场为中心，在界定出版企业当前的业务中，首先要考虑目标市场、顾客的需求、满足这些需求的方式（产品和服务）。在此基础上结合出版企业具体情况，界定出版企业业务的宽窄度。如企业出版产品涉及的行业，纸质图书、电子书、网络文学、手机出版等，和出版企业服务覆盖面，如发行地域范围覆盖南方城市、北方城市、全国各省市；适宜读者群为幼儿市场、青少年市场、成人市场还是老年读者市场等；在确定出版企业的长期战略道路中，要对出版企业发展进行明确定位，即将出版企业要实现的发展水平、竞争地位进行明确描述。如湖北长江出版集团制定的公司的奋斗目标是：2010 年全面完成转企改制并实现股份公司整体上市，再经 5 年努力，资产和销售总规模接近或达到“双百亿”，为员工提供国内同行业较好的保障制度安排，努力实现“体制机制大转换、企业发展新跨越过，综合实力进入全国出版集团前 8 名，出版主业市场排名保持全国前 6 位，争创全国文化企业 30 强和全国优秀文化企业，建成国内领先的数字出版产业基地，塑造过硬的经营管理和编辑出版团队、员工成长有进步、人均收入再提高”。① 在战略愿景沟通方面，要清晰地向各级员工传达出版企业的战略愿景，并进行良好的沟通。最终达到这样的效果：企业以一种独特的形象，进行独特的出版业务，有着独特的发展道路，从而与出版行业中的其他企业直接区别开来。

在界定出版企业当前业务中，通过企业内部信息了解企业已经提供的业务产品和服务，通过行业统计信息、百道网、新闻出版网、中国图书商报网等专业调查网站调查顾客未满足需求，以界定企业可能提供的业务。根据企业历年销售信息、销售渠道商提供的信息确定忠实顾客群，并请专业调查网站针对本企业调查隐性的顾客群。通过信息技术网站关注最新科技、国内外相关出版企业所应

---

① 百度．源发：长江出版传媒股份有限公司［EB/OL］．

用的技术，并根据企业预算评价企业应用的可能性，企业已有技术的更新可能性。在确定公司长期战略道路过程中，根据相关行业发展报告、新闻报道，对比自身现况与行业发展情况、竞争对手发展情况，从而明确企业发展的市场定位。进行战略愿景沟通中，在出版企业内部网站、各职能部门会议、工会传达公司愿景并与员工积极沟通，通过网络论坛、新闻报道等方式向社会公众传达企业的愿景。

其次，利用数字出版信息资源明确出版企业使命。

出版企业使命是出版企业在社会进步和社会、经济发展中所应担当的角色和责任。企业使命为出版企业提供了一种经营原则、方向和哲学，是对出版企业的经营范围、市场目标等的概括描述，是高度抽象的。出版企业使命主要包括出版企业哲学、出版企业宗旨、出版企业形象三个方面，三者是一体的，只有具有正确的企业哲学指引，有着积极的企业宗旨指导的出版企业，才能树立良好的企业形象，企业也才能被大众所识别和获得认同，进而成为出版企业的消费者，出版企业才能最终获得企业效益。出版企业使命是对出版企业愿景的具象化，出版企业应积极利用数字出版信息资源在企业愿景中的作用，结合企业内部信息资源明确出版企业使命。明确出版企业使命主要对出版企业内部信息的整合，其情报源也主要来自出版企业内部。利用数字出版信息资源分析出版企业使命的内涵如表6-6所示。

表6-6　**利用数字出版信息资源分析出版企业使命**

使命内容	内涵	情报开发	情报利用
企业哲学	价值观、态度、信念、行为准则	综合管理部门的相关规定、企业内部论坛上的调查、从企业例行活动中提取	香港三联中文出版集团的“认为关怀·生活品位”的出版理念

续表

使命内容	内涵	情报开发	情报利用
企业宗旨	现在、将来从事业务；未来企业性质	企业内部业务相关规定、企业综合部门的规划	武汉大学出版社“坚持以‘发展学术，传播先进文化，服务高等教育’为宗旨”就是从其出版学术图书的业务中提升出来的
企业形象	给予社会公众、企业职工的印象	关于企业的网络社会调查	凤凰集团是我国规模最大、实力最强的文化产业集团之一，总体经济规模和综合实力评估连续多年保持全国第一。在三届“全国文化企业 30 强”评比中，集团均名列前茅。在世界品牌实验室发布的“2010 年中国 500 最具价值品牌”中居第 243 位，是全国唯一上榜的出版传媒集团

（2）利用数字出版信息资源构建出版企业战略目标体系

战略目标是出版企业使命的具体化，是企业追求的较大目标，如市场份额、利润率、客户服务、创新、生产率等，是对出版企业战略目标从数量上进行界定。例如，凤凰出版传媒集团“十二五”期间的战略定位是：成为全国文化产业重要的战略投资者。发展目标是：在“十二五”期间确保实现总量翻番，销售收入超 200 亿，净资产超 200 亿，总市值超 400 亿。彼得·德鲁克在《管理实践》一书中提出了八个关键领域的企业战略目标，包括：市场方面的目标、技术改进和发展方面的目标、提高生产力方面的目标、物质和金融资源方面的目标、利润方面的目标、人力资源方面的目标、职工积极性发挥方面的目标、社会责任方面的目标等八个方面的目标。这些目标是企业战略目标的总和，是企业存在期内永远追寻的目标。在一定的发展时期内，出版企业会根据宏观环境、行业环境及企业内部环境，确定出版企业在该时期内起关键作用的指标作为战略目标，而非将这八项内容全部变成战略目标。

出版企业制定的战略目标应是一个战略目标体系，包括公司层面的战略目标和各职能部门的战略目标。其中，在公司层面的战略目标应该注重财务效益，而在各职能部门战略目标中，应注意各部门利益的协调。

首先，对出版企业公司层战略目标来说，获得财务效益是最基本的。没有足够的盈利，那么企业所追求的战略愿景、持续性的发展目标都将受到威胁，而股东也不会再投入相应的资金。因此，对出版企业的总体战略目标需要考虑战略目标相应的财务目标体系。制定企业层面的战略目标，主要是利用公司财务部门和管理层对出版市场的把握、对竞争对手出版企业发展现状信息资源的了解和对策制定，是对出版企业内部资源能力优劣势等数字出版信息资源的综合结果。利用数字出版信息资源制定公司层战略目标具体如表6-7所示。

表 6-7　　利用数字出版信息资源制定公司层战略目标

项目	情报内容	情报源	情报利用
出版市场竞争状况	竞争主体、各主体市场份额、发展速度、产业利润组成	行业协会、证券公司、金融机构、新闻出版局、专业调查机构等的网站	如通过证券公司网站可以看到上市公司的财务资料及其变化
竞争对手发展现状	市场份额、利润组成、发展目标、战略选择情况、主要管理人员情况	金融机构、证券公司、上市公司网站关于竞争对手的信息、竞争对手公司网站、关于竞争对手的新闻报道	分析竞争对手发展取得成果的原因，决定企业战略目标制定是对竞争对手的仿效、回避，还是对抗

续表

项目	情报内容	情报源	情报利用
企业内部资源、能力状况	财务情况、销售利润情况、资产利润情况、投资回报率、经济增加值	企业财务部、出版部、市场部、人力资源部等重要部门信息	制定合适出版企业的战略目标体系，如市场占有率、销售量、客户满意度、新产品销售比例、新业务比例

其次，各职能部门战略目标的制定应注意利益的协调。由于部分职能部门在实现企业战略目标时，其利益是相冲突的。战略目标的制定不可避免地会增长和降低某些部门的利益，从而出现矛盾影响总体战略目标的达成。如出版生产部门的产量目标和出版市场部门的销量目标之间是相互冲突的；而企业降低成本、增加利润的经济目标和依法纳税、增强社会责任目标之间也是存在冲突的。因此，有必要细化出版企业战略目标，制定各职能部门的战略目标，有计划地协调各部门的利益，使部门战略目标之间相互联合、相互制约，战略目标体系整体优化。对各职能部门战略目标的确定需要利用来自各职能部门内部以及综合管理部门对各职能部门的战略目标安排相关的数字出版信息资源。利用数字出版信息资源制定职能层战略目标如表 6-8 所示。

表 6-8　　**利用数字出版信息资源制定职能层战略目标**

战略目标	情报内容	情报源
生产发展目标	企业的扩建、生产能力的增长、固定资产与流动资产的增长、职工人数的增加等	出版企业市场部、综合管理部、人力资源部
技术进步目标	技术改造和引进、产品技术和质量的提高、新产品开发、国际标准的采用等	出版企业综合管理部、开发部、质监部门

续表

战略目标	情报内容	情报源
经济效益指标	资金利润率、人均创利税额、劳动生产率、物耗等	出版企业财务部、综合部
管理创新目标	企业制度和管理组织模式、专业化协作水平、产品协作联合、多元化经营、国际化经营等	出版企业管理部门、产品部、市场部
职工生活福利	工资水平、奖金水平、住房面积、福利设施等	出版企业人力资源部、财务部、综合管理部

6.2.3 利用数字出版信息资源选择出版企业战略途径

在出版企业的战略目标确定后，需要寻求实现出版企业战略目标的途径。合理的途径能使出版企业最快、最大限度地适应新战略带来的改变，而不合理的途径则会阻碍战略目标的实现进程，甚至直接导致战略实施的失败。实现战略目标的途径很多，包括水平整合、垂直整合、战略外包、多元化、收购和内部创业等类型。一般出版企业决策者在对企业外部机会、威胁、企业内部优势、劣势、竞争对手可能产生的反应等信息进行综合评价后，选择满意途径。这种评价尤其需要出版企业掌握竞争对手企业的战略实施途径信息，以决定出版企业在战略目标实施过程中以何种方式参与竞争，并在市场竞争中占据优势地位。

（1）利用数字出版信息资源选择出版企业战略类型

战略专家迈克尔·波特提出三大基本战略，即成本领先战略、差异化战略、聚焦战略。无论企业采取哪一种战略，都面临着更进一步的战略实施细分。而落实到出版企业的具体行动中，就需要出版企业在企业现有基础上做出扩张、稳定或是防御的战略转变。具体的细分战略类型，如表 6-9 所示。

表 6-9 **出版企业可选择战略类型**

类型			定义	举例
增长型战略	加强型	市场渗透	通过更大的营销努力提高现有产品或服务的市场份额	济南出版社招聘地市、县级代理商
		市场开发	将现有产品或服务打入新的地区市场	出版集团“走出去”
		产品开发	通过改造现有产品或服务，或开发新产品或服务而增加销售	人教社开发数字出版项目“人教数字校园”
	一体化	前向一体化	获得分销商或零售商的所有权或对其加强控制	安徽出版集团正式收购拉脱维亚 SG 印刷公司
		后向一体化	获得供方公司的所有权或对其加强控制	北方联合出版传媒（集团）股份有限公司关于拟收购辽宁省市、县（市、区）新华书店股权
		横向一体化	获得竞争者的所有权或对其加强控制	时代出版将收购安徽人民出版社
	多元化	集中化多元化	增加新的，但与原业务相关的产品或服务	培生集团收购上海乐宁教育、北京戴尔国际英语股份、华尔街英语(中国)、环球雅思
		混合式多元化	增加新的与原业务不相关的产品或服务	福建教育出版社收购福州化纤厂全部资产
		横向多元经营	为现有用户增加新的不相关的产品或服务	凤凰出版传媒集团开发文化地产

续表

类型			定义	举例
稳定型战略		无变化	企业内外部环境没有重大变化，领导者认为原战略相当成功。对战略不做根本性改变	人民教育出版社坚持教材及教育图书
		维持利润	牺牲企业未来成长，维持近期利润，根本意图是渡过暂时难关	国内某些出版社跟风出版，出版本企业并不熟悉领域内容图书
		暂停	内部休整的临时战略，在一段时期内降低企业目标水平，放慢快速成长的步伐，进行内部管理	金融危机及之后一段时期，各出版企业都调低的经营目标
		谨慎前进	外部重要环境因素变化或难以预测时，降低实施进度，步步为营	
收缩型战略	合资经营		两家或更多的发起公司为合作目的组成独立的企业	爱思唯尔（Elsevier）和中国领先的科技与医学出版社——科学出版社已开办一个合资翻译中心
	收缩		通过减少成本与资产对企业进行重组，以扭转销售额和盈利的下降	新荷兰出版社（New Holland Publishing）裁员15%
	剥离		将分公司或组织的一部分售出	BBC环球公司将其有声图书出版社（BBC Audiobooks）85%的股份出售给了AudioGo有限公司，包括该出版社美国分社的股份
	清算		为实现其有形资产价值而将公司资产全部分块售出	台湾尖端出版社出售全部股权给Tom.com

出版企业战略目标实施途径的选择是企业在自身基础上，对市场机会和威胁综合分析得出的企业机会。同时，出版企业只有结合竞争对手的战略实施途径来决定和不断调整自身战略实施途径才能找到合适出版企业战略目标实施的途径。这种分析和衡量的过程离不开计算机对数字化信息的处理，如通过对这些相关信息进行数据挖掘和计量分析，帮助企业选择合适的战略实施途径。也可以说，战略实施途径的选择是出版企业对数字出版信息资源整合分析能力的具体体现。

（2）利用数字出版信息资源分析出版企业战略实施途径选择的影响因素

出版企业战略实施途径的选择是做出战略方案决策的过程，同时受到出版企业内、外部环境，尤其是竞争对手出版企业的影响。如果运用某些评价分析技术，对战略进行评价分析，那么战略途径的选择将会变得比较简单。然而事实并非如此，我们对影响出版企业战略的直接因素按照是否可计量来区分。从可计量的影响因素方面看，最主要的就是出版企业自身的资源能力状况及与竞争对手企业相比的优劣势。如对市场竞争情况、市场占有率、市场增长速度、盈利水平等。从非计量的影响因素方面看，出版企业战略决策作为对企业未来发展远景的实施，是一种非程序化的决策，是决策者的行业敏感度、专业知识、工作能力、业务水平、实际经验和领导艺术的集中体现。正是因为出版企业战略实施途径选择是企业内外部环境，是可计量因素和非计量因素共同作用的结果，因此，出版企业通常会不得不先选择次满意战略方案实施，而将满意方案作为今后更长远的目标去争取。利用数字出版信息资源分析出版企业战略实施途径选择的影响因素，如表 6-10 所示。

综合国内外成功公司制定战略规划的成功经验，一个成功的战略规划应具备以下几个基本要素。第一，成功的战略规划必须以本出版企业为中心，本出版企业是战略规划有意义的第一要素。第二，成功的战略规划必须是增加出版企业的整体经营效益的有效方案。第三，出版企业高层领导的重视和支持能为战略规划的实施创造良好的战略环境，领导的参与能起到带头作用。第四，建立战略

表 6-10 **利用数字出版信息资源分析出版企业战略实施途径选择的影响因素**

因素	影响因素	情报源	情报利用
可计量影响因素	市场竞争情况	出版行业网站、出版业新闻报道、出版管理部门网站	在关于出版业的新闻报道中提取出版市场竞争状况，如网上书店的价格战波及群体、伤害程度
	本企业市场占有率、市场增长速度、盈利水平	企业财务部、市场部相关资料	与竞争企业相应条件进行直接对比
	竞争对手企业市场占有率、市场增长速度、盈利水平	证券公司网站、出版行业网站、出版业新闻报道、出版管理部门网站、专业调查网站相关报道	可从证券公司中关于竞争对手企业的财务资料分析其市场增长情况
非计量影响因素	战略对现行战略的继承性	现行战略与规划战略的对比	从规划战略的内容、涉及的部门、执行的规范、所要获得的效果等方面评估对现行战略的继承性
	出版企业对外部环境的依赖程度	依据企业的外部价值链判定	从出版企业上游供应商、出版企业、下游销售商、消费者这个价值链条中分析出版企业对外部企业的依赖性；从产业的角度分析企业对政策环境的依赖性

续表

因素	影响因素	情报源	情报利用
非计量影响因素	出版企业领导人的价值观及对待风险的态度	战略的对比、领导人在企业重大事件中的决策；外界、新闻报道	如行业新闻报道中对企业领导人的评价
	出版企业内部的人事和权力因素	人力资源部相关资料、新闻报道中对企业人事权利的评价	通过人力资源部门及事实上的企业人事权利管理幅度进行对比评价，尤其要对在重大事件上的人事权利评价
	出版企业战略实施中的内外部时间因素	历年战略实施时间的对比，相关政策等市场机遇因素的时限	针对“十二五”国家重点图书、音像、电子出版物出版规划生产的产品在“十二五”时期就能享受政策的优惠，错过这一时期就无法享受优惠，企业相关战略最好是能在时限内实施
	出版企业竞争对手的反应	市场上竞争企业的战略转变、新闻报道中关于竞争企业的战略实施情况的报道	针对竞争对手的反应适当调整战略

规划的目标体系并有效沟通，将战略目标规划到各层级部门是非常必要的，有利于使公司层战略目标渗透到各层级，调动各部门积极性，统一思想，协调行动。而积极开发利用数字出版信息资源将使出版企业的战略规划有据可依，所制定的战略规划最大程度上契合了市场机遇，规避了市场风险。即所制定的战略将是最适合和最具可行性的战略规划。

6.3 数字出版信息资源在出版物选题策划中的开发利用

选题是对出版物内容与形式等的总体设计，在选题提出的过程中，围绕选题所进行的信息收集、构思、论证、组合等一系列创造性活动即为选题策划。出版物的选题策划可谓出版工作之重头戏，是出版企业编辑和出版工作之本，然而出版物选题策划的基础是出版信息，其实质是对出版信息资源的重组和开发。因此，出版物的选题策划，唯有信息准备充分，才能做出准确而合理的预测与分析，进而最大限度地降低出版物出版的风险，使出版企业在激烈的市场竞争中始终处于有利地位。数字出版信息资源作为信息社会的核心资源之一，其依靠超时空，大容量，低成本的传播方式迅速成为新时期获取高效优质出版信息的一条捷径。本书拟从主题设计、作者选择以及可行性分析三个方面就如何开发利用数字出版信息资源以服务选题策划提供几点建议。

6.3.1 利用数字出版信息资源设计出版物主题

主题设计是指选择该未来图书中需要为读者提供何种知识及思想文化等方面的信息。有了好的主题，才会有优质出版物，进而才有助于出版企业实现其一定的社会和经济效益。从某种意义上说，一个优秀的主题必定是时代精神和市场需求的完美结合，这也就要求所设计的出版物主题应具有其相应社会与市场价值。

（1）利用数字出版信息资源设计具有社会价值的出版物主题

人类出版的首要目的即是传播和积累文化。《中国大百科全书·新闻出版卷》就对出版物的功能做出了明确概括：“出版物是人类思想知识的一种重要载体。从诞生之日起，其主要功能就是记载、传播和积累人类在生产活动和社会活动中产生的各种思想和科学文化知识”。因此，出版物的主题必须能体现出其相应的出版价值，这就要求在主题策划时须全面准确地掌握与之相关的社会和学科信息。

首先要充分利用数字出版信息资源把握社会信息。这里的社会信息，特指出版物出版中出版社的外部环境信息，所设计的出版物主题要想适应时代发展，反映社会需要，就必须了解一定时期内的社会经济条件和社会文化因素的动态及其发展趋向方面的信息，例如国家经济发展规划，人民生活水平，文化教育，宗教信仰以及道德规范和风俗习惯等。对于此类信息，关键在于日常积累，总体把握，策划者可重点关注诸如中国政府网、新华网、人民网以及凤凰、新浪、网易、搜狐、腾讯等一批有一定信度和影响力的综合性信息门户网站。还可以开通微博，实时关注广大人民群众在日常生产生活中所发布的各种信息并加以提炼，筛选和归类。以此为基础，才能立足于一定高度，精准把握社会发展脉搏，策划出适时对路的出版物主题。

其次可利用数字出版信息资源及时了解学科信息，也即与出版物内容直接相关的科学技术、学科门类的发展变化信息。对学科信息的理解和掌握程度，直接影响到出版物内容的质量。无论是学术专著，科普读物抑或是一般图书，都必须反映科技发展的前沿信息，反映新的观点和新的知识，一旦脱离学科信息，就很难保证所策划出版物的创造性和革新性。传统的检索方式无疑是耗时费力的，数字技术的发展为学科信息的获取提供了极为便利的条件。策划者可以通过关注各类高校，科研机构，学科专业网站，以及各种相关专业期刊，报纸，学术会议文献的数字总库获取相应学科信息。例如清华大学的中国科技大学网站、中国航空研究院的上海技术物理研究所网站、中国病理学网的中国生物信息网，中国知网的万方数据库、重庆维普中文科技期刊数据库等。唯有经常性的查阅浏览相关专业网站和数据库，才能了解该学科的最新发展动态，策划出有一定独创性的选题。

此外，利用开放存取的数字出版信息资源以查询和掌握各类学科信息亦是一个相当不错的选择。目前，开放存取的两种主要实现途径是开放存取期刊和开放存取仓储。国际上比较知名的两大开放存取出版商是 PloS 和 BMC，国内的奇迹文库、中国预印本服务系统以及中国科技论文在线也在迅速发展中，此外，已经有越来越多的出版机构开始尝试开放存取服务。充分利用开放存取文献以获取前沿学术信息，对了解当前各学科相关研究进展，策划精品出版物无疑有着极其重要的意义。

（2）利用数字出版信息资源设计具有市场价值的出版物主题

随着出版社的转企改制，在完成文化建设和发展任务的同时，获取相应的经济价值，实现社会效益和经济效益的双赢显然是出版工作的题中应有之义。为了最大限度地降低出版风险，使出版社在激烈的市场竞争中始终处于有利地位，就必须做到对出版信息和读者信息的准确把控。

其一，利用数字出版信息资源明确出版信息。所谓出版信息，这里单指一定时期内各学科，各类型出版物的目录、评论、出版统计资料及出版动态等信息，包括国内和国际两个方面。就国内而言，在激烈的市场竞争中，要想实现所策划的出版物“人无我有，人有我优”，须时刻把握市场上已有出版物的特点和不足，以便适时推陈出新。具体而言，此类信息有：哪些出版物是最受读者欢迎的，以及哪些图书过度饱和或已经滞销等。在当前数字化背景下，该信息的来源主要有两类，一类是专业市场调查公司的报告，如北京开卷信息技术有限公司所发布的图书畅销报告等；另一类则是各出版单位的网站（如人民文学出版社网站）、出版专业网站（如中国图书出版网）、数字图书馆（如中国国家数字图书馆）和网上书店（如当当网、亚马逊等）。此外，国际出版信息内容丰富多样，国外的畅销书、选题导向以及科技文化发展动态等均有着重要的参考借鉴意义，策划者亦可从中提炼出有价值的图书主题。实际上，互联网上的国外出版信息源与国内基本类似，其主要类别包括国外网上书店、国外网上图书馆、国外出版信息服务商、国外网上出版协会以及国外出版社（公司）网站等，但在开发利用时对编辑的外语水平提出了一定要求。例如国外较著名的网上书店 Amazon（http：//www. amazon. com），在其主页上可以很方便查询到相关图书书目信息；而国外出版信息服务商如 Copyright Website（http：//www. benedict. com），从中亦可方便获取较为丰富的图书版权等信息。

其二，利用数字出版信息资源深入把握读者信息。读者信息大体分为两个方面，一是出版物在读者中所引起的反应；二是读者对未来出版物的需求。因此，读者信息既反映了读者对出版物的认知度和认可度，也反映了读者对新出版物的期望和要求，对主题策划工作有着重要的调控作用，一定程度上成为策划者进行市场预测的依据之一。就开发利用数字出版信息资源以了解读者信息而言，一方面可借助社交网络，较有代表性的如豆瓣网，其以书评和影评为特色，吸引了一大批忠实用户，在豆瓣社区中，网友会一起讨论同一个出版物，同时也会对该出版物的内容、印刷提出自己的意见和建议，策划者可充分参与其中，通过双向互动以了解读者的潜在需求。另一方面则来自出版社内部的调查结果，现阶段大部分出版社的发行部门或多或少承担了读者的调查和反馈工作，策划者可通过本社内部数字信息了解某一类出版物的评价、销售情况，并以此作为未来主题设计时能更好地适应读者，满足出版物市场需求的依据。

6.3.2 利用数字出版信息资源选择出版物作者

一个优秀的选题只有通过找到合适的作者来完成，才可能变成一流的书稿。然而作者的信息是纷繁复杂的，要选择好作者，不仅需要具体分析有关学科作者群的分布状况和结构状况，也要对相关作者的简要经历、主要成果、写作优势以及当前的课题计划和写作安排进行正确把握。在利用数字出版信息查找并选择作者时，可从以下两个方面着手：

(1) 利用数字出版信息资源以发现作者

首先可通过作者所在单位的数字信息查找作者，如国内各大学、科研机构、政府部门门户网站、此上文已有举例。其次可从文稿交易类网站（如图书交易网，中国作家网），创作类网站（如“榕树下”网，起点中文网），读书类网站（如中国青少年新世纪读书网）等来发现作者。再有，可利用网络自动搜索技术，也就是搜索引擎寻找作者，比较知名的有百度、谷歌（Google）、搜狗、有道等。只需把所策划选题涉及的主要专业放在上述引擎中进行搜索，即可获得大量相关信息，其中就包括作者资源。鉴于此类信息量大且杂，分拣收集有用信息务必会耗费一定时间精力，建议在整合信息的基础上建立作者信息数据库，以便再次使用时可以快捷有效地调取相关作者资料。

（2）利用数字出版信息资源了解作者

一是可以通过数字出版数据库对相关作者的著作、论文、书评进行信息搜集，这种方式在查找作者的同时可以方便地通过其相关著作对该作者的研究水平和写作能力做出初步判断，此类数据库有如超星数字图书馆，读秀学术搜索以及中国知网等。而实际上，有些数字出版数据库本身就自带对其作者情况的详细介绍。以超星数字图书馆为例，对于已经与其签订授权协议，即同意将自己的作品交由超星网收藏并通过数字化图书和网络的形式提供给广大读者的作者，超星网在其“授权作者”栏目中都会列出其具体信息，如个人简介，主要学习及工作经历以及相关研究成果等，且越是知名的专家学者，介绍也越为详细，这对我们了解作者无疑是一个不错选择。二是可利用互联网与作者进行广泛而深入的沟通交流，如电子邮件、QQ、MSN、博客等。计算机网络方便快捷，成本低廉，通过利用其充分有效地与作者沟通，以最终明确该作者是否有意愿、有时间、有能力完成本次选题。

6.3.3 利用数字出版信息资源分析出版物出版可行性

策划选题时，策划者必须考虑所设计的选题能否真正付诸实施，完成该选题所需的各种主客观条件是否具备。做任何事都离不开既定条件的限制，某些看似不错的选题可能鉴于特定历史条件的限制而不能被真正落实，因此最好的选题不一定就是最优的，最优的选题却一定是最切实可行的。在对选题的可行性进行分析时，可着重从以下三个方面入手以对数字出版信息资源进行开发利用：

（1）利用数字出版信息资源深刻领会政策、法律信息

出版工作是一项政治性、政策性要求较高的工作，有很强的意

识形态性。社会政治因素往往影响着编辑活动，有时甚至还可能成为主导因素。因此，策划编辑不仅要正确理解、认真贯彻相关出版工作的方针和政策，还应努力观察研究国家近期出台的法规政策对文化市场走向的影响，并以此作为一项重要环境因素来指导选题策划。此类信息来源一般较广，有专业的，也有非专业的，多数网站一般都会及时报道国家最新的方针政策，法律法规方面的信息，在开发利用此类数字出版信息时，可以重点关注信息相对集中，系统的政府和专业网站，如中国新闻出版信息网、文化和旅游部官网、国家版权局官网、中国出版网等，从中可及时查询、了解相关政策法律信息。

（2）利用数字出版信息资源充分掌握出版竞争对手信息

由于市场经济的本质是竞争，只有充分掌握本行业的最新情报，了解本行业最新动态，明确自己竞争对手的出版状况和趋势，才能做出特色，打造核心竞争力，进而规避因选题的低水平重复引发的市场风险。在开发利用这类数字出版信息资源时，应重点探寻以下三种信息，一是竞争对手的出版优势，二是竞争对手的出版条件，三是竞争对手同类书的出版信息。笔者认为，较为简便的获取此方面信息的途径有以下三种，一是各出版企业自身门户网站，如广西师范大学出版社、作家出版社等，其上面均有关于本社的详细介绍以及新书预告，此不失为了解竞争对手的直接有效途径之一；二是可通过行业内专业报纸期刊的数字版，如《中国图书商报》《中华读书报》《出版参考》以及一些综合门户网站的读书频道，比如搜狐网读书，金融界读书频道等间接获得出版行业的相关最新信息；三是依靠以企业信息和数据研究为目标的独立的第三方服务机构，如中商情报网等。

（3）利用数字出版信息资源及时了解出版企业自身资源状况信息

众所周知，选题要符合出版企业的任务、出书范围和出书条件，出版企业的人力、物力、财力或多或少都会影响着选题的质量、数量与规模，所以在策划选题时要妥善处理好有所为和有所不为的关系。一般而言，出版企业的自身资源状况都属于企业本身的商业机密，大体由出版物生产智能（人力）资源信息、出版物生产物质资源信息、出版物生产资本资源信息三部分构成，其信息源则主要来自本企业内部的各个职能部门，如人力资源部、综合管理部以及财务部等。因此，可利用本企业自身的局域网对相关信息予以把握，有条件的出版企业若建有数据资源总库，策划者亦可从中加以查询所需信息。

出版物的选题策划，虽有方法，却无定法，然其前提则无疑是建立在对各类出版信息的充分把握和准确分析的基础之上。现代编辑必须学会运用计算机检索和开发技术，充分利用数字出版信息资源，积极占有全面而丰富的国内外出版信息；同时努力培养对信息的甄别处理能力，去粗取精，去伪存真，在此基础上努力开挖信息的潜在价值，通过对数字出版信息的融合、转换而使其真正为我所用，如此方能设计提出符合本企业出版特色的优质选题。

6.4　数字出版信息资源出版物市场营销中的开发利用

信息是决策的基础，正确与及时的信息对营销而言非常重要。企业经营的成败有相当大的比例被归于营销策略与活动的正确与否。营销管理人员需要借助正确的营销信息来拟定一个适当的营销计划。一般来说，关于企业历史经营信息、市场机会与威胁信息等都是企业所需的重要信息。如今市场营销在企业发展中具有决胜作用的时代，关于竞争企业和顾客需求方面的信息对出版企业的市场营销决策起着至关重要的作用。利用竞争企业及顾客需求相关的数字出版信息资源能为出版企业在改善决策的品质、为顾客创造价值的过程中超过它的竞争对手方面起到重要作用。当下数字化信息贯穿大众信息流通的各个阶段，数字出版信息资源能够更加方便、快捷的实现管理人员对于市场营销信息的及时、完整性需求。对数字出版信息资源进行开发与利用贯穿出版企业的目标市场选择与市场定位、产品策略、渠道策略、定价策略和促销策略等 4P 营销组合过程。在数字化时代，注重开发利用数字出版信息资源是企业获得信息的重要途径，能使出版企业更加方便、快捷地制定市场营销策略，有效的改善企业决策品质。

6.4.1 利用数字出版信息资源进行目标市场选择及出版企业市场定位

（1）利用数字出版信息资源进行出版市场细分

市场细分就是根据一定的标准，把整个市场细分为若干子市场，供企业选择目标市场的过程。出版市场细分是建立在消费者需求异质性理论基础之上的，即出版企业根据消费者对出版产品需求具有的多样性和层次性，将大的市场区分为小的同质市场，使得在一个细分市场上的消费者需求具有更多的一致性，以区别其他细分市场消费者需求。这样，出版企业可以选择和界定准备进入的细分市场的范围，并有针对性的设计营销组合。在操作上，主要是出版企业在界定了准备细分的市场范围后，要进行市场调研，分析导致市场差异的主要因素，根据其重要性进行排列，筛选出其中最重要的变量作为细分标准进行出版市场细分。同时，分析不同细分市场之间的区别，把握消费者需求实质，辨别市场机会。利用数字出版信息资源能为出版市场细分提供有效的依据。

①利用数字出版信息资源提供市场细分的标准 。出版市场的特征标准是出版市场细分的基础。通常出版企业依据影响读者需求的各种因素对图书市场进行细分。对消费者市场而言，常用的市场细分因素主要有：地理因素、人口因素、心理因素、购买行为特征。如根据读者文化程度将市场划分为学龄前市场、学龄市场、高等教育市场等。企业获得这些重要因素成为划分标准需要依据一定的信息，而对数字出版信息资源的利用将使得企业更加便捷的获得有效信息，并且能够节约获取成本。我们针对这些细分因素的数字出版信息资源内容分析其开发的情报源、情报利用方式以及主要利用这些细分因素的出版企业，如表 6-11 所示。

表 6-11 **细分因素的数字出版信息资源内容及其利用的出版企业**

细分因素	细分内容	情报源	情报利用	主要利用的出版企业
地理因素	读者所处的地区、气候、城市、农村等因素的综合	各地政府网站、年鉴、数据库中关于地理因素的信息资源等	根据一定地域范围内的读者构成情况，帮助企业明确各类读者的比重特点，有利于企业扩大营销空间	出版农业、养殖业等科技图书的出版企业、发行企业
人口因素	读者的年龄、性别、职业、收入、文化程度、家庭结构、民族、宗教、社会阶层等	各地政府网站统计资料、风俗文化网站、社会调查与统计信息	如针对“少子化”现象，可分析出“孩子的优生优育”“老年人市场的扩大”市场需求，从而多出版少儿、老年人使用的出版产品	大众图书出版社、教材教辅出版社、少年儿童出版社、老年出版社
心理因素	读者生活方式、追求目标、个性等因素的综合	网络调查的信息资源、网络论坛中相关信息的提取、新闻报道、统计资料的利用	如随着电子商务的发展，网购成为年轻人消费的主要方式，出版企业应尽量提供网上服务，甚至出版关于网上购物必备的常识相关书籍	电子杂志、购物杂志、专业图书出版社、大众图书出版社、发行企业

续表

细分因素	细分内容	情报源	情报利用	主要利用的出版企业
购买行为因素	读者的购买态度、购买频次、购买目标等因素	调查统计资料、全民阅读报告等	可根据购买频次、类别和购买态度分析出企业的稳定市场及市场增长情况	所有出版企业、发行企业

②利用数字出版信息资源准确辨别市场机会。依据一定标准对市场进行细分后，所得到的只是企业对市场的认识，而要想准确辨别市场机会，第一，要抓取每个细分市场存在的需求和购买行为特点，并分析其产生原因，以此把握不同细分市场之间存在的微小差别，并从中不断发现新的细分市场。例如，甲书店以读者个性为细分标准，乙书店以读者文化程度为细分标准，但两书店又同时根据读者的购买目标来细分市场。第二，随时根据读者需求变化调整细分方向。读者需求是出版业发展的动力，只有把握了读者需求才是真正地把握了市场机会。如读者需要寻找养宠物的出版物，其实质需求可经过如此细分：

宠物——狗——京巴——京巴的饲养（对动物而言）注意事项
成长的各个不同年龄阶段的饲养注意事项，如幼年期、哺育期
不同季节需要特殊注意的事项
京巴的饮食、卫生注意事项
京巴和别的动物共同饲养需要注意事项
京巴伤、病状态、注意事项、医疗机构
……

——京巴的饲养（对人而言）注意事项

主人的饮食、卫生注意事项，如哺育期妇女、幼儿的卫生注意事项

被京巴抓咬后的注意事项，指定相关医疗机构和药品

……

而实际上，市场上的出版物多是泛泛而谈宠物的饲养方法，或是直接对狗这一大的动物类别进行介绍，读者的真正需求并没有抓住。对读者需求的把握可以通过相关网站、论坛、社区、社团进行调查，进行合适类别的细分。

（2）利用数字出版信息资源选择目标市场

目标市场是企业进行市场细分之后拟选定进入并为之服务的子市场。出版市场细分的根本目的在于为出版企业选择目标市场提供依据。在进行出版市场细分后，企业可选择合适的细分市场作为拟选定进入的目标市场。这时出版企业通过已掌握的数字出版环境信息资源、数字出版经营信息资源对该细分市场有了较为深入的了解，有利于出版企业明确营销方向。再结合本企业的内容信息资源、经营信息资源制定有针对性的营销组合策略，在市场竞争中充分发挥竞争优势。

目标市场的选择主要是综合市场机会、目标市场威胁、本企业在市场竞争中的优劣势等因素的结果。市场机会主要是指市场的开发价值和发展潜力，这是出版企业选其为目标市场的评价基础，即市场的可衡量性、可进入性和效益性。目标市场威胁主要是指市场的竞争状况和市场进出壁垒。企业优劣势主要是出版企业在该市场的经营活动中所处的境地。评价的结果将决定出版企业目标市场选择和企业营销资源配置状况。总之，出版企业所选择的目标市场相对其他子市场应：具有长期开发价值，具有扩散性和延续性，适合企业的战略目标和资源状况，还应同时具有社会效益和经济效益。一般来说，企业实力越强，把握市场机会、应对市场威胁、在竞争中满足顾客需求的能力就越强，企业机会

越多。与此相反，出版企业自身能力越弱，多数的市场机会自然就不是该出版企业的发展机会了。关于目标市场选择影响因素的具体评价标准，获取评价内容的数字出版经营信息资源的情报源及利用，如表6-12所示。

表6-12 **目标市场选择影响因素的数字出版经营信息资源内容**

市场标准	评价标准	情报源	情报利用
市场机会	市场规模、消费能力高低、市场范围、容量大小、增长速度与趋势、与其他子市场的相互作用	利用专业网站对该市场的专项调查、专业咨询公司对该市场的测评、新闻报道中对该市场的报道、权威人物对该市场的估测、该市场发展对政策规章的相符程度；对该市场的专项调查、测评、新闻	新闻出版总署对学术期刊出版企业、实体书店经营企业进行补贴
市场威胁	竞争企业数量、竞争强度、竞争态势、市场进出壁垒		如出版教材的出版企业与出版教辅的出版企业之间关于教辅出版社对教材内容使用的版权的竞争
本企业优劣势	与出版企业经营目标和任务的吻合程度、是否具有足够的驾驭市场机会的能力、能否获得“差别利益”、企业的相对优劣势、盈利可能性	管理部门对企业发展的规划资料、历年发展能力测评资料、新闻报道中对企业的报道评价、企业资源和能力与市场需要的符合程度或易实现程度	如以历史文化为主要出版内容的企业在出版历史教材时的内容优势、在建党90周年中具有史料优势

（3）利用数字出版信息资源进行出版企业市场定位

市场定位的实质是使本企业与其他企业严格区分开来，并使顾客明显感觉和认知这种差别，从而在顾客心目中留下特殊的印象。企业的市场定位是以企业的产品或服务为载体的，因此出版企业市场定位的实质是出版企业针对目标市场进行产品定位。出版产品市场定位是出版企业实现市场机会向企业机会转变的重要途径，即针对所选定的目标细分市场寻求可发挥出版企业自身资源、能力占据优势地位的定位，并通过营销组合方式向消费者传达企业定位。进行出版企业市场定位主要利用本企业及竞争企业的数字出版经营信息资源、数字出版内容信息资源确定，是出版企业实力对一定市场适应程度的大比拼。

①利用数字出版信息资源明确出版企业竞争优势，寻求出版企业定位。明确企业竞争优势是企业进行定位的基础和前提。一般来说，所谓出版企业竞争优势应该是与竞争对手相比所具有的，为消费者所需要的条件，企业借此确立在消费者心中的独特地位。其重点倾向于满足消费者需求的程度，所推出的功能与竞争对手的区别，这些差异将成为企业进入目标市场的竞争优势。因此，出版企业开发新产品时，应首先研究同一目标市场中竞争者所处的优劣势，所提供给消费者的超值效用，然后进行出版企业自身在目标市场中的定位。如曾经风行农村市场的“一元”农业科普图书，在内容上为众多读者所需要，而其“一元”的价格，和单行本的形式成为消费者获得的“超值”效用。这使得消费者对出版社和其竞争产品产生有力的认知。

出版企业寻求市场上的合适定位，可以采取与竞争对手企业相似定位、相对抗的定位或相远离定位的方法。采取相似的定位时，出版企业要在产品诉求和整合营销沟通方面比竞争者做得更加完善；采取与竞争者对抗的定位时，出版企业需要提供一个能够直接替代竞争者利益的产品，而非类似产品；采取与竞争者远离的定位，但要避免与竞争者正面交锋，如进行不同的市场细分，提供具有独特性的产品。开发数字出版信息资源，利用数字出版信息资源进行出版企业市场定位具体如表 6-13 所示。

表 6-13　**利用数字出版信息资源的出版企业市场定位**

<table>
<tr><th>市场定位</th><th colspan="2">定位内容</th><th>情报源</th><th>情报利用</th></tr>
<tr><td>主要竞争对手市场定位</td><td colspan="2">产品内容质量、形式质量、功能、价格、服务、市场针对性</td><td>通过新闻报道、广告、网上相关评论、证券等金融企业网站关于竞争对手企业网站了解、进行市场调查</td><td>如通过竞争对手企业新发布的广告了解其定位</td></tr>
<tr><td rowspan="3">本企业市场定位</td><td>相似定位</td><td>提供比竞争对手更完善的效用</td><td rowspan="3">根据竞争对手企业产品市场反应的相关报道、广告宣传、经营策略、市场反应等信息进行了解，根据市场历史产品形态进行分析</td><td>对竞争对手产品效用的仿效、根据竞争对手效用市场反应进行完善，如出版与竞争对手相同但更专深的为读者所需要的内容</td></tr>
<tr><td>对抗定位</td><td>提供与竞争对手不同，却可以替代竞争对手功能的效用</td><td>分析竞争对手产品效用、开发具有该效用的替代品，如对纸质版相同内容出版“听书”</td></tr>
<tr><td>相远离定位</td><td>进行不同的市场细分，提供具有独特性的产品</td><td>如竞争对手主要开发国内市场，本企业可对国外市场进行开发</td></tr>
</table>

②利用数字出版信息资源将出版企业定位传达给消费者。出版企业的市场定位是通过各种营销组合策略传达到消费者终端，使之成为消费者心中的出版企业定位。而只有在对本出版企业产品与竞争对手出版企业产品的比较中，消费者对本企业产品形成的差异认识并占优势，才能促成消费者对本企业出版产品的购买行为。出版企业定位指引出版企业的营销组合取得良好市场与社会绩效，才算

是出版企业定位成功。

出版企业对企业市场定位的传达应将重点放在那些会对其目标市场产生重大影响的差异方面，以形成消费者心中独特的地位。而合理的利用各种数字化传播方式能不断扩大影响，并在消费者心中形成深刻印象。主要的数字化传播方式包括：第一，在出版企业网站进行公布和承诺。第二，举办实地活动，并争取新闻媒体的报道。第三，采用包括产品、价格、流通、促销等营销组合方式传达，并在网上、网下的与读者交流，如进行网上书店的促销活动。第四，积极参与行业相关论坛、网站上的活动，并力图宣传本出版企业。积极参与政府、行业协会举办的活动，争取多方面的曝光度和网络链接。第五，积极参与出版企业行为研究活动并形成成果，发表于期刊、杂志、报纸中，尤其是被数据库收录的期刊中，既有利于扩大影响，更有利于研究者对企业进行研究，方便出版企业从理论层面进行理解。由于互联网上的宣传覆盖面涉及的群体多是具有一定文化层次的人，不管是出于工作需要还是个人兴趣爱好，其对出版产品的需求量都比较大，因此，应注重互联网上的企业市场定位的数字出版信息的宣传，同时，将网下进行的实地活动传上互联网，更易取得网友的支持。

6.4.2 利用数字出版信息资源制定出版产品策略

出版产品是指出版企业向市场提供的能够满足消费者某种需求的有形商品和无形服务。出版物产品的开发、开发策略的确定是出版企业市场经营活动的核心之所在。随着市场经济的发展，出版产品的内涵和外延都发生了很大变化，一方面，社会经济的发展，各企业提供的同类产品在核心层和形式层同质化程度越来越高，要想赢得竞争优势，必须比竞争对手企业提供更多的附加利益。另一方面，随着人民收入水平的提高，消费者对产品非功能性利益的重视度超过了对功能利益的关注。可以说，整体产品概念是建立在“产品=顾客价值”这样一个等式基础之上的。出版企业只有在出版产品的品种、数量等产品策略确定后，才好进行相应的出版产品定价、出版产品流通渠道、出版产品促销组合等营销策略开发。开发出版产品品种和生产数量、产品组合等重要出版产品事项的确定需要科学依据进行指导，数字出版信息资源以其开发利用的便捷性、及时性、适用性在出版产品策略中将起到重要作用，保障了出版产品策略制定各环节的顺利开展。从以下三个层次进行分析。

(1) 利用数字出版信息资源分析出版产品管理影响因素

出版产品管理影响因素分析主要包括两个部分，首先，进行出版组合与其指标分析，其次，进行出版产品品项分析。

①利用数字出版信息资源制定出版产品组合及其指标分析。出版产品组合是出版产品管理中首先要考虑的层次。出版产品组合是否恰当主要基于出版产品线的四个指标：广度、长度、深度、关联性。出版产品线是指具有相同功能，或具有同一专业学科范围，或具有相同顾客群，或生产程序相同，或是发行渠道相同，或是处在同一价格范围的相关出版产品。出版产品线的划分标准，应视各要素在出版企业营销策略中的重要性而定。以出版生产企业为例，出版产品线是指出版产品的载体形式（包括纸型出版物、电子出版物、音像出版物）或出版产品内容的学科专业范围来划分的，也即相同载体或相同学科专业类别的出版产品就可以成为一个产品线。利用出版企业内部数字出版信息资源能够为确定出版产品组合指标提供明确依据。合理的确定出版产品组合的四个指标，有利于制定适合本出版企业的产品组合，更有利于出版企业市场营销活动的展开。如出版社在策划期就可以通过如 Intelligent Miner 智能挖掘师、Information Dis-covery System 信息发现系统等数据挖掘技术对消费者消费信息进行整理、加工和分析，开发出市场需求。根据市场需要增加产品线的长度，开发符合多种形式的出版产品。数字出版信息资源在分析出版产品指标中的开发利用如表 6-14 所示。

出版产品组合是指一个出版企业生产和经营的全部产品线、产品项目的组合方式，是出版企业根据自身实力与特长确定的出版产品的开发、经营范围。进行出版产品组合及其指标分析是一个客观评价出版企业规模和能力的过程，主要通过对出版企业内部数字出版信息资源的分析，了解企业在市场中规模的大小。在分析出版企

表 6-14 数字出版信息资源在分析出版产品指标中的开发利用

指标	指标信息	情报源	情报利用
产品线广度	企业拥有产品线的数目	出版企业研发部、产品部关于已有产品的项目、数目、功能、内容范围等内容信息的资料；发行企业销售部、市场部关于产品目标顾客、生产程序、发行渠道、价格等出版经营信息的资料；通过网络、电视广告等渠道了解到的同行业企业产品线信息	了解企业实际规模。如出版社将已有图书产品线的指标信息资源结合企业在产品开发方面可投入资源、企业未来规划等信息资源，选择合适的产品组合
产品线长度	企业所拥有出版产品项目的数目		
产品线深度	平均每一条出版产品线中的出版产品项目数		
宽产品线度	各产品线在功能、渠道等方面的关联程度		

业已有出版组合的广度、宽度、长度、深度指标的基础上，按照企业未来发展规划，选择适合企业的出版产品组合。利用企业内部数字出版信息资源包括内容信息资源、经营信息资源等为企业选择最合适的出版产品组合提供信息支持和客观依据。出版企业根据自身实力可选择的出版产品组合如表 6-15 所示。

表 6-15 出版企业根据实力可选择的出版产品组合

类型	内容	适用企业	举例
广深型	指既追求产品线的深度，又追求广度，却不强调出版产品线的关联性	大型出版企业、出版集团、发行集团	如凤凰出版集团的出版范围涉及教材、科技读物、学术读物、工具书、文学、文化生活读物、艺术类图书、大众杂志期刊、专业期刊、教辅资料、电子产品等，还进入房地产领域开发凤凰文化地产

续表

类型	内容	适用企业	举例
广浅型	指只追求出版产品线的广度，不追求其深度。一般关联性高	集中向某一区域出版市场提供各类的出版产品服务	如中小型综合书店
窄深型	追求出版产品线的深度，不强调产品线的广度，一般关联性比较高	大中型专业出版发行企业	专业性强的出版社、科技书店、教育书店、古籍书店等
窄浅型	不追求出版产品线的深度、广度，只经营单一或少数几条产品线	一两人的微型出版企业，极小的、特殊发行企业	我国没有这种出版社，近年出现的小型出版工作室、针对特殊群体的小型书店适合这种组合，如专营少儿书店

②利用数字出版信息资源确定出版产品品项。出版产品项目是指出版产品品种，每一种出版产品都是一个出版产品品项。出版产品品项的管理主要包括出版产品属性的决策、出版产品品牌、出版产品装帧、出版产品保证等四个方面。开发出版产品品项中的数字出版信息资源包括竞争对手出版企业产品品项、企业已有产品品项、市场对产品品项的需求、行业技术发展和企业可用性几个方面。针对根据竞争对手企业出版产品属性及行业产品属性发展趋势不断完善本企业产品属性，形成替代竞争对手和引导市场需求的产品品项。如出版企业通过网络新闻报道、广告、权威人物和机构的评价等方式获取竞争对手企业出版产品的品质、功能、设计、产品定位等产品属性信息资源，通过市场产品调研结果获取市场对产品品项的需求信息资源，结合出版企业对产品开发的规划，确定本企业出版产品的属性，使得本企业产品在市场中具有竞争优势。

出版产品属性决策主要包括出版产品品质、出版产品功能、出版产品类型与设计、出版产品定位。在出版产品属性的决策上，首先要决定出版产品的品质能够与竞争对手企业出版产品竞争，否则企业出版产品无法在该市场立足。在产品功能方面，应把握消费者需求实质，有针对性地进行设计。在出版产品类型与设计方面，应不断推出新产品淘汰旧产品，如书籍的改版、修订。在出版产品定位方面，适当的高定位能够提高出版产品的附加值。如《特别关注》在书的封面标明“成功男士读物”，读者将从中能得到自身地位的提高的感觉。

出版产品品牌主要包括出版企业名称、标志、商标、出版产品系列标志。出版产品品牌是消费者将出版企业与其他企业区分开的重要工具，此外，出版品牌还更容易获得顾客的认同，形成重购，提高企业新产品的接受度，促进新产品的销售。出版企业名称是在消费者心中树立品牌的最直接结果。如“三联新知读书”书店、机械工业出版社的科技类图书等企业名称在消费者心中已经树立良好的品牌形象。出版企业标志是出版品牌的重要组成部分。出版企业商标是出版企业为保护品牌，向工商部门申请注册的结果，一般称为注册商标。如中国商务印书馆的商标是一本翻开的书，书上是地球的标志和 CCTP 几个字母，让人印象深刻。

出版产品装帧主要包括出版产品名称、装帧设计。出版产品名称一般就是书名、期刊名、电影名等，让人印象深刻的出版产品名称对图书市场销售有极大的促进作用。如王家卫拍摄的电影《东邪西毒》的英文名字叫作 *Ash of Time*，中英文名字并无关联，但英文名字对其打入国际市场获得好评功不可没。出版产品装帧设计是多方面的，封面是读者对出版产品的第一印象，世界各国的封面设计风格大不相同，如日本的出版产品一般都比较唯美、简洁；美国的出版产品封面一般都更加多元化和不拘一格。

出版产品保证主要有版权页、责任编辑、署名作者。这些都是出版企业向消费者提出确保其出版产品质量的方式。如今，产品保证已经成为维系既有顾客和吸引新顾客的普遍手段。产品保证包括明确保证和隐含保证。明确保证如出版社在图书版权页印“如有质量问题，请向×××出版社联系调换”。隐形保证就是出版企业没有明确指出，但消费者认为产品或服务所应具有的保证。“术业有专攻”，读者潜意识中就认为科技出版社出版的图书内容会比较专深，而一般情况下也确实是如此。

（2）利用数字出版信息资源进行出版产品管理

一般来说，出版企业进行产品管理主要是在既有出版产品组合的基础上根据需要进行调整，如进行出版产品线的延伸、产品线填补、产品线缩减。

出版产品线延伸是出版企业决定增加新产品到现有的产品线，以扩大其产品线的经营范围，增加竞争力时的做法。包括向上延伸、向下延伸和双向延伸三种方式。向上延伸是指在原有出版产品线中增加一些质量和价格相对高的产品线和产品项目，以满足高档次的消费者的需求。向上延伸是指在原有出版产品线中增加一些质量和价格相对低的产品线和产品项目，以满足购买力较低的消费者的需求。双向延伸是指在原有出版产品线中同时增加高档次和低档次出版产品线和产品项目。

出版产品线填补是指在原有出版产品组合中，增加出版产品线和出版产品项目，以增加企业出版产品线的广度和深度。一般在宏观环境较好，市场需求增大，或者出版企业实力由弱变强时采用的策略。如此，可以增加出版企业的竞争优势、提升出版企业的知名度、并提高竞争者的进入壁垒。

出版产品线缩减是指出版企业通过减小出版产品范围，减少出版产品项目等方式对原有的出版产品线的广度和深度进行缩减。缩减后可以将出版企业资源集中在最重要的出版产品方面。一般在宏观经济处于紧缩状态，市场环境不佳，市场需求下滑，或者经营状况不景气，出版企业自身实力下滑时使用。出版企业选择这种策略通常是由于出版产品线扩张过度，造成利润侵蚀、营销资源不当分配或产品过时时候的选择。

出版产品管理主要是对出版产品线调整，具体来说就是对出版产品线内产品项目的更新。随着市场环境的变化、市场需求偏好的转移，市场竞争态势的变化，出版企业必须不定时的进行产品线更新调整。出版产品线调整需要考虑的因素主要包括已有产品组合、企业市场需求变化情况、市场竞争变化情况、产品生命周期。对这些因素相关信息的收集是动态的循环过程，所搜集到的信息在数量上比较大，并且需要通过数据挖掘或内容分析等方法提炼后使用。数字化工具为这些巨型信息的搜集、整理、分析提供了便利，而所提炼的数字化信息资源也为企业分析和选择产品线调整策略指引了方向。开发利用出版产品管理影响因素相关的数字出版信息资源，具体如表 6-16 所示。

表 6-16　**出版产品管理影响因素的数字出版信息资源**

影响因素	内容	情报源	情报利用
企业已有产品组合	产品线数目、产品项目数、关联性	企业产品部、市场部相关资料	根据出版产品线数量、品种及其在利用资源、符合市场需求等方面的关联性决定企业资源的分配
市场需求变化情况	市场规模、需求转移情况	利用专业网站对市场进行调查、行业性报道中的相关资料提取	如纸质书需求的减少和数字产品需求的上升，对文字的敏感度比对图的敏感度低的偏好发现
市场竞争变化情况	市场进入门槛变化、竞争者数量及竞争力的对比、主要竞争者实力	企业产品部、市场部对市场上相关信息的调查、新闻出版官方网站信息、针对竞争企业的情报信息	企业开展数字出版有资质限制，传统出版社优先
产品生命周期	已有产品所处生命周期	市场部的销售数据资料	当某产品经过一段时间的销售后，销量直线下降，就到了衰退期，企业应考虑推出新产品

(3) 利用数字出版信息资源开发新产品

一个再富有活力的企业如果不适时开发和推出新产品，也会随着时间的推移而被市场淘汰。因此，出版企业必须不断地调查和掌握消费者需求的变化、观测竞争对手企业的战略，从而满足和引导消费者需求并在市场中占据有利竞争地位。这需要出版企业通过互联网进行大量调查研究，开发新产品的数字出版内容信息资源及出版经营信息资源。出版企业进行新产品开发源自出版企业的创新。新产品开发是一个从新产品概念产生到最终商品化的过程。这个过程主要分为："新产品创意来源——产品创意筛选——开发与测试——试销——生命周期测评"五个阶段，之后就可以面市。在这五个阶段中充分利用数字化技术进行信息搜集，有利于出版企业更准确地把握市场需求，开发满足市场需要获得市场效益的出版产品。在开发新产品的各阶段，开发和利用出版企业所需的数字出版信息，如表6-17所示。

表6-17 **开发新产品的各阶段所需的数字出版信息**

步骤	信息内容	信息源	信息利用
创意来源	新产品开发需求必要性、新产品需求倾向	通过线上或线下企业顾客、企业员工、渠道成员、竞争者产品创意、研究机构等相关群体征集和提取创意	通过渠道商提供群体消费者需要的特殊服务，如提供特定版本的书，"馆配书"
创意筛选	新产品的独特优势、市场本身的吸引力、与公司资源的符合程度、商业分析	产品开发经验、网络调查的市场需求	从经验判断创意优劣势、从网络民意调查分析产品吸引力、从产品开发推广成本及市场需求的规模、增长性、增长速度分析其商业性

续表

步骤	信息内容	信息源	信息利用
产品开发与测试	技术、资金支持	研究机构的技术开发情况、行业关于技术利用的信息、企业对产品开发的资金支持力度、相关产品的财政政策情况	从相关研究机构网站了解相关技术发展成熟性及其利用成本，根据企业的新产品预算取舍
试销	市场效果反馈、预估市场规模和可盈利性	专业出版网站、专业调查网站对试销的调查结果、渠道成员的反映	根据相关调查结果评价开发成本和盈利空间
生命周期测评	试销期的市场反应	专业人士经验性评测、专业评论的报道消息	针对试销期的市场反应分析和预测产品的生命周期长短

根据所需的各种数字出版信息资源，出版企业可以很便捷地制定出最适合企业的产品策略。然而出版企业的产品策略确定还极大地受到出版企业领导人个人因素的影响，确定出版产品策略需要企业领导人的支持。此外，出版产品即使具有一定市场规模，符合市场需要，也受到出版环境的制约，尤其是出版行业的政策法规环境。通过新闻出版总署、文化和旅游部、教育部等部门的官方网站，我们可以了解到这些政策，使企业的出版产品符合政策规定，这是出版产品策略确定的决定性因素。

6.4.3 利用数字出版信息资源制定价格策略

价格是指在交换过程中，为获得一项商品或服务所付出的代价。价格是出版企业营销组合的基本因素，是出版企业进行营销活动的重要手段，同时也是出版企业获得经济效益和实现营销目标的关键因素。对消费者来说，出版产品是一种价格弹性充足的产品，价格是消费者最关心的市场因素。消费者所认为的合理的价格应该是指，交换时其愿意为“知觉到的产品价值”所付出的货币代价和非货币代价。此外，出版产品，尤其是图书产品由于其特殊性，在产品上附着有标价，流通全过程中的相关人员都对其价格有个最基本的认识，因此，营销人员在开发价格策略时，应结合出版产品的货币与非货币代价进行考量。适度的高价格水平往往会使出版企业获得丰厚的利润。同样，定价的失误，也可使出版企业蒙受不应有的损失。由于出版产品在进入市场前都是明码标价的，因此，制定合理的定价目标，选择合理的定价方法尤为重要。企业在开发价格策略中，利用数字化工具制定出版产品定价目标、分析出版产品价格影响因素、选择出版产品定价策略，利用数字出版信息资源实现合理的定价，使定价目标成为现实。

(1) 利用数字出版信息资源分析出版产品定价目标及影响因素

出版企业产品定价目标的确定是出版企业根据其外部环境、内部发展阶段、产品状况等因素进行综合选择的结果。它反映了出版企业在这一时期对产品利润、市场占有率、非经济目的追求。一般认为，出版企业定价目标主要有利润目标、销量目标、竞争目标、非经济型导向的定价目标四大类（见图 6-1）。

定价目标
- 利润导向的定价目标
  - 追求利润最大化
  - 获取适度利润
  - 获取预期收益
- 销售额导向的定价目标
  - 追求最大销售量
  - 保持和扩大市场占有率
- 竞争目标
  - 维持价格的相对稳定保持竞争地位
  - 以低价击败竞争对手来增强自己的竞争地位
- 非经济型导向的定价目标
  - 品质宣传导向
  - 其他非经济性目标

图 6-1　出版产品定价目标及影响因素

出版企业制定出版产品定价目标受到多种因素的影响。首先，出版业是国家的重要产业部门，同时也是国家科学文化教育事业的一个重要组成部分。因此，出版企业产品的价格制定首当其冲地就要受到国家的各项经济政策和科学文化教育政策的影响。其次，作为商品在市场上交换，出版产品定价自然要受到市场竞争因素、市场需求因素、出版企业产品成本因素等的共同作用。一般来说，出版产品定价需要考虑的因素有：价格体制政策、价格体系政策、出版行业性价格政策、竞争对手价格策略、出版产品价值成本因素、读者因素。开发价格政策相关的数字出版环境信息资源，价值成本、市场状况、读者自身因素相关的数字出版经营信息资源，利用这些数字出版信息资源分析影响出版产品定价目标的因素，如表6-18所示。

表6-18　**利用数字出版信息资源分析出版产品价目的因素**

<table>
<tr><th>影响因素</th><th colspan="2">内容</th><th>情报源</th><th>利用</th></tr>
<tr><td rowspan="4">价格政策因素</td><td>价格体制政策</td><td>以成本为导向的出版业企业自主定价体制</td><td rowspan="3">新闻出版网站、各省新闻出版网站</td><td rowspan="4">如教材图书价格必须遵循“保本微利”原则进行定价，否则不能通过审核</td></tr>
<tr><td rowspan="2">价格体系政策</td><td>比价体系：批零差价、质量差价、地区差价、季节差价</td></tr>
<tr><td>差价体系：替代品比价、连带品比价、投入要素与制成品比价</td></tr>
<tr><td>出版行业性价格政策</td><td>“保本微利”原则、控制定价利润率的出版业价格政策</td><td>文化和旅游部、新闻出版总署网站、各省新闻出版局、行业协会网站</td></tr>
</table>

续表

影响因素	内容		情报源	利用
价值成本因素	出版产品价值因素	主要是其物化形态的价值，还包括其精神文化内容的价值	行业协会网站、行业统计信息	“精神文化价值”一般需要长期检验，但一时出现的如“莫言”热等可以看出其精神文化价值
	出版产品成本因素	生产成本、流通成本、税金、利润	行业统计信息、企业历年运行成本经验总结	今年纸质书价格不断攀升与纸张、油墨价格上涨不无关系
市场状况因素	供求状况、需求价格弹性、市场竞争状况		新闻出版网站、大众新闻网站、行业性网站	根据官网对市场供求信息的统计适当调节企业出版产品种类、数量
读者自身因素	购买力、规模、购买心理、购买行为		行业性网站的统计分析、调研	如根据统计数据可知读者近年的购书需求主要在工作学习需要、网购方式占主导

（2）利用数字出版信息资源选择出版产品定价策略

在了解出版产品定价目标影响因素的基础上，企业可以明确的是市场一般情况。而对每一个出版企业来说，由于其所处的外部环境、自身的实力不同，其定价目标会有所不同。在企业内部的不同产品项目中，不同的定价目标和定价方法会随着整体营销策略的变化而调整。因此，在实际定价过程中，企业产品定价要想在市场竞争中发挥作用，最重要的还必须与直接竞争对手进行比较，确定合适的出版产品定价策略，才有可能保证出版企业确定科学合理的出版产品价格，实现出版产品定价目标。

出版产品定价策略是出版企业在分析出版产品价格影响因素、确定出版产品定价目标、选择科学的定价方法基础上的出版产品定价的战术。主要有按照价格水准高低和按消费者对定价的心理喜好两种划分出版产品定价策略的标准。

按照价格水准来讲，出版物价格一般分三种，高定价、适宜定价、低定价。相应地，我们将出版产品定价策略分为撇油定价策略、渗透定价策略和满意定价策略。撇油定价策略，是指以较高出版产品定价的高姿态进入市场，以期在短期内获得较高回报，减少经营风险的定价策略。渗透定价策略，是与撇油定价策略相反的一种策略，指以低出版产品定价进入市场，迎合消费者求廉的心理，较低的价格有利于迅速打开市场，扩大市场占有率，同时对竞争对手进入形成壁垒。满意定价策略，是以一种比较中间出版产品价格定位进入市场，一般是根据出版市场平均价格来确定的。它能给企业同时带来撇油定价和渗透定价价格的优势，但这种定价方式是企业被动存在于市场的结果。

按照消费者喜好来分。这是出版企业针对消费者的价格预期，在定价目标上进行微调使得消费者在心理上认为更易接受的策略。企业尾数定价策略，是出版企业在出版产品定价时特意保留定价位数的策略。消费者心理研究表明：绝大多数顾客普遍感觉到尾数定价比整数定价要便宜，其表面上的精确性也使消费者认为价格更低。如风笑天《社会学研究方法》（第 2 版）定价为 29.50 元。整数定价策略，是出版企业在出版产品定价时特意将定价微调为整数的策略，多为高档书、精装书定价使用。近些年也有一些“一元书”“五元书”以整数定价来流传于低价图书中。声望定价策略，是出版企业意图在消费者中树立高声誉，获得社会地位的定价策略。这种定价方式一般对其销售的影响不大，出版企业主要是获取非经济定价目标而定。这种方式在一般企业中不太可能使用。谐音口彩定价策略，是指出版企业根据不同地区消费者讨口彩、图吉利的心理，制定符合消费者这种心理相符的价格。这种除非是大部头的书会定价“888.00”“66.00”的价格外，一般在尾数中用得比较多，如在图书定价中使用8、6、9数字比较多，而使用4的就比较少。不同的企业根据其设定的定价目标依据不同的标准选择定价策略，或综合多种定价情况来选择。出版企业根据自身产品条件信息选择具体的定价策略，如表6-19所示。

表6-19　　**定价策略**

分类依据	类别	适用条件	情报利用（看产品是否适合适用条件的情报源）
竞争对手企业类似产品定价	随行就市定价	出版产品在内容特色方面不是很明显，市场上已经有了类似的产品	市场调查竞争对手产品定价，如在当当网、卓越网、博库书城等网站获取竞争对手产品价格及折后信息，从而制定企业产品价格
	相异定价	产品特殊性强，产品是市场上的新产品	
按照价格高低分	撇油定价策略	产品的内容形式较同类产品有明显优势、产品需求价格弹性不宜过大、产品市场经常有一定垄断性、先行上市的应时书	通过市场调查报告、其他企业产品广告、书评节目的信息获取，了解企业产品在市场中的相应地位，确定合适的价格策略
	渗透定价策略	产品市场容量大、同类品种多、市场竞争激烈、需求价格弹性高	
	满意定价策略	被动适应市场环境	

续表

分类依据	类别	适用条件	情报利用（看产品是否适合适用条件的情报源）
按照读者心理分	尾数定价策略	低价位、需求弹性大的应时书	一般的大众图书
	整数定价策略	高档、高价、高质量的出版产品，也不排斥低价位、低档次的图书	如“书虫”系列图书
	声望定价策略	少数以珍藏为目的的出版产品	如“大百科全书”
	谐音口彩定价策略	根据销售区域中的特点制定	如日本人不喜欢“9”，与日语“苦”的发音相似，我国广东人喜欢“8”与其做生意发财的“发”发音一致

(3) 利用数字出版信息资源微调出版产品定价

出版产品定价代表着出版企业对其产品的价格预期，在出版产品上市后，需要打开市场时，在需要延长成长期时，在面临衰退期时，都需要价格为杠杆调动消费者的积极性。微调是一种短期做法，不会改变出版企业产品价格符合出版行业的一般的价格水准的准则。价格的微调可以使出版企业在特定的市场需求状况下获得优势，达成促销和定位的目标。

在出版企业中最常用的微调手段就是打折。折扣是出版企业对中间渠道商、消费者进行出版产品定价折价销售的实际让价比例。打折有折扣和折让两种手段。一般来讲，出版企业常用的折扣策略包括：数量折扣、品种折扣、现金折扣、季节折扣、功能折扣和业绩折扣，即针对下游出版企业在出版产品数量购进、品种购进、现金支付、特殊季节购货、承担风险大小、发展业绩大小等标准所进行的不同折扣给予的方案。折让包括推广折让、换入折让两种。推广折让是渠道商因为推广出版企业产品而获得的折价，相当于功能折扣，但更加注重出版产品的推广。换入折让是指渠道商以旧产品换新产品时，所获得的折让。价格折扣和折让的主要功能，既是对下游中间商在经营中产生的费用和成本进行补偿，也是鼓励中间商增大订货数量、品种，扩大销售，争取更多顾客，并与本企业建立长期、稳定的良好合作关系。然而判断价格微调是否必要、选择价格微调措施、执行价格微调都需要一定的信息作为依据，对此信息的开发和利用具体如表 6-20 所示。

表 6-20　**价格微调所需的信息开发和利用**

策略	依据	情报源	利用
微调的必要性	节假日、店庆、竞争对手微调活动、出版产品生命衰退期、有必要回馈客户的其他情况	各大众网站、论坛调研、各竞争对手网站、市场上关于企业部分出版产品的生命周期资料	根据不同原因进行不同程度的微调
微调的措施	竞争对手的微调措施、企业历年微调措施	竞争对手网站、大众网站关于相关价格微调活动的新闻报道、评价、企业内部历年价格微调活动资料	对竞争对手的微调措施进行仿效或者对抗、对企业历年微调措施的继承或创新
微调的执行	微调的计划资料	对价格微调必要性及实施的措施、时间的确定信息	网络宣传、调研、微调效果统计

6.4.4　利用数字出版信息资源制定出版渠道策略

在现代市场经济体系中，出版企业一般不直接向消费者出售出版产品，而是通过各种营销渠道销售出版产品。发行在出版社的地位非常重要，出版社只有把所编的书发行出去，才能真正地实现图书的经济效益，也只有通过发行到达读者手上，图书也才能实现社会效益。出版渠道是出版产品价值和出版产品实物转移的结合，渠道策略是关系到出版产品是否顺利到达消费者手中的决定因素。选择合理的出版产品渠道能够最快地实现出版产品的价值。网络为出版物发行提供了便利。一方面，互联网为出版产品的发行提供了新的销售渠道和发行方式。另一方面，计算机网络为出版渠道选择、出版产品商流信息交换、出版物流过程的实时监控提供支持，大大降低了人工传达信息造成的误传和时滞。这些便利都离不开企业对数字出版信息资源的开发利用。依据出版企业渠道策略制定的环节，在出版产品渠道策略中对数字出版信息资源的开发利用可以从以下三个层次来考虑。

(1) 利用数字出版信息资源分析选择渠道策略的影响因素

出版产品渠道是一个十分复杂的网络，类型众多，且各具特点，出版企业需在了解各种类型出版产品分销渠道的性能及优劣势的基础上，结合本企业出版产品的具体情况进行选择。根据划分标准不同，出版产品渠道有如下划分方式。

以渠道中是否存在中间商分为直接渠道和间接渠道。没有中间商的为直接渠道，如出版社自设门市部销售图书的方式。有中间商的称为间接渠道。如出版企业的出版产品一般通过批发商、零售商再到达消费者手中。

在间接渠道中，以中间渠道中存在的中间环节的多少划分为短渠道和长渠道。一般来说，中间渠道只使用一个中间商的称为短渠道。如直营店方式只有一个中间环节。在中间渠道使用两个或两个以上中间商的称为长渠道。如出版企业设各省或大区的批发商，在此之下，再设市县级批发商或零售商的具有两个或三个中间环节的方式。

在中间环节中，根据分销渠道中的中间商在所有环节、部分环节、单一环节的多少，分为密集型分销渠道、选择性分销渠道、专营性分销渠道三种。

根据渠道成员之间的关系划分传统分销渠道和垂直分销渠道。

传统分销渠道指渠道中，各渠道成员独立，并追求各自利益的最大化甚至不惜牺牲整个渠道利益的渠道组成形式。垂直分销渠道指通过所有权、契约或其他方式为纽带形成利益共同体，从而消除由于独立的渠道成员追求各自目标所引起的冲突的渠道组成形式。

出版企业在选择出版渠道时，必须综合考虑企业出版产品特点、出版市场状况、出版企业自身资源等因素，综合利用出版产品相关的内容信息资源特点、出版市场状况等数字出版经营信息资源和环境信息资源、出版企业自身资源等内部环境信息资源，选择合适的出版物发行渠道，如表 6-21 所示。

表 6-21　**选择出版物发行渠道所需的数字出版信息资源**

影响因素			渠道选择	举例
企业产品因素	内容深度	内容较浅	不用间接渠道、短渠道、窄渠道、垂直分销渠道	少儿读物、社科类通俗读物、科普类读物等大众市场图书
		内容专深	直接渠道、短渠道	科技、学术著作
	学科专业类别	专业性强	直接渠道	专业书、科技学术著作
		专业性弱	宽渠道、长渠道	大众图书
	出版产品的时效性	时效性强	直接渠道、短渠道	应时书、畅销书
		时效性弱	宽渠道、长渠道	经典、古典名著、艺术图书、史料资料
	生命周期	投入期、成长期	直接渠道、短渠道	应时书、畅销书
		成熟期后	宽渠道、间接渠道	大众图书
	价格高低	高	直接渠道为主，不宜用过长、过宽的间接分销渠道	精装版、大部头图书、数据库
		低	间接渠道为主，不宜用过短、过窄的直接分销渠道	单行本、内容专精深的图书

续表

影响因素			渠道选择	举例
出版市场状况	市场范围	窄	直接渠道、短渠道、窄渠道、垂直渠道	如某少数民族人口为销售市场
		宽	间接渠道、长渠道、宽渠道、传统渠道	如以全国市场为目标市场
	市场容量	大	(且需求集中) 短渠道、宽渠道	如全国中小学生的语文教辅图书
		小	(且需求分散) 长渠道、窄渠道	如盲文课本
	市场竞争状况	本企业竞争力强	与竞争对手相同的渠道	如江苏教育出版社出版的教材教辅
		本企业竞争力弱	避开竞争对手，另辟蹊径	如江西“金太阳”开发电子书包
出版企业自身因素	企业声誉	好	吸引中间商合作	如人民教育出版社的教材
		坏	求得中间商合作，或自建营销渠道	如山东等地的劣质教辅
	资金与规模	实力雄厚	自主选择或自建渠道	凤凰出版集团的强大实力
		实力有限	间接分销渠道	民营出版公司
	销售技术与能力	条件好	直接渠道	如大学出版社自设的读者服务部
		条件差	间接渠道	

(2) 利用数字出版信息资源进行渠道设计

渠道设计既是出版产品价值和物质从出版企业到消费者手中的

过程，也是出版企业借此树立在消费者心中良好印象的重要来源。渠道设计中应注意要做到尽可能满足消费者对出版企业产品的需求，并降低分销成本，以便从整体上降低图书价格，更好地打入市场。渠道同时也是出版企业与各渠道中间商之间利益分配的过程。因此，渠道设计应当综合考虑出版产品分销渠道的各种因素，择优选择渠道类型和中间商。同时，要合理分配各方利益，充分发挥各中间商的积极性，发挥分销渠道整体功能。并正确处理出版企业与不同中间商的合作关系，企业的发展要考虑到中间商的利益发挥。

对出版产品渠道进行设计的步骤主要包括：首先需要确定是否需要发行中间商，即决定是采用直接渠道，还是间接渠道；其次，决定渠道的长短。即采用几级中间商；再次，决定渠道的宽窄。即每个环节采用多少中间商；最后，选择发行中间商。出版企业在出版渠道设计时，必然综合考虑出版企业产品特点、出版产品市场状况、出版企业已有渠道（只要不是新设立的出版企业大多已经有发行渠道，而我国由于出版企业设立实行审批制，新设立的出版企业非常少）、出版企业新渠道设计可用资源等因素，这些是出版产品渠道设计的重要条件。出版企业要重视开发与这些因素相关的数字出版信息资源，利用这些数字出版信息资源判断企业建立新渠道的必要性，分析新渠道与产品适应程度，如表 6-22 所示。

表 6-22　**利用数字出版信息资源分析出版发行渠道的适应程度**

影响因素	影响因素内容	信息源	信息作用
产品因素	内容深度、专业性强弱、产品的时效性、生命周期、价格高低	对同类出版产品的市场调查、分析和对比	了解本企业产品适用渠道类型
市场状况	市场范围宽窄、市场容量大小、市场竞争激烈状况、目标市场的覆盖地区关联性、储运的便捷性	企业进行调查研究；行业杂志、行业协会、专业调查网站对目标市场的调查报道	决定渠道的长短、宽窄

续表

影响因素	影响因素内容	信息源	信息作用
已有渠道组合	已有渠道组合是直接渠道还是间接渠道、渠道长短、宽窄、中间商的销售能力	企业市场部、流通部对已有渠道、中间商实力的评估资料	判断已有渠道是否满足现有和未来产品的流通
新渠道设计可用资源	出版企业品牌、规模情况；资金、人力、技术等资源投入情况、市场经营能力	行业杂志、新闻对本企业的评估报道；企业渠道建设规划资料、企业市场部经营业绩资料	影响企业渠道建设和选择的重要因素

(3) 利用数字出版信息资源进行渠道管理

一般来说，出版企业都存在既有的渠道组合，为了避免大风险，出版企业都不会对营销渠道大动干戈，对出版企业渠道进行管理最主要的方式就是渠道微调。渠道的微调是指出版企业根据其营销战略发展的需要，对原有分销渠道系统的结构或部分渠道成员作局部或整体性的改进，以适应出版企业营销发展及环境变化的需要。通常，出版企业在面临以下情况时会进行渠道微调。一是现有分销渠道不适宜新的出版产品的推销。二是出版企业产品的销售量出现大幅度的增长或降低。三是出版企业自身的销售实力、竞争对手企业的渠道销售实力变化较大时。四是由于消费者的消费需求倾向转移、消费结构变化，或政策环境变化、市场竞争环境变化对出版企业的销售渠道提出新要求。

渠道微调的主要方式有：第一，增减个别渠道成员，即当某个中间商经营不善，且影响到整个分销渠道时，出版企业可在不改变该渠道整体功能的前提下中止与该中间商的关系，并在适当的时候增加能力较强的新中间商，以确保原有渠道功能的继续发挥。第二，增减个别渠道，指出版企业进入或退出某个细分市场时，必须在该细分市场上组建一条新的分销渠道，以便及时向该细分市场供货或者取消原有分销渠道。第三，变更整个分销渠道，即出版企业对原有分销渠道做较大规模或根本性的改变，甚至完全放弃原有分销渠道，重新建立新的分销渠道系统。例如，某出版社考虑到自己发行力量已逐渐壮大，在城市市场上可以免除批发商，由出版企业直接向城市零售点发货。开发关于出版企业、目标出版需求、目标市场竞争情况的数字出版经营信息资源，和政策因素等数字出版环境信息资源，分析影响出版渠道管理的因素，指导企业渠道管理行为，如表6-23所示。

表6-23　**利用数字出版环境信息资源分析影响出版发行渠道的因素**

影响因素	影响因素内容	信息源	信息利用
企业因素	原有渠道结构	企业销售部、市场部对渠道评估	判断原有渠道是否符合企业发展的新环境
	渠道成员实力及产生的效益	销量资料、销售部的评估、新闻、行业报道关于渠道成员的信息	如零售网点过于分散不利畅销出版物发行，则应加强零售网店的设置，增加产品与消费者见面频次
	新产品与原有渠道适应情况	新产品特点，试销结果、销售经验	如新产品是应时产品，原有销售渠道是长渠道，因此需要建立新的短渠道或在此产品的销售中缩减部分渠道
	企业销售实力和产品销量变化情况	销量资料、销售部的评估	如企业对渠道控制力不强时，应适当减少部分渠道成员

续表

影响因素	影响因素内容	信息源	信息利用
政策因素	政策稳定性，与现有渠道吻合度	管理部门网站关于出版产业扶持政策施行期限，限制规章的具体要求信息	如对外出版的外文出版物不限制书号使用，并享有“走出去”政策补贴
市场需求因素	消费者消费结构、市场需求趋势	根据专业网站的报道、关于消费者需求的新闻报道、针对消费者需求调查的企业、行业销售资料预测	如随着消费者对电子书需求增大，那么应加强出版产品网络宣传
市场竞争环境	市场竞争结构及实力对比	行业性报道、上市公司网站资料、出版官方机构、行业协会的统计数据	通过上市公司网站资料了解行业竞争对手的实力变化情况，决定企业的直接竞争对手
	直接竞争对手实力变化情况	竞争对手网站资料、新闻报道中关于竞争对手的消息、市场销量调查	竞争对手实力变化时，企业应决定是采取对抗竞争的渠道，还是不同渠道

渠道是出版产品从出版企业流向市场的必经之路，选择合理的渠道能使出版企业产品以最小的成本与最需要的读者见面。网络为出版产品发行提供了便利，利用数字出版信息资源分析各种影响因素，方便出版企业选择合适的渠道策略，在已有渠道基础上设计与出版企业新产品相适应的营销渠道，管理营销渠道适应营销环境的变化，保证出版产品流通过程中物流和信息流的一致、同步。

6.4.5 利用数字出版信息资源制定整合推广策略

推广是出版企业为了引起目标顾客对企业自身及其出版产品或服务的关注，引发其购买欲望，并进行购买行为而做出的沟通活动。推广活动本身就是一项信息传播活动，一般来说，出版推广主要包括广告、人员销售、营业推广、公共关系四种方式。不同的推广方式在沟通过程中各具不同的优劣势。因此，出版企业多会适当地进行推广方式的组合，既可以满足目标市场需求，又可以有助于营销目标的达成。

(1) 推广方式优缺点分析

出版推广主要包括广告、人员销售、营业推广和公共关系四种方式，不同的推广组合在出版产品信息沟通中的特点不同，也具有不同的优缺点，表6-24是关于推广组合的四种方式在信息沟通中的优缺点，出版企业在选择时需要预先进行了解。

表6-24 **推广组合的四种方式**

推广组合的要素	优点	缺点
广告	信息覆盖面广、信息传播速度快、容易控制信息内容	间接沟通，对沟通效果不易控制、信息传递时间短，成本高，单向传递、信息沟通回馈少、回馈速度慢
人员销售	直接沟通、对信息的控制力强、双向沟通、回馈及时、信息传递个性化	沟通成本高、沟通效果取决于沟通人员素质、信息覆盖速度慢、覆盖面窄
营业推广	容易控制信息内容、信息覆盖面广、覆盖速度快、短期效果明显、容易和其他沟通要素结合	间接沟通、沟通人员对信息控制力一般，甚至低、回馈少、回馈速度不确定、信息单向流通、容易被模仿

续表

推广组合的要素	优点	缺点
公共关系	覆盖面广、覆盖速度快、总成本低、	间接沟通、沟通人员对沟通效果的控制力弱，回馈数量少、回馈速度慢、信息单向流通、对信息无直接控制力

（2）利用数字出版信息资源推广组合设计

了解各种出版推广方式在沟通中的特性及其优缺点后，出版企业需要针对企业产品制定出有针对性的营销组合。企业进行推广组合的拟定是出版企业将产品定位、企业定位推向市场的最关键步骤，借此，消费者可以直接感悟到出版企业为消费者服务所做出的努力。因此，出版企业的推广组合首先必须是以一定群体为推广的目标对象的，其次，其拟定的推广组合必须是符合市场需求、适合其产品特征，并且在企业愿意投资的促销成本范围内的。

①利用数字出版信息资源界定目标对象。出版企业进行推广营销首先必须要确定对象，决定推广目标对象是出版企业推广计划拟定的第一步。在出版企业目标市场中，企业的推广对象最终可分为最终消费者和渠道中间商两类。目前，有的出版企业已经开始运用资料库来界定目标对象。资料库中包括现存的和潜在的顾客的信息，特别是当当网、京东商城、卓越网、博库书城等网站拥有大量的顾客购买经历和购买意向信息，对这些资料库的分析，往往容易找到出版企业最适当的目标对象。

②利用数字出版信息资源分析出版推广组合的影响因素。推广组合是指出版企业在促销过程中根据自身的促销目标、资历状况、图书产品的特征、目标市场需求特征及竞争状况等因素选择有针对性的推广方式，并将各种推广方式有机组合起来综合运用，以提高出版企业效益的过程。一般认为，影响出版产品推广组合的因素主要有出版产品的内容与形式特征、出版产品的生命周期、出版企业的整体营销目标及资历状况、目标市场状况。根据要推广的出版物内容与形式特征信息、出版物所处生命周期阶段、出版企业整体营销目标及资历状况

信息、目标市场状况信息等信息资源选择推广的方式，利用这些数字出版信息资源进行推广组合的设计，如表 6-25 所示。

表 6-25　利用数字出版信息资源进行推广组合的设计

影响因素及内容		推广方式建议	举例
出版产品的内容与形式特征	内容通俗易懂的、普及的畅销产品	以广告为主，以公共关系、营业推广为辅	如《虹猫蓝兔七侠传》在出版前后，仅平面媒体就有近 200 家进行过相关报道。如当在百度上输入“虹猫蓝兔七侠传”时，可搜索到相关网页 110 余万篇
	内容专深的学术出版物、理论性强的出版物	不宜采用广告灯高投入促销方式，可考虑以书目邮寄、订单宣传方式、在相关的专业性报刊上登书介、书评	如在《中国图书评论》《全国新书目》等专业刊物上进行评价、宣传
	大部头、高价码、精装精印的豪华版出版物	以人员推销为主，其他方式为辅	如苏州书店针对《中国大百科全书（第二版）》利用人员推销等方式在一个月内卖了 90 多套，每套 8000.00 元
	价位低、普通版出版物	不宜采用人员推销	价格在 100 元以下的图书
出版产品的生命周期	投入期	利用大众媒体进行报道性宣传、请名人进行宣传	在出版产品刚进入市场，销售增长率不稳定，不为人所知时使用
	成长期	以广告、书评等为主要推广方式，同时可结合人员推销、营业推广、公共关系等方式	在出版产品销售增长率大于 10%，有一定市场知名度时使用

续表

影响因素及内容		推广方式建议	举例
出版产品的生命周期	成熟期	广告为主、营业推广、公共关系等结合，促销内容可以是产品、企业声誉、形象	在出版产品销售增长率稳定在正负10%之间，销售处于稳定增长时期时使用
	衰退期	折价销售、奖励销售等营业推广方式为主，其他方式不宜使用	在出版产品销售增长率低于-10%，市场新产品较多时使用
出版企业的整体营销目标及资历状况	重点促销品种	根据图书内容情况，广泛地采用广告、人员推销、营业推广和公共关系等各种促销方式	《狼图腾》的全方位推广，首发式上名人推荐，网络、广告、新闻宣传、做活动推广等
	一般图书	运用书目、订单等常规方式和陈列、展示等营业推广	如大学出版社对其教材、教辅图书、工具书多采用此种推广方式
	实力强	利用广告或大规模的人员进行推销活动，不受促销费用因素的影响	如江苏教育出版社对其教材教辅图书的宣传
	实力弱	其他廉价的促销方式	如利用网络推广、微博营销等方式
目标市场状况	个人读者需求差异巨大	以广告、营业推广等方式为主，以人员推销、公共关系等手段为辅。	如《喜羊羊和灰太狼》利用各种方式进行的推广，满足各种群体的口味

续表

影响因素及内容		推广方式建议	举例
目标市场状况	团体读者	人员推销和公共关系为主，以其他方式为辅	如针对图书馆、党政机关、国企单位的团体订购的图书
	市场竞争非常激烈	公共关系方式在促销组合中的地位较为突出	2011年12月18日妈妈宝宝杂志社请明星沈傲君在北京西单图书大厦举行签售会，活动当日杂志全部售款现场捐献中华少年儿童慈善救助基金会“天使妈妈”基金
	市场竞争不激烈	公共关系手段不突出	如出版经典名著的出版企业较少使用公共关系推广方式

6.5 数字出版信息资源在出版管理中的开发利用

“管理就是做决策”，这是当代管理科学最具代表性的作者——1978年诺贝尔经济学奖得主赫伯特·西蒙（Herbert Simon）博士的名言。随着信息技术的飞速发展和市场经济的竞争加剧，管理者必须在更短的时间内获取大量有效的信息资源作出科学的决策以响应市场变化。在知识经济时代，信息资源，特别是共享信息资源已经成为比物质资源更为重要的、超过了资本作用的战略资源。出版业作为知识型产业，信息资源在现代出版宏观管理及出版企业管理中有着十分重要的利用价值，本书将探讨如何在出版企业管理中开发利用数字出版信息资源。

6.5.1 数字出版信息资源与出版管理创新

（1）出版信息资源是出版管理的基础

在出版管理中，信息资源与出版的重要关系，已不再是新课题。书业企业经营管理的各个环节都与信息密切相关。如果一个书业企业对当前国家的经济信息、政治信息、科学技术及文化信息不甚了解，对作者正在创作的稿件信息及目前出版市场流通的出版物的种类、内容、数量、出版者、价格、印装质量等信息都不清楚，对作为出版物消费和服务对象的读者的需求种类、需求数量、购买力大小等信息也没有全面掌握，对书业企业本身的生产、销售、库存、调剂、运输等信息也未能清楚了解，它是无法进行科学的市场预测和决策的，当然也就无法进行正确、有效的经营活动，无法采取正确、可靠的管理措施。①

“书业企业的社会效益与经济效益状况如何，在很大程度上取决于企业对信息流的组织和利用程度。”② 在出版管理中，如果不掌握与自身活动有关的大量信息资源，不重视信息分析，没有一个比较健全的信息系统作为决策活动的参谋部，只凭主观臆造来指挥出版活动，十有八九是失败的。因此，信息资源在出版管理中，既是出版管理决策的基础，又是控制、监督出版活动的依据和手段，还是出版单位各管理层次、各环节间相互沟通联络的脉络和纽带。

在传统管理模式下，企业决策层获取信息资源的主要渠道是逐级汇报的书面材料，信息传递渠道单一，且不排除操作层对信息进行过滤或修饰造成的信息传递失真。从出版业的现状看，目前存在的一些问题，如选题重复、资源浪费、买书难和卖书难、产品无市场、市场无产品等，都与管理过程中的信息资源时效性差、共享性差、信息闭塞有着直接的关联。“出版业与社会上的作者、读者有着广泛的联系，出版业内部分为编辑、出版、印刷、发行等诸多部门与生产环节，因此，采用现代高新技术管理出版信息就显得格外重要。”③ 而我国出版企业管理层对数字出版信息资源的认知程度不足，使之在管理过程中对数字出版信息资源的开发利用力度明显

① 黄凯卿．图书发行自动化［M］．武汉：武汉大学出版社，2000：10.

② 朱静雯．现代书业企业管理学［M］．苏州：苏州大学出版社，2003：248.

③ 曾建华，任仕元．知识经济环境中的出版业变革及我国的发展对策［J］．图书情报知识，1999（4）.

不够，因此出版企业内部管理跟不上企业信息化步伐。

（2）数字出版信息资源助力出版企业管理创新

市场经济条件下，出版企业需要不断根据市场和社会环境的变化，重新整合人才、资本和技术等要素，以适应、满足和创造市场需求，从而实现自身的经济效益目标和完成社会责任。① 企业决策的核心是怎样合理有效地利用企业的信息资源，全面、及时、准确的数字出版信息资源为出版企业实现开放管理、科学管理、动态管理提供了前提和基础。

①开放管理。随着体制改革的深化，出版管理要由原来封闭式的生产型管理向经营开拓型管理转变。数字时代出版流程管理创新是需要政府、出版者、作者、读者等多方参与、互动的一项系统工程，在市场瞬息万变的情况下，"闭门造书"的年代已经一去不复返。出版社要想在出版竞争日趋白热化与出版物日趋同质化的今天取得较大的成功，就应当积极收集与出版相关的信息，在出版管理中充分发挥信息资源的引导作用、及时地从信息中筛选出符合本社选题规划且受读者欢迎的选题，适时地转化成书稿，并将本社的新书信息用多种手段传播到社会和读者中去，在尽可能多的读者中扩大影响，提高知名度。

②科学管理。目前，企业管理已由经验型向科学型转变，而管理的科学化必须以掌握大量的信息资源为参考依据。传统企业管理多以经验管理为主，其实质是一种模糊管理，缺乏科学性。信息技术已进入出版过程的每一环节，并且使出版物范围急剧扩大。传统的经验管理显然已经远远不能适应，信息资源进入出版管理已成必然。

出版管理的信息化必然使编辑、印刷、发行三大子系统的管理更趋精确化、科学化。出版管理者要自觉适应这一形势，充分运用数字出版信息资源作为科学管理的手段。通过开放的信息资源管理系统，管理者不仅能详细了解到生产的进行情况，而且能准确地分析各种信息，及时作出正确决策，提高管理效率，加强管理力度。

---

① 于春池，谢文辉编著．出版管理学［M］．北京：中国人民大学出版社，2011：356.

③动态管理。“出版信息资源具有静态与动态的统一性。”① 信息资源日益充分共享使出版工作呈现出前所未有的动态特性，出版社管理工作要充分适应这种动态特性，再不能依赖少数几个人，而应充分发挥整体合作的优势，知识组织的优势，不断与信息的瞬时性相适应，实现“人人参与管理”。这一点与传统的管理工作有着根本区别，出版系统要经常根据相关信息进行管理上的调整，实施动态管理。

6.5.2 数字出版信息资源在出版管理中的开发利用

现代管理学认为，企业的管理过程就是信息处理过程管理机构对企业的管理。在出版社的整体运营中，管理贯穿始终，且覆盖面极广。从出版企业的组织管理、质量管理、人力资源管理到客户关系管理，都离不开数字出版信息资源的支持。

(1) 利用出版信息资源建立扁平化、学习型组织

其一，以数字出版信息资源为支撑，促使出版企业结构扁平化。传播理论认为，“每一次接力传话，都使噪音加倍，内容减半”。出版业传统的组织结构是建立在专业化分工基础上的“金字塔”型组织结构，这种组织结构具有无人对全过程负责、机构臃肿、缺乏灵活性，以及销售成本高、忽略读者满意度等缺点。在读者需求个性化，图书更新日益加快，技术、信息瞬息万变，市场竞争更加激烈的今天，传统的出版企业组织形式已无法适应信息化发展的需要。现代信息技术的发展改变了原有组织和管理体系的信息基础，呼唤全新的出版企业组织结构的出现，彻底改变以大量中层管理人员为特色的“金字塔”型的组织结构，使其成为扁平化的、缺少层级观念的、灵活多样的、能快速响应市场的新型组织结构。组织扁平化的基本条件是良好的计算机网络和信息化工作基础。②

---

① 吴亮芳，罗紫初．论出版信息资源的概念、类型及特点［J］．出版科学，2012（2）．

② 林志扬，林泉．企业组织结构扁平化变革策略探析［J］．经济管理，2008（30）．

出版企业面对读者个性化需求和不断变化的市场，为求得生存与发展其组织结构必须具有高度的柔性和快速反应能力，必须充分依靠企业信息资源，找出业务流程脱节、阻塞的地方，再进行业务流程整合优化，使企业的管理向简单化、扁平化方向发展，在出版企业的决策者与下属部门和各部门之间搭建互动型、开放型的组织平台，使信息在组织中得以流畅传递并得到高度共享，最终形成将信息、知识、技术、资金、原材料及市场和管理等资源联合起来的虚拟出版企业。

其二，以数字出版信息资源为源泉，建立学习型组织。对组织的管理理论包括学习型组织理论和核心竞争力理论。其中学习型组织理论以及此后的企业再造理论是管理理论的最新发展。美国排名前25位企业中80%正在运用学习型组织理论管理企业。在彼得·圣吉的《第五项修炼》一书中，学习型组织是这样一种组织：“在其中，大家得以不断突破自己的能力上限，创造真心向往的结果，培养全新、前瞻而开阔的思考范式，全力实现共同的抱负，以及不断一起学习如何共同学习”①。由此可见，学习型组织应是一个自由的、开放的信息资源交流系统，它的中心任务是信息的收集、整理、生产、传播和应用等。它能创造有用的知识，能使员工接触到战略信息，有利于企业外部环境的扫描，有利于信息资源在组织内的传播并促进员工相互支持。现代信息技术加快了信息资源的流动和传播，提高了学习的效用；而网络技术的发展，使得信息的交流和共同决策成为可能。出版企业是知识型企业，更需要建设学习型组织，在企业内部建立一个开放的信息资源协同系统，把所有的学习活动的结果以经验数据库或信息平台的方式发布在网络上，这将有效地促进出版信息资源的传递、交流和分享。各种数字出版信息资源数据库和平台的建立有利于出版企业员工对出版信息资源的获取，从而避免策划选题的重复和出版物流通的迟滞。

（2）利用数字出版信息资源实现全面质量管理

出版社的产品是由多个独立而又紧密相连的环节来完成的。任

① 彼得·圣吉．第五项修炼［M］．北京：中信出版社，2011.

何一个环节出现问题，产品的生产和实现就会受影响。正因如此，西方出版社在事物管理方面又有自己的特色，即对每一件产品进行严格而又有弹性的跟踪安排。质量对于出版企业来说，图书质量就是出版社的生命线。图书的质量是出版过程中的各个环节的质量综合，每一个环节的质量都是图书整体质量的组成部分，所以图书质量的管理绝不应仅仅停留在错别字、装帧、印刷质量层面，应将结果管理细化为过程管理，施行全面质量管理。出版企业的全面质量管理是以数据信息资源为基础的管理活动。

一方面，质量可以表示为一定的数量界限，只有掌握准确信息，才能了解质量变动情况，采取有效措施解决质量问题。在图书质量保证体系中，不论是运用 PDCA 循环程序，还是其他统计质量管理工具，都需要对来自图书产品形成的每一个环节（包括选题、组稿、编辑加工、校对、装帧设计、印制、检查、流通、服务）的信息进行分析，统计不合格品率、读者满意度等一系列因素，找出存在的问题，制定技术、组织措施方案，提出改进计划，确保每一个环节的质量。一切以数据说话，提高了质量管理工作的科学性和准确性。

另一方面，图书质量的监管离不开社会力量的参与，如来自传媒和知识界的述评、推介、读后感，读者来信对图书质量问题的批评、质疑等，都是出版社图书质量管理可资利用的重要信息源。出版企业应建立收集对本企业出版物质量意见的控制机制，诸如向有关宣传媒介赠送样书，邀请他们开展评论；主动约请有关专家学者评论出版物；积极收集各种社会团体评选优秀出版物或在书市、展销等活动中反映出来的质量信息；到书店或有代表性的读者单位开座谈会或对某些读者进行问卷调查等；对出版物质量的各种反馈信息要责成专门人员建立起收集、分析、传送和处理的保管控制机制。

（3）利用数字出版信息资源提高财务管理效率

出版社的财务部门是一个信息流、资金流与物流流通的枢纽部门，财务管理涉及原材料的购进、稿费的支付、每一版次图书成本的考核、销售码洋、折扣等。出版企业财务状况的好坏直接关系到全体员工的切身利益，以及出版社的生存和战略发展。长久以来，出版企业财务管理都只能被称为“记账式”管理、事后监控式管理，呈现出数据离散、脱节、滞后，甚至各部门报表数据不统一等弊端。随着业务的发展和竞争的加剧，财务管理如何实现与经营业务系统的对接，已经成为当前出版企业管理工作中的紧迫任务。因此，出版企业应通过建立“准确、有效、实时”财务管理信息系统，对整个企业的业务流程进行规范化管理，使经营管理的各项信息资源形成“信息流”，汇入企业财务数据库，实现财务信息共享，各部门通过数据库获取各自所需数据，从而按既定流程规则运作。同时，信息数据库中汇集了各部门的业务流程、成本费用、资金流向、库存、利润等信息，可以确保对企业运行各环节、各部门实时监控，从而确保企业按照既定的目标运行。发行和财务人员要时刻关注来自出版物市场的动态信息，有效地选择和利用市场信息资源，及时了解销售状况，加快信息传播和反馈的速度。财务部门要及时向社领导反映内外信息，减少决策风险和机会成本。

相对于传统出版企业而言，集团化趋势给出版企业财务管理提出了更高的要求。出版集团拥有多家成员单位，而由于各下属单位之间业务往来频繁，内部交易量大，加上有些出版集团地域比较分散、入账不及时等问题，使得信息在向上汇总的过程中花费了大量时间，极大地影响了合并报表的编制，使财务信息对经营管理的支持作用大打折扣。所以在出版集团财务管理上，更要注重财务数字信息资源的分析利用。海外传媒集团的财务报表制度可供我们参考，即：通过财务核算和数据库技术，快速做出精确的财务报表，按照不同周期，财务报表分成周报、月报、季报和年报，这些财务报表是新闻集团、《纽约时报》《华盛顿邮报》等传媒巨头管理旗下报纸的主要手段和基础。世界上好几个传媒集团都把每周的损益表包装成蓝色封面，因而，其周报又常称为“蓝皮书”。一般来说，“蓝皮书”里的主要内容包括：本周经营预测、下周经营预测、本月经营报告、全年经营预测、全年经营报告等经营信息。新闻集团总裁默多克就有定时阅读集团各分部财务报表的习惯，他将它们视作最诚实的“晴雨表”。① 为此，出版集团应保证成员单位或子公司的运营信息能够及时准确地传递到集团总部。这些信息包括市场销售、回款情况、重大合同执行情况等市场信息，资产负债表、损益表、现金流量表等财务报告信息。集团总部或母公司对成员单位或子公司的信息沟通可以采用定期述职制度、财务管理网络化等途径做到。

(4) 利用数字出版信息资源完善人力资源管理机制

一个出版社能否正常运转，能否不断经营而产生巨大的推动力，全在人的价值与其潜能是否能得到最有效的发挥。因此，西方出版社在人员管理方面有两个特点：一是严格筛选；二是有效组织和发挥人员最大生产力。相对应地，出版企业的人力资源管理有两个核心机制，即：人力资源的开发机制和人力资源的激励机制。在出版社人力资源开发环节和员工激励过程中，都要以信息资源共享为基础。美国南加州大学有效组织研究中心的 Edward Lawler 及其助手研究了《财富》排名前 1000 位的企业，得出了最佳人力资源管理模式的四项基本原则：信息共享、知识开发、绩效与薪酬挂钩和平等的工作环境。② 这四项原则同样适用于出版企业，尤其是对于转制后的出版企业来说，信息共享是人力资源管理的基本原则。

首先，在出版企业的人力资源开发环节，出版企业通过收集和分析出版社现有岗位的职责、工作特征、环境和任职要求等方面的信息对任职者资格做出明确的规定，而后根据出版社的经营战略目标、职务要求、出版社现有人员的数量和质量情况、员工的培训和教育情况等预测在未来较长一段时间内对员工种类、数量、质量的需求，据此编制人力资源供给计划，通过内部培养和外部招聘的方式来进行人力资源供给，以满足出版社人力资源需要，确保发展战略的顺利实施。在人力资源的开发过程中，还要根据信息反馈，不断调整用人策略。

---

① 张吉安，王建英．海外传媒集团的财务管理［EB/OL］．新华网．

② 刘善仕，刘辉健，翁赛珠．西方最佳人力资源管理模式研究［J］．外国经济与管理，2005（3）．

其次，出版社是知识型企业，知识型员工本身就是出版信息资源的组成部分①，是能为企业创造竞争优势的来源，因此，如何根据企业的发展战略，确定人力资源管理规划，并通过一系列流程，促使知识型员工将其拥有的知识、智慧、能力、技术、经验等转化为企业富有竞争力的资源，完善企业人力资源的激励机制，就成了企业人力资源的管理重心。出版社为帮助员工提高与工作有关的综合能力要对员工进行技能知识培训，让员工多渠道了解国外的出版信息和行业外的信息，对出版的发展态势进行把握；要让从业人员更多地了解社会，更好地研究社会问题，提高选题策划、营销及编辑加工、出版印务等各方面的专业能力和水平。如外语教学与研究出版社就非常注重员工的教育培训，每年选派优秀的编辑在职攻读学位和出国进修，提高编辑的外语水平和业务能力，《瑞丽》杂志社每年邀请国内外知名企业专家对编辑、广告、发行人员进行系统培训，接受先进的国际化业务技能和管理模式等信息。

除此之外，为了满足员工职业生涯发展的个人需要，也为了实现个人与组织的协调发展，出版社应建立员工职业生涯管理体系，系统分析员工业务能力，识别对企业知识增值贡献具有潜力的员工，合理安排工作任务，使员工个体能力与工作相匹配。同时通过企业内部管理信息平台，向员工提供公正、完整的信息，使个人目标与组织目标实现整合。对员工来说，员工只有得到及时的业务、计划和组织战略方面的信息，才能迅速地对处于萌芽状态的问题和机会做出反应，并就如何改善业务、更好地进行合作提出合理化建议。

（5）利用数字出版信息资源培育良好的客户关系

良好的顾客关系能为企业赢得强大的竞争优势，并能促进企业的技术创新与业务发展。为此，企业需从战略高度对顾客关系进行管理，构建与培育顾客关系管理的支撑能力，开拓、培育和维持与

① 广义的出版信息资源不仅包括出版信息内容本身，而且包括与出版信息相关的技术设施、技术软件、机构、网络、人员、资金等。见吴亮芳，罗紫初．论出版信息资源的概念、类型及特点［J］．出版科学，2012（2）．

顾客的互动关系，使目标顾客忠诚于企业，从而赢得竞争优势和长期利润。客户关系管理（Customer Relationship Management，CRM）的核心内容是利用信息技术对客户资源进行集中式管理。把经过分析和处理的客户信息与有关客户的各种业务领域进行无缝结合，让市场营销、产品销售、客户服务和技术支持等各部门的管理能共享客户资源，使企业可以根据客户的喜好和需求提供有针对性的服务，提高客户满意度和忠诚度，从而吸引和保留更多的客户，最终提升企业利润。

在出版企业中，客户信息是重要的出版信息资源，将客户关系管理模式导入出版企业管理系统同样具有适应性。在传统的出版模式下，出版产品针对不同用户的同一请求产生的结果是一样的，毫无个性可言，出版信息资源是被动地为用户服务的。而网络环境下，出版企业与用户之间不再是单纯的、单向的服务关系，双方是互利的、相互依存的关系。在这个数字化环境中，任何一个用户都能够通过主动定制获得自己需要的个性化数字出版产品，而不再是信息的被动接受者，用户与出版企业之间的关系也是个性化交互的，彼此结合得更加紧密，也就解决了市场营销与终端读者之间的矛盾。首先，建立基本的客户信息数据库。客户信息数据库包括最基本的客户信息，如最近购买情况、购买频率、消费金额、人口统计资料和生活方式以及对出版物的评价等信息。利用客户关系管理系统中的数据分析功能，对储藏在数据库中的企业与客户交流信息进行分析，正确分析出客户的需求，尽最大努力满足客户的个性化需要，高效地提供客户服务，达到提升客户满意度的目标；其次，建立与客户信息共享和交流的平台。这样才能使客户成为合作伙伴，充分挖掘客户的有效资源，也只有如此，出版企业才能通过反馈信息不断调整选题、经营策略，以实现企业和客户的利益最大化。

6.5.3 信息化管理——数字出版信息资源在出版管理中的综合利用途径

关于出版企业管理信息化的内涵，目前还没有统一的说法。一般来说，出版企业管理信息化是指在信息化环境下，出版企业在生产、流通及服务等各项活动中充分利用现代信息技术、信息资源和环境，通过对信息资源的深度开发和广泛利用，建立信息网络系统和开展网络商务活动，不断提高生产、经营、管理、决策的效率和水平，建立竞争优势，进而提高出版企业的经济效益和出版竞争力。

相比较西方发达国家重视信息管理和信息素养的培养来说，中国的出版企业对于信息管理的思想认识和信息素养的培养相对较为落后，但是随着中国国家新闻出版署提出用数字武装出版行业，大力发展出版行业的数字化等思想以后，中国的出版企业都认识到数字化、信息化对本企业生产、管理的重要性。有资料显示，世界500强企业都具有很高的信息化水平，这些企业通过实施管理信息化，优化了管理流程，规范了管理程序，细化了管理对象，提高了管理力度，减少了决策的盲目性，从而大大提高了企业的管理效率和水平。目前出版社推进信息化建设的进度也越来越快，我国大约有1/2的出版社已经启动信息化建设方案，不同程度地安装了出版管理信息系统。但这些信息化手段多集中于业务信息系统层面，鲜有管理信息系统、决策支撑系统、执行支持系统等高层次的信息化。① 出版企业管理信息化不是一蹴而就的事业，可以通过建立一系列出版管理数据仓库，在此基础上建成出版管理信息平台，推进企业整体资源规划即ERP在出版管理系统的实施。

（1）建立出版管理信息数据库

数据库一般包括数据源、数据存储与管理、数据分析三个部分。数据仓库通过数据源获取原始数据，经过数据抽取、转换和加载存储在数据仓库的内部数据库中，然后向用户提供服务。按照出版行业的自身特点，应建设既面向管理者，也面向用户的出版管理信息库，主要包括国家宏观信息数据库、行业发展信息数据库、行业内部与本企业生产或经营相关的信息技术、合作、写作数据库及

① 王亮．工作流技术与出版社管理规范化［M］//王关义，李治堂．出版管理科研论．北京：中央编译出版社．2010.

完整的数学模型库等。根据“我国出版业开发利用数字信息资源现状调查”① 结果显示，我国出版企业的数字信息资源数据库建设比例不高，已建立储存数字出版信息资源的数据库，仅占受调查单位的38.1%，这大大阻碍了数字出版信息资源在出版管理各环节中的利用。

出版行业建立管理数据仓库系统，可以方便地从大量繁杂的数据中提炼出真正有价值的信息和知识，帮助管理者进行决策，有利于提高新闻出版行业的市场竞争力；有利于提高新闻出版的管理水平，降低成本，提高效率；有利于提高新闻出版的服务水平。出版企业不仅要建立内部信息资源数据库，还应通过多种网络渠道，收集决策管理信息、政策法规信息、出版信息、经营信息、市场信息及同行出版动态，应用网上信息源为社领导提供决策依据。例如：收集国家出版政策法规，纸张材料价格变动，税收政策变化等，汇集整理，进行动态分析。建立自己的综合信息数据库，不仅为社领导提供了决策依据，对编辑及市场发行人员、营销策划人员都有很好的参考价值。

在信息资源数据库的基础上，建设出版管理信息平台，包括编务系统、财务系统、发行系统、数据分析与决策支持系统、客户关系管理系统等，帮助出版企业实现部分生产经营信息资源的存储与共享。2007年9月，湖北省新闻出版局向全省发出《关于启动出版管理信息平台的通知》，要求各单位必须通过该软件系统上报数据与公文，今后凡不符合管理系统规范要求的公文将不予受理。这个出版管理信息平台主要包括：综合业务管理系统、公文管理系统、视频会议系统以及网络监管系统，基本涵盖了全省图书、音像、电子、网络出版管理的所有业务与流程，改变了传统办公模式，提高了工作效率，促进了信息与资源共享，提升了新闻出版行业监管水平。这是出版管理信息平台在宏观管理层面的成功实践。

（2）推进出版企业ERP管理技术

① 罗紫初，李建红．数字出版信息资源的开发利用任重道远——我国出版业开发利用数字信息资源现状调查之一［J］．出版科学，2012（4）.

ERP（Enterprise Resource Planning 的简称，即“企业资源规划”），是对企业的所有资源进行计划、控制和管理的一种手段。ERP 系统不仅帮助企业提高经营和管理水平，优化可利用的资源，降低成本、增加效益，还有助于企业更好地理解其业务、指导资源的利用和制定未来的计划。20 世纪 80 年代后期开始，国际上的出版企业逐渐认识到利用信息化手段提高管理效率与管理水平已成为企业成功的重要因素之一。出版企业通过实施 ERP，可以规范和优化出版业务流程；实现内部数据的集成与共享；加强计划性的同时提高灵活性；实现对销售的统一控制，规避经营风险；实现对项目以及预算单位的成本和利润的准确核算，财务数据在一定的权限下能够实现透明；企业的运营效率和管理效率明显提高，竞争力进一步加强。目前，国际出版企业中，已经实施 ERP 的有沃尔特斯·克鲁维尔出版集团、里德·埃尔斯维尔出版集团、汤姆逊集团、美国科学情报中心 UMI、斯普林格公司、格罗里埃出版公司、杜克大学出版社、坦普尔大学出版社、哈佛大学出版社、麻省理工学院出版社等。在世界最大的 10 个出版集团当中，有 80%都采纳实施了 ERP。

高等教育出版社是我国较早实施 ERP 管理系统的出版企业，2003 年高教出版社制定了以信息化为契机，在宏观上以建立“现代企业集团”和在微观上“以供应链为对象的信息化管理，以数字化、网络化出版服务为方向”为目的的信息化战略。选择的 ERP 模块范围有：项目管理、计划管理、物料管理、销售管理、客户关系管理、财务会计管理、人力资源管理等，系统把围绕组稿、编辑加工、发稿、作者信息、合同、稿酬、装帧设计、校对、用纸、印制、印刷厂管理、库存及预警、宣传推广、销售、退货、结算、成本核算及分摊等流程的信息资源全环节、分权限共享，基于各模块开发的各种经营性数据电子报表随时随地都能为经营人员提供参考。① 在今天看来，高教社实施 ERP 是成功的，已进入国

① 王一婵. 从高等教育出版社 ERP 项目看我国出版企业信息化建设 [J]. 科技与出版，2009（2）.

际教育出版界供应链管理的先进行列。

出版企业使用 ERP 系统，除了要对企业内部信息资源进行大集成，也要充分开发利用信息资源，发挥信息资源的作用，避免“企业信息化=网络+应用软件”的错误模式。毕竟，企业信息化的重点是整合数字出版信息资源、开发利用数字出版信息资源，为出版企业管理事前预测分析，事中跟踪监控，事后考评、记录，为企业经营和控制提供可靠的信息支持，推动企业更加科学配置资源。

参考文献

[1] 毕强．数字信息资源开发与利用［M］．北京：科学出版社，2009.

[2] 尹锋．网络信息资源管理引论［M］．长沙：湖南人民出版社，2007.

[3] 罗紫初，吴赟，王秋林．出版学基础［M］．太原：山西人民出版社，2005.

[4] 吴亮芳，罗紫初．论出版信息资源的概念、类型及特点[J].出版科学，2012（2）.

[5] 柯青．数字信息资源战略规划——基于“我国学术数字信息资源公共存取战略”的分析［M］．南京：东南大学出版社，2008.

[6] 李树谋．信息准备：图书选题策划成功的关键［J］．出版发行研究，2010（8）.

[7] 刘冀生，企业战略管理（第2版）［M］．北京：清华大学出版社，2003.

[8] 郭亚军．基于用户信息需求的数字出版模式［M］．北京：世界图书出版公司，2010.

[9] 陈勇．出版社校对稿件管理数据库［J］．出版参考，2009（4）.

[10] 黄昕．关于开发出版信息资源的思考［J］．图书馆，1987（5）.

[11] 朱胜龙．出版资源的特点分析［J］．编辑之友，1999（4）.

[12] 论新时代出版信息资源的六大变革［J］．江西图书馆学刊，2001（3）.

[13] 陈柯明．谈网络环境下数字图书馆信息存储技术应用发

展［J］. 图书馆界，2004（2）.
［14］钟海平. 论现代信息技术与编辑出版学新的学科生长点［J］. 编辑学报，2001，13（1）.
［15］冯国雄，彭三平. 出版社数字出版系统框架与模块［J］. 科技与出版，2012（10）.
［16］穆红涛. 电子图书文件格式与应用［J］. 辽宁师专学报，2007，9（1）.
［17］李村合. 谈网络环境下的信息存储技术［J］. 情报学报，2002，21（1）.
［18］陈益君，叶杭庆. 网络存储服务——数字资源安全存取的理想选择［J］. 大学图书馆学报，2002（1）.
［19］王惠平. 出版信息与选题策划［N］. 中国新闻出版报，2006-02-17.
［20］新世纪开发利用出版信息资源的挑战与对策［J］. 江西图书馆学刊，2001（4）.
［21］姜新祺. 谈出版信息资源积累原则与策略［J］. 出版发行研究，2003（6）.
［22］朱聪，黄晨. 现代存储技术在图书馆的应用［J］. 图书馆建设，2000（3）.
［23］白广思. 信息资源分级存储实现信息生命周期管理［J］. 情报杂志，2007（1）.
［24］张晓林. 数字信息的长期保护问题［J］. 图书馆，2001（5）.
［25］罗紫初，李建红. 数字出版信息资源的开发利用任重道远——我国出版业开发利用数字信息资源现状调查之一［J］. 出版科学，2012，4（20）.
［26］冯勤，等. 经济管理信息资源导航［M］. 北京：中国科学技术出版社，2006.
［27］刘宝宏. 企业战略管理［M］. 大连：东北财经大学出版社，2009.
［28］齐峰. 资源整合助力集团发展［N］. 出版商务周报，2009（5）.

[29] 陈洁. 出版社数字内容管理平台的构架与实施［J］. 出版研究与教育，2009（1）.
[30] 李芳. 关系数据库设计的优化技术［J］. 现代电子技术，2003（1）.
[31] 谭燕，元方. 基于数字化内容管理平台的线上编辑加工——以《环境工程微生物学》（第3版）的做法和体会为例[J]. 中国编辑，2011（6）.
[32] 陈夏洁，邱宇. 电子出版系统中常用的移动存储介质［J］. 电子出版，2001（2）.